汉语条件句的
事实性

基于自建的
封闭语料库的研究

张莹 著

社会科学文献出版社
SOCIAL SCIENCES ACADEMIC PRESS (CHINA)

序

张伯江

　　张莹的专著《汉语条件句的事实性——基于自建的封闭语料库的研究》就要出版了，我为这项成果的问世感到高兴。

　　条件句是语法研究中的一个重要问题。早期人们对它的关注集中在句法形式上，主要观察和描写条件句作为从属成分所使用的种种句法手段。功能主义语言学兴起以后，条件句的语用功能得到重视，条件句具有话题属性就是功能语法得出的一个重要观点，这使得与条件有关的一系列篇章语用原则的句法表现得以揭示。张莹的这项研究在前人的基础上又有所推进，她的关注点聚焦于现代汉语条件句的事实性问题，其中尤为关注条件句各要素的反事实能力。这是语法研究发展到系统地把逻辑语义和语用研究结合起来的反映。

　　在张莹攻读复旦大学博士学位期间，复旦大学中文系的学术团队对汉语的事实性问题做了多方面的研讨，这给张莹的条件句事实性研究提供了丰富的学术滋养。经过对大量语法事实的观察、梳理和品味，她得出的认识是，汉语条件句不仅是汉语语法的一种重要的组织手段，更是人际交往和情感表达的重要形式。她注意到，学者们普遍认为汉语条件句缺乏语法化的违实标记，其事实性解读主要依赖于语用因素。然而，如何系统地分析条件句的反事实能力，仍然是一个值得考察的问题。张莹的研究正是基于这一背景，通过细致的实证分析和新的统计方法，揭示了现代汉语条件句事实性的连续统性质。

　　为了将研究对象限定在一个可靠的范围，张莹自建了一个封闭的语料库。她根据对语言事实的全面观察，将影响条件句事实性的因素分为"连接词"和"特征成分"两个层面，研究结果表明这个出发点是行之有效的。研究证明，汉语条件句的反事实能力呈现为一个有强弱差异的连续统，而非事实条件句和反事实条件句的二元对立。对这两个层面的分析，不仅揭示了不同连接词和特征成分的反事实能力，还解释了它们在条件句中的反事实原因。研究中引入的逻辑合取运算，有助于显示各影响因素对条件句反事实意义的促进作用，增强了描述基础上的理论解释力。

这项研究中有新意的探讨还有以下几方面。（1）情感强度与反事实性。数据表明，条件句的情感强度与其反事实解读有密切关系。在小说文本中，情感越强烈，条件句越倾向于反事实解读。其中"强情感"有两种使用语境和功能：一是感叹，对已然现实的命题表达遗憾或庆幸之情，该功能中条件句是反事实意义的；二是把强情感作为强化语力的手段，以影响听话人，该功能中条件句前件的事实性并不确定，是非事实意义的。（2）否定性特征成分的影响。分析显示，不同的否定词对条件句的事实性有不同影响。"不是"在反事实表达中表现出更强的能力，而"没有"次之，"不"甚至减弱了条件句的反事实能力。（3）"即使、纵然"类让步条件句的显著语义特征是极端语义，极端语义的本质是概率问题，条件句表示的命题实现概率越小，语义越极端。在量级命题形成的对比序列中，由最小概率事件的实现情况可推知其他隐含命题的结果。当命题内容与"真实性"脱节时，句子获得反事实意义。（4）人称代词的作用。人称代词的使用对条件句的事实性有重要影响，第一人称的使用更容易导致反事实的解读，而第二人称则倾向于非事实意义。

鉴于以上事实和观点，我觉得张莹的著作《汉语条件句的事实性——基于自建的封闭语料库的研究》是一部值得推荐的研究成果。当然，这项研究并未做到完美，还有很大提升空间。除了书稿结语中谈到的需要进一步细化深化的研究方向外，我觉得，理论思考还应进一步增强，在突破西方语法以时制为基础的观念之后，对汉语条件句的本质特征还可以更进一步挖掘，与相关问题的关联也应得到更多的重视。

张莹2018年自复旦大学中文系以优异成绩完成硕士学业后，继续攻读博士学位。在攻读硕士、博士学位期间，她先后修学了认知语言学、普通语言学理论、功能语言学、理论语言学专题、语言学名著选读、汉语语法学等专业课程，不仅打下了汉语语言学的扎实理论基础，而且得到了语言调查和语言分析方法的全面训练。张莹给我印象最深的特点是，思想敏锐、学习勤勉、热心学术。在认真修习专业课程、广泛阅读专业书籍之外，她还积极参加各种学术活动，这些历练使她获得了开阔的学术眼界，具备了独立研究能力。在学术研究上，她侧重于语言认知、功能方面的研究，跟踪前沿理论、思考实际问题，对汉语中的感叹范畴、条件句式、事实性等重要问题作出了很有意义的研究。祝愿张莹在今后的学术道路上不断取得新的突破和成就，也期待她的研究成果能为更多的相关研究提供启发与帮助。

2024 年 9 月

目　录

绪　论 ·· 001

第一章　前人研究 ·· 010
　　第一节　反事实思维的心理学实验 ······························ 010
　　第二节　反事实条件句的影响要素 ······························ 016
　　第三节　各影响要素的反事实能力 ······························ 026

第二章　事实性的含义及条件句的研究范围 ······················· 034
　　第一节　"事实性"的本质及条件句的事实性 ················· 034
　　第二节　条件句的研究范围 ······································· 038
　　第三节　条件句的特殊用法 ······································· 053

第三章　条件连接词的使用情况 ····································· 057
　　第一节　连接词的使用频次和反事实表现 ······················ 057
　　第二节　连接词的反事实比例和性质分类 ······················ 079
　　第三节　科技公文类文本中连接词的反事实表现 ············· 083

第四章　条件连接词的反事实机制 ·································· 087
　　第一节　反事实形式："要不是" ································· 087
　　第二节　反事实形式："早知道" ································· 095
　　第三节　非事实形式："只要、万一、一旦、只有" ········· 099

第四节　让步条件句连接词："即使、就是、纵然、
　　　　 就算、哪怕、纵使" ································ 112

第五章　否定特征成分"不是$_{前件}$""没有$_{前件}$""不$_{前件}$" ········· 129
第一节　"不是$_{前件}$"的反事实表现 ························ 129
第二节　"没有$_{前件}$"的反事实表现 ······················· 142
第三节　"不$_{前件}$"的反事实表现 ·························· 156
第四节　否定特征成分的反事实能力差异及机制 ········· 168

第六章　特征成分"时间词" ····································· 172
第一节　时间指示词 ·· 172
第二节　时间副词"早" ·· 195

第七章　特征成分"情感强化形式" ·························· 213
第一节　就好了/该多好/多好啊/多么好$_{后件}$ ················ 213
第二节　了$_{2后件}$ ·· 220
第三节　反问形式$_{后件}$ ·· 232
第四节　真/真的$_{前件}$ ·· 242
第五节　的话$_{前件}$ ··· 253

第八章　特征成分"代词" ····································· 256
第一节　第一人称代词"我/我们$_{前件}$" ····················· 257
第二节　第二人称代词"你/你们/您$_{前件}$" ·················· 270
第三节　第三人称$_{前件}$ ·· 280
第四节　指示代词"这×" ······································ 293
第五节　代词的反事实能力差异及机制 ···················· 303

结　语 ··· 305

参考文献 ·· 308

绪 论

一 研究目的和研究意义

（一）研究目的

关于条件句的事实性问题，不少学者做过研究。例如，一般说到"条件"，都是指可能实现的事实（未知的，而且多数是未来的），要是明知道与已知事实相反，就只能说是假设（吕叔湘，[1942]1982：407-408）。邢福义（2001：83）指出，"假设"实际是一种待实现的原因，是对尚未发生的事件进行"条件－结果"式推理，表示假设和结果的关系是假设句的代表句式；而反事实（违实）条件句是一种特殊的假设句，它的基本功能是反证释因。需要特别注意，"条件句""假设句""反事实条件句"在学者们的定义中有不同的含义。

学者们根据条件句命题前件的事实性特点，一般将汉语条件句二分为真实条件句和非真实条件句。章敏（2016：206）根据假设条件句前件实现的可能性，从语义上将假设条件句分为两类四种，两类是真实和非真实条件句，前者包含可能假设句、现实假设句两种，后者包含反事实条件复句、虚拟条件复句两种。袁毓林（2015：129-130）认为"假设性条件句有真实和非真实两种，前者的条件是真实的或中立的（可能是真的，也可能是假的），简称真实条件句或事实条件句；后者的条件是封闭的或有标记的（只能是假的），称为非真实（即虚拟）条件或非事实、反事实条件"。

其中，"真实"和"非真实"两类条件句的研究侧重点不同。"真实条件句"偏重主从句间的逻辑语义关系研究，而"非真实条件句"集中在反事实标记研究上。学者们多从语法形式入手，对汉语中的反事实标记及其反事实原因进行考察。这在一定程度上受到美国心理学家 Bloom 实验结论的影响。Bloom 指出，汉语没有确定的词汇、语法或语调手段标记所说的话已经进入反事实范围，由于汉语形式上缺少语法化的反事实标记，使得汉语母语者缺乏反事实推理能力（Bloom，1981：13-33）。而实际上，汉语中连词"要是、要、假如、若是、倘若、假若"等后接命题的反事实意义存在程度差异（Chao，1968：116）。这一语言事实说明，汉语的反事实语义表达有相对固定的常用的词汇成分，那么，说汉语的人自然可以通过这些成分理解句子的反事实意义。陈国华（1988：10-18）很早就系统地提出一组形式标记来反驳Bloom的结论。比如，从句动词的形态，"早"之类的直指词，主句句尾的语气助词"呢"和"了"，等等。在这些研究的影响下，反事实条件句的形式研究得到极大关注，已有研究得到了一些普遍共识。

汉语母语者具有反事实思维以及反事实推理能力，而且汉语里存在加强反事实意义的句法形式和成分。但是，汉语与英语不同，并没有形成统一的或强制性的反事实标记。正因为缺乏语法化的标记，在特殊语境中，条件句的反事实语义可以取消。除了极少数构式，反事实意义主要依靠语用推理，根据上下文语境、情景语境以及日常知识来判断。以往研究更多地从句子的语义内容入手分析反事实意义的产生机制，其中时间性、现实性是重要的语义特征。

已有的研究阐明了许多语言事实，表明了汉语条件句的独特性。同时，有关研究也存在一些薄弱环节。比如，学者们较早地关注到连词反事实能力的差异问题，但是缺乏进一步研究。再比如，"真实条件句"和"非真实条件句"往往被割裂为不同的类型单独研究，汉语现有的研究侧重在反事实条件句上。在研究方法上，已有研究多采用问卷调查法对句中影响条件句事实性的成分和要素进行考察。我们认为这样的研究是碎片化的、不全面的，缺少了系统性，并且不可避免地受主观性因素干扰。

而且，在已有的条件句研究中，有两个重要的语用要素未能得到重视。一个是与连词"只要""只有""万一"等有关的量性问题，一个是"早知道""要不是"，以及某些特殊形式表达感叹的问题。从语言比较看，英语等语言有语法化的反事实标记（条件小句动词用过去时形式），汉语没有。但是汉语中"只要、只有、万一、一旦"引导的条件句完全排斥反事实解读。

这使我们进一步思考汉语条件句的事实性问题。

第一，以往的汉语条件句事实性研究主要在"真实－非真实"这一对类型的定义和限制条件上。这实际上是一种"西方语言学"的研究视角，在西方语言学中,根据时制特征一般区分两类条件句,如英语的真实条件句和非真实条件句,后者的动词形式一定要用过去时(时制后移)。然而,汉语条件句的反事实解读大多是语用推导的结果,没有表达反事实意义的语法标记,那么,进行截然的二分处理是否合适?

第二,已有研究也证实,在条件连词中,"万一""一旦"条件句的反事实能力是0,"要不是""早知道"的反事实能力接近100%,这两类连词可以得到量化统计。但是除去"万一"和"要不是"两类,引导条件句的大多数连词同"如果"一样,可引导"真实条件句"和"非真实条件句"两种条件类型。那么,这些连接词在反事实能力上是否存在差异?更重要的是,什么原因使得连接词产生增强或减弱反事实意义的能力?

第三,既然汉语中不存在语法化的反事实标记,那么,常见的一些特征成分,比如否定词"不是""没有",副词"早",过去时间词,语气词"了$_2$"等在反事实能力上有何差异?它们在何种语境中倾向事实解读,什么情况下又必然是反事实解读?又是什么原因使得特征成分具有这样的反事实能力?

已有研究将"真实条件句"和"非事实条件句"割裂开来,作为独立的条件类型研究。但汉语中条件句的事实性作为一个语用问题,"事实→反事实"是一个语义连续统。用天平来打比方,在没有称重的自然状态下,天平的两臂保持平衡状态。一旦两边加上不同重量的物体,天平会不同程度地倾向其中一方。同样,一个条件句在使用不同的特征成分或叠加多种要素后,其事实性会发生变化。表现在句法上,即条件句中连接词和特征成分的使用或共现会对条件句的事实性产生重要影响。本书即考察这些连接词和特征成分对条件句事实性的影响机制。

(二)研究意义

1. 学术价值

本书采用计量研究方法,更为客观地反映汉语条件句事实性的实际情况。通过将有关因素分为连接词与特征成分两个层次,试图给出一个完整的汉语条件句事实性的类型序列。首先建立特定的语料库进行数据统计,然后运用"条件概率",对影响条件句事实性的诸多要素进行量化分析。从一个新的研究视角,证明条件句事实性的语用特点和语义的连续统特征。

2. 应用价值

条件句事实性的量化研究具有广阔的应用前景,除了在理论上有力地说明汉语条件句反事实意义的连续统特征，在机器理解技术上亦具有强大的预测能力和识别功能，可有效解决语句歧义问题，也可以用在语言的机器翻译领域，提高翻译的准确性。

二 理论背景、研究方法和语料来源

（一）理论背景和研究方法

1. 功能主义理论

功能语言学重视语言的意义和功能，但绝不能忽视语言的形式（沈家煊，2019：488-489）。汉语条件句的事实性问题既具有普遍的语言共性，又有鲜明的个性。由于没有英语那样语法化的标记，学者们一致认为其事实性判断根本上是语用层面的问题，需要借助交际语境或者多要素的综合作用。但不能否认，条件句在句法上也有常用而稳定的成分，比如连词、一些词汇成分、固定的组合形式等。

我们对条件句事实性的研究基于"形式和意义"的结合。通过句法上的"连接词"和一系列"特征成分"对条件句的事实性表现进行考察，然后进一步分析事实性的语义表现和语用机制。

2. 可能世界分层理论

"可能世界"的概念最早是哲学家莱布尼茨在其著作《神义论》中提出的。语言学中如何理解可能世界及其价值？我们认为，语言不是对外在现实世界的客观反映，语言还要表达人的内在情感和认识，这至少反映了两个不同的世界，即现实世界和认知世界。条件句在交际中传达了说话人的信念，所以，必然会打开认知的世界。有时，认知世界的命题真值可以从现实世界中获得验证；有时，与现实世界并无联系。在可能世界分层理论下研究条件句，能更好地关注说话者是如何通过语言表达自己的认知世界的。同时，作为听话人，通过说话者的表达，能够更好地判断说话者表达的是一种客观实在的情形，还是可能世界中的臆想。这也就实现了条件句在交际中的事实性研究。

3. 对比研究方法

语言研究应该重视对比手法，设置参照组。语言研究既是语言之间的比较研究，也是一种语言内部的比较，也要做古今比较、方言比较、文本比较（沈家煊，2019：492-493）。本书条件句事实性的研究中，语言间的对比是次要的，主要是语言内部"不同语体对比"，语体决定了语言风格和语境等方面的不同，不同的语言环境对条件句的事实类型有重要影响。我们把小说文本语料作为主要研究对象，以科技公文类文本作为参照语料。

在确定条件句的研究范围之后，我们对文本中的例句进行有效提取、整理和归类，逐条分析例句的事实性，考察影响到句子事实性的要素。这一环节涉及归纳法，就是对足够多的语料进行分类和数据统计。然后，控制"连接词"这一变量，对"特征成分"进行统计。

4. 问题为导向的研究方法

把以理论为导向变为以问题为导向，因为研究语言理论终究是为了研究语言。以问题为导向，才可以既钻进去又跳出来（沈家煊，2019：492）。本书具体要解决以下几个问题：连接词是否在反事实能力上存在差异？更重要的是，什么原因使得连接词产生增强或减弱的反事实能力？常见的几个"特征成分"在反事实能力上是否存在差异？又是什么原因使得特征成分具有一定的反事实能力？

在深入剖析这些问题时，我们可能会发现问题的原因涉及多个层面，比如民族文化、认知心理、话语交际、语体篇章、语用修辞、逻辑语义等。正如陆俭明（2010：5-6）指出的，"就科学领域说，不存在放之四海、放之古今而皆准的理论方法。任何一种理论都有它的可取、可用之处，但也有它的局限。但局限不等于缺点，局限是说任何一种理论方法只能解决一定范围里的问题，都只能解决部分现象，都不能包打天下"。本书也将严格遵守语料分析得出来的语言事实和数据结果，不会为了追求统一的规律而刻意隐蔽、修改或自造语料。

（二）语料来源

作为统计数据的条件句语料来自自建的封闭语料库。我们在文本分类的基础上，将语料分为两大类：小说文本和科技公文类文本。科技公文类文本的内容具体涉及经济、政治、法律、教育、技术、科普小品文。

具体来说，公文类文本指的是党政机关、社会团体、军队、企业事业单位以及人民群众在公务活动中所形成的，有特定的体式，内容完备，具有现行效用的文书材料。作为处理公务活动的工具，它往往是以机关、团体、单位的名义出现的，这使公文文本带有非个人性质。科技类文本是对客观事物现象和规律的记述，论证力求确切、简洁，表现出建立在严密逻辑基础上的特有的精确和严密性。科技公文类文本不是即时的交流性文本,不是个人的表达,也不允许掺入个人的主观情感。它们是由特定领域或具备特定领域专业知识的部门、团队组织或个人在充分准备、多次修改完善的条件下完成的,内容表达重在客观性、严肃性、严谨性和逻辑性。科技公文类文本中,非事实条件句是泛时性的、听话人是虚指的。条件小句和结果之间的关系是可能的,或者必然的。而相比较来说,小说文本虚构故事,有人物、故事情节,以对话、独白等为基本形式,语言通俗,多互动性的对话文本,接近日常生活。交际语境中,说话者每说出一个话轮,都具有一定的指向性和对象性。希望通过话语引起对方的某种反应,让对方了解自己的意图。因此,小说文本更容易表达个人化、主观化的情感、情绪。

本书中小说文本选取了茅盾文学奖的获奖作品17篇,都是现代长篇小说。有魏巍《东方》(1978年)、莫应丰《将军吟》(1980年)、李国文《冬天里的春天》(1981年)、徐兴业《金瓯缺》(1985年)、刘白羽《第二个太阳》(1987年)、阿来《尘埃落定》(1998年)、萧克《浴血罗霄》(1988年)、刘玉民《骚动之秋》(1990年)、王火《战争和人》(1987~1992年)、姚雪垠《李自成》(1963~1999年)、古华《芙蓉镇》(1981年)、陈忠实《白鹿原》(1993年)、王旭烽《茶人三部曲(上)》(2004年)和《茶人三部曲(中)》(2004年)、徐贵祥《历史的天空》(2000年)、柳建伟《英雄时代》(2001年)、贾平凹《秦腔》(2005年)。另外还包括《茶人三部曲(下)》(2004年)、剧本《我爱我家》(1993年)。该语料库字数一共约872万字。

科技公文类文本有张伯源等主编《大学生心理卫生与咨询》(1992年)、方富熹、方格主编《儿童的心理世界——论儿童的心理发展与教育》(1990年)、曾鹏飞编著《技术贸易实务》(1989年)、马忠普等编著《企业环境管理》(1989年)、郑人杰《实用软件工程》(1991年)、《中华人民共和国宪法》(1982年12月4日全国人民代表大会公告公布施行)。该语料库一共约144万字。

需要说明的是,本书所用语料库中科技公文类文本的字数与小说文本的字数存在较大差异,这不免会引起质疑:这种情况下所得的统计数据是否有可比性。的确,语料库的字数差异会影响到条件句的数量。但是,作为对照文本的一组,科技公文类文本主要用以证明反事实条件句的情感性问题,因此,连接词的反事实比例是有价值的数据。而且,两个语料库中不同连接词的使用数量高低是文本内部的比较,不是文本间的比较。因此,本书在建立科技公文类文本的语料库时，尽可能选择了法律、教育、心理、技术等多种内容，没有要求两种文本的字数相同。

三 研究方案与设计

蒋严指出，汉语中全无特征的违实条件句表达数量并不多。也就是说，汉语大多数表达反事实意义的条件句都带有一些特征，这些能够触发违实义的特征被称为"语用捷径"（蒋严，2000：265-267）。本书的语料分析证实了该观点。本书认为，这些特征成分是一系列的语用要素，它们在句中出现时，不是成分本身对条件句的非事实或反事实意义起到决定作用，而是结合特定的语境信息，在与其他特征成分的共同作用下，确定条件句的事实性。作为语用特征，常见的时间词、否定成分、连词、副词等特征成分，没有任何一个的功能具有普遍的解释力。语料分析表明，如果存在特征成分共现的情况，它们或者是关键性要素，或者是辅助性要素，在具体语境中所起到的作用并不相同。

本书将表达特定功能的形式特征或词汇线索分为"连接词"和"特征成分"两类，这些"连接词"和"特征成分"在交际语境或文本中推导出条件句的事实性意义。根据它们的反事实能力，可以将"连接词"和"特征成分"分为非事实形式、中性形式和反事实形式。"非事实形式"成分在句中出现，意味着条件句倾向于非事实意义，即命题前件在说话人认知中是不确定的；"中性形式"的成分出现在句中，对条件句的事实性倾向无影响，句子的事实性由语境或其他要素综合决定；而"反事实形式"成分出现在句中，则推动条件句向反事实意义理解。通过改变或增加删减"连接词"和"特征成分"，非事实表达可以转化为反事实意义，反事实表达也可以转化为非事实意义。因此，条件句命题的非事实意义到反事实意义是一个连续统，两者不是截然分开的，更不是对立的。

第一步，在语料库建立时首先对语料做了文本的区分，为小说文本和科技公文类文本各自建立一个例句库。这样做主要是因为两类文本的风格显著对立：前者虚构故事，接近日常生活，语言通俗，更加口语化，多互动性的对话文本，更容易表达个人主观化的情感情绪；后者专业性强，文本不是即时的交流，不是个人的表达，也不允许掺入个人的主观情感。当两种文本中都使用条件句时，它们的主要功能和由此表现出来的事实性特征会有不同。

这样可以进行比较研究。

　　第二步，确定调查对象——条件前件的连接词。这里"连接词"包括条件连词以及一些规约化的连接词，如"早知道""要不是"等，因为这些成分的性质还存在争议。比如，有的学者认为"要不是"是语法化的条件连词，有的学者认为它并没有完全固化，是"要＋否定算子"的形式。我们认为这些成分的性质与其句法位置有密切关系，本书暂且不论这些成分的性质，只考察那些位于句首引导条件前件的例子。

　　连接词的选取标准，首先是符合本书定义的条件句范围，然后借鉴前人研究中关注多、出现频率高的一类。而且，所选取的连接词在当下的书面语和口语表达中也经常使用。我们尽可能全面地将前人研究中提及的连接词或成分纳入进来，最后选定连接词20个，即"要不是、早知道、假如、要是、假若、如果、若是、假使、倘若、倘使、就是、就算、哪怕、纵然、纵使、即使、只要、只有、万一、一旦"。

　　第三步，统计总量，得出"总量基准"（benchmark data）作为参照。从条件概率（conditional probability）上讲，"基准"反映的是汉语条件句整体的情况，是一个基础的参照数据。本书将条件句的总量情况作为比较基准，可以反映不同要素对事实性的影响。简言之，一种配置的绝对比例需要与总量的比例进行比较，比总量比例大，该配置有积极影响；反之，则有消极影响，即使绝对比例的数值较大也是消极的；如果和总量比例相差不大或相等，在排除数据统计上的误差之后，可以说该配置是中性的，没有影响。以连词"如果"为例，我们对语料中"如果"引导的条件句进行统计，得出其反事实比例 $P_{如果}$，用同样的方法对20个连接词做统计，得出各连接词的反事实比例。最后，把统计所有连接词得到的反事实比例 $P_{总量}$ 作为基准。要确定"如果"的反事实能力，则将 $P_{如果}$ 与 $P_{总量}$ 进行对比。

　　第四步，确定要调查的"特征成分"。这里的"特征成分"指的是除去连接词之外的影响要素。已有研究认为这些语法特征和词汇线索的使用具有增强句子假设度的功能，能引发高假设度的违实解，称为"违实成分"或"HE标记"（雍茜，2015：32-33）。包括"会""就（会）""了""早""呢""真的""就好了""的话""原本应该""还""再""些"，以及一些动词的体、修辞问句、时间词、单复数、近指代词、人称和复句句式等语法结构、句法词汇违实成分、时间指示词"当时"、句末语气助词"了"等（Feng and Yi,

2006；王宇婴，2013；雍茜，2015）。我们认为，这些特征成分会影响反事实解读，但是与"总量基准"比较，并不一定加强违实解读。相反，有的起到降低反事实意义的功能。从这一事实出发，已有研究称之为"违实成分"或"假设度加强标记"是不合适的，我们称为"特征成分"。

为了避免统计学陷阱，本书将研究对象连接词和特征成分作为两个层级的影响因素。就一个特征成分 A 而言，假设它的出现语境是 B，当"条件概率"P（反事实 |（B∧A））显著大于 P（反事实 |B）时，则意味着 A 在语境 B 中有使反事实倾向加强的作用，即使 P（反事实 |（B∧A））或 P（反事实 | A）本身数值都不大，也是积极因素；如果 P（反事实 |（B∧A））显著小于 P（反事实 |B），则 A 在语境 B 中有使反事实倾向减弱的作用，即使 P（反事实 |（B∧A））或 P（反事实 |A）本身数值都很大，也是消极因素；如果 P（反事实 |（B∧A））大致等于 P（反事实 |B），则 A 在语境 B 中对反事实倾向没有什么贡献，无论 P（反事实 |（B∧A））或 P（反事实 | A）本身数值是多少，都是中性因素。这个对比用的 B 被称为考察 A 时的"基准"。

先对每个"连接词"的事实性情况进行考察，然后控制"连接词"变量，在连接词相同的前提下，观察特征成分对句子事实性的影响。在同样的方法下，进一步考察 14 个特征成分：就好了 $_{后件}$、早 ×$_{前件}$、不是 $_{前件}$、早 ×$_{后件}$、时间词、没 $_{前件}$、第一人称代词（我 / 我们 $_{前件}$）、第三人称 $_{前件}$、反问形式 $_{后件}$、真 / 真的 $_{前件}$、的话 $_{前件}$、不 $_{前件}$、第二人称代词（你 / 你们 / 您 $_{前件}$）、了 $_{2后件}$。具体考察这些"特征成分"的出现使得原来的条件连接词的反事实比例增加还是减小了。

第五步，将条件句中连接词和特征成分的功能根据"总量基准"分为非事实形式、中性形式、反事实形式三类。反事实比例显著大于总量基准的连接词，使汉语条件句更加倾向于表示反事实意义；反事实比例显著小于总量基准的连接词，使汉语条件句更加倾向于表示非事实意义；反事实比例与总量基准大致相同或相差不大的连接词，对条件句的事实性无影响。同样，"特征成分"也可以三分：使相应的条件句的反事实比例远大于总量基准的特征成分；使相应的条件句的反事实比例小于总量基准的特征成分；相应的条件句的反事实比例与总量基准相同或相差不大的特征成分。

第六步，在语言事实描写和数据分析后，重点解释时间、情感、否定、频率、量性、人称因素影响反事实意义的原因和实现机制。

第一章 前人研究

第一节 反事实思维的心理学实验

国外学者对汉语条件句的研究集中在反事实思维问题上，多采用心理实验和对比的方法。这一开端还要从 Bloom 的实验说起。Bloom 对汉语反事实思维的实验结论引起了中西方学者的共同关注，相关成果颇多。本节重点介绍 Bloom、Hsin-feng Wu 两位学者的实验方法和相关结论。

Bloom（1981）、Hsin-feng Wu（1993）两篇论文侧重比较汉语和英语母语者的反事实思维能力。Bloom 的汉语研究对象来自美国、中国台湾和中国香港的各个阶层。Hsin-feng Wu 选择了来自中国（香港、台湾和大陆）的大学生。在调查问卷的设计上，Bloom 只设计了文章的阅读理解，然后，给出带有多个可选择答案的问题，让受试者对句子的事实性进行判断。Hsin-feng Wu 不仅设计了阅读理解，还有单个句子的判断理解。下面对研究内容具体展示。

一 Bloom 的反事实思维研究

Bloom（1981：30）设计了两则 "The Bier Story" 的文章，其中，汉语故事是从英语文章翻译过来的。通过问卷形式设计问题，让受试者判断句子的事实性，以此方法研究英汉母语者的反事实推理能力。部分实验得出如下结论（见表1）：

表1　The Bier Story 中反事实解读的反馈比例

	美国学生/非学生群体（用英语）	中国台湾学生群体（用汉语）	中国台湾非学生群体（用汉语）	中国香港学生群体（用汉语）
The Bier Story（版本二）	98%（54/55）	7%（2/28）	7%（5/75）	6%（1/17）

续表

	美国学生/非学生群体（用英语）	中国台湾学生群体（用汉语）	中国台湾非学生群体（用汉语）	中国香港学生群体（用汉语）
The Bier Story（版本三）	96%（50/52）	63%（24/38）	50%（22/44）	50%（10/20）

注："/"前数字表示反事实反馈的受试者人数，"/"后数字表示参与测试的全部的受试者人数。

上述两个版本的故事中，测试的结果都显示中国的受试者给出的反事实反馈明显低于美国实验对象。Bloom 由此得出结论，语言表达差异反映了汉语和英语使用者在认知运作方式上的重要差异，因为汉语中缺乏明确的反事实线索，他们不能像英语使用者那样，较为容易地转向反事实推理模式。

对于 Bloom（1981）的实验，Au（1983：155-187；1984：289-302）在两个主要问题上提出了质疑：（1）汉语中实验刺激（stimulus）的质量如何；（2）是否设置了组间实验。Au 认为 The Bier Story 文章的汉语由英语翻译过来，表达不够地道。实验刺激的质量较差造成了汉语和英语之间的重要差异，这可能是反馈差异的原因之一。其次，Au 指出 Bloom 研究的组间实验严重混淆了语言和文化的差异。因为 Bloom 对事先选择的明显不同的人群进行了不同的语言刺激（汉语和英语刺激），所以反馈上的差异可能归因于群体特征。针对 Bloom 研究的不足之处，Au（1983：167-169）的实验调整了实验刺激和实验对象，其研究结果与 Bloom 截然不同：在汉语 The Bier Story（版本三）中，双语中学生给出了 88%（23/26）的反事实解读，明显高于 Bloom 的中国台湾学生群体（63%）和中国台湾非学生群体（50%）；在英语 The Bier Story（版本三）中，Au 的受试者也表现良好，有 93%（25/27）的中国香港学生给出反事实解读。

Liu（1985：239-270）也进行了同样的研究，实验得出三个重要结论。首先，作者指出，受试者的年级（年龄），文章材料的内容、形式等非语言因素，是比语言表现形式更可靠的预测因素；其次，在理解条件句时，语境（熟悉/不熟悉）比话题（具体/抽象）更好地解释了反事实的障碍和困难；最后，对形式和熟悉程度的考察表明，反事实的可信程度很大程度上取决于一个人的世界知识和特定的文化背景。

汉语虽然没有像英语虚拟语气那样的语法范畴表达反事实意义，但是语言中有各种各样的语言线索，这些语言线索能引起明确的反事实解读。Wu（1987：84-94）指出，汉语母语者喜欢把过去的情况重建成未来的理想，或者追述过去的错误来质疑现在，实现自己的"反事实"。在历史叙述中，典型的反事实建构是"如果没有 X，那么与现在的 Y 相比，Y 将不可能或不会是现在的情况"。Lucy（1992：209-214）指出 Bloom 缺乏一个语言描述的相对基础的、参照的框架，即一个共同的基础或尺度，它以一种"中性的方式"表征一种语法模式。如果没有"描述的元语言"，其中一种语言（汉语）的语法往往会被判断为有缺陷，而另一种语言（英语）往往被用作默认的标准。如果没有这样的参考基础或尺度，关于翻译的争议将变得不可避免，因为双方都可以声称自己掌握的语言能更好地描述事实。

学者 Bloom（1981）从心理学角度断言汉语母语者缺乏反事实思维和抽象思维的能力，这一观点已被西方学者和汉语学者有力地反驳。尽管汉语违实意义的表达还没有成熟到作为独立的语法范畴存在。不能否认，在句法层面存在诸多要素可以或多或少地提示反事实意义。即使没有英语中那样用来表达虚拟语气的句法形式，也不会影响汉语母语者在日常交流中使用反事实表达。说汉语的人通过综合因素，比如交际环境、语篇的上下文、日常知识等，可以推导出反事实意义。

二　Hsin-feng Wu 的反事实思维研究

Wu（1993）总结了汉语反事实意义表达在词汇、语法和语篇三个层面的形式表现。它们包括：时间指示词、体标记、否定、反问句、祈使语气标记、情态动词、"以为"类的动词等。这些语言特征在汉语的词汇层面（时间词、否定）；语法层面（体标记、语气助词）和语篇层面上各自或相互作用，来实现反事实意义。

Wu（1993：52-102）在前人研究的基础上采用实验研究（实验1）、语言和内容分析（实验2）两种方法进行研究。实验1测试了 559 名以汉语为母语的人和 124 名以英语为母语的人对含有反事实成分的书面材料的理解能力，通过语言分析描述了汉英反事实的语言表征。实验2分析了两种语言在日常口语和报纸中的反事实用法。作者 Wu 推测，说英语和说汉语的人对反事实文本或反事实问题的反应不存在差异。结果显示的跨语言差异，应该与多样的文化和社会环境中的其他非语言因素有关，而不是汉英语言本身的差异。

实验 1：共有 683 名受试者参与了研究，其中 559 人说汉语，124 人说英语。从两个母语组（汉语和英语）中分别选出十年级（tenth grade）到大学的学生。特定年龄组的人群在假设性思维发展上相似，可以避免不同年龄对反事实理解造成的差异。同时，考虑到实验刺激在语言复杂性和科学思维能力方面的难度，作者只从排名靠前的学校中抽取了受试者。

研究的测试包括两篇短文，The Bier Story 和 The AIDS Story，还有若干简短的问题。所有文本都有汉语和英语版本。为了缩短问卷的长度，将测试材料平均分成两份，在每一种形式的问卷中，都有一篇短文和五到六个简短的问题。为使问卷具有文化意义，作者在汉语、英语版本之间进行了细微的修改。汉语问卷进一步分为两个版本，以适应大陆地区和台湾/香港地区的语言和文化差异。比如，大陆地区受试者问卷采用简体字，台湾和香港地区受试者问卷采用繁体字。两个故事问卷中得出的反事实比例如表 2、表 3 所示。

表 2　以汉语为母语的人对 The Bier Story 和 The AIDS Story 反事实解读的百分比

	The Bier Story	The AIDS Story
汉语	94%（271）	87%（217）
汉语高中	99%（94）	92%（79）
汉语大学	92%（177）	83%（138）

表 3　以英语为母语的人对 The Bier Story 和 The AIDS Story 反事实解读的百分比

	The Bier Story	The AIDS Story
英语	67%（57）	81%（42）
英语高中	46%（26）	70%（23）
英语大学	84%（31）	95%（19）

表 4 是不同语言对简短问题的反事实解读的情况。

表 4　不同语言对简短问题反事实解读的百分比

	ABCDE 问题	Triangle-circle 问题	XY 问题
汉语	59%（209）	65%（472）	91%（256）
英语	36%（59）	79%（120）	72%（58）

与 Bloom（1981）和 Au（1983，1984）的研究相比，该研究发现了不同的跨语言差异模式。在 Bloom 的研究中，英语受试者对 The Bier Story（版本三）给出的反事实反应明显多于汉语受试者（96%∶63%）。该项研究也表明了很强的跨语言差异，表 2 的结果是汉语受试者对 The Bier Story 产生的反事实解读比例更高（94%）。

通过以上实验得出结论：母语者对事实性的反馈与母语群体、教育水平或学术能力、对故事的熟悉程度三个因素密切相关。在这种复杂的情况下，其实并不能说明语言本身在反事实意义理解中扮演了什么角色。作者 Wu 认为，美国高中生的糟糕表现与其说是母语差异，不如说是很少接触这种复杂的任务导致的，这种问卷任务通常与高等教育或专门的学术训练有关。实验中，两个大学组和中国台湾高中生的优异表现也佐证了这种学术能力的差异。作者还指出"在三个影响因素中，受试者的学术能力可能是比母语群体和熟悉程度更可靠的预测因子。虽然熟悉的内容有助于阅读理解，但如何提高对反事实意义的理解，从这项实验中还不清楚。且熟悉与不熟悉有时难以捉摸，很大程度上取决于具体的文本和读者的特点，当涉及新的文本或不同的读者时，会有不同的解释"（Wu，1993∶94-103）。

实验 2：以汉语和英语报纸中的反事实句子作为语料来源。研究选取了美国的《纽约时报》和中国台湾《联合报》的内容进行反事实频率统计和分析。Wu（1993∶200-220）从 1992 年 8 月的 4 个星期中，随机抽取同一日期的《纽约时报》和《联合报》各一份。具体日期为 8 月 6 日（星期四）、8 月 11 日（星期二）、8 月 19 日（星期三）和 8 月 29 日（星期六）。总共有八份报纸，四份英语，四份汉语。除了商业版的分类广告和股票行情（只有数字），报纸的每个版块都有人进行阅读。

首先，要求几位读者圈出了报纸文本中出现的反事实表达。这些读者都是大学或研究生阶段并以汉语或英语为母语的人。在他们开始阅读报纸之前，会提前跟文章的作者见面。在与作者交谈之前，读者会得到一份说明书，说明他们需要在报纸上检索反事实的例子。在报纸上圈出反事实例子以后，每一种语言会有另外两名评分员进一步检查。最后选择两种语言中评分者一致同意的反事实的例子进行分析。表 5 是汉英报纸反事实条件句的使用比例。

表 5　不同日期的报纸中出现的反事实条件句比例

	汉语报纸	英语报纸
8月6日，周四	72%（21/29）	74%（39/53）
8月11日，周二	48%（13/27）	28%（13/46）
8月19日，周三	50%（14/28）	72%（23/32）
8月29日，周六	56%（14/25）	83%（25/30）
总量	57%（62/109）	62%（100/161）

注：括号里是实际的反事实条件句数量和每日报纸中条件句的总数。

调查结果：在汉语报纸上，8月6日的比例（72%）明显高于其他三天；在英语报纸上，8月11日的比例（28%）明显低于其他三天。汉语和英语报纸中每日不同的比例反映了反事实用法的真实变化，但也可能与其他因素有关。比如，8月6日汉语报纸的高反事实比例可能与当天报道的奥运会话题有关。

Wu（1993）还统计了汉英两种语言的报纸上不同版面的条件句反事实情况，如表6所示。

表 6　在不同的报纸版面上出现的反事实条件句的情况

报纸版面	汉语 n=62	英语 n=100
1. 新闻 （国际的、国家的、城市的和本地新闻）	30.6%（19）	34%（34）
2. 奥林匹克的专门报道	9.7%（6）	25%（25）
3. 运动和游戏	24.2%（15）	7%（7）
4. 生活 （家庭、娱乐、艺术、文化生活等）	1.6%（1）	18%（18）
5. 文学创作（小说、散文）	24.2%（15）	0
6. 其他的 商业、经济 灾难 广告、社论	3.2%（2） 4.8%（3） 1.6%（1）	7%（7） 5%（5） 4%（4）

Wu（1993：213-216）解释：在两种语言的报纸中，约1/3的反事实条件句都出现在新闻部分（汉语30.6%，英语34%）。此外，在汉语报纸中，

文学创作占比24.2%；家庭、娱乐等生活部分占比1.6%。其中，文学创作中大多数反事实的例子出现在怀旧或幽默为主题的作品中。生活部分出现的各种反事实例句大多数都是具有偶然性的事件。

除了对报纸文本中"使用比例"和"不同话题中的反事实比例"进行统计，作者还得出结论：报纸语料中出现"过去时态"标记时，汉语的反事实比例是66%，英语占51%；出现"现在时态"时，汉语的反事实比例是27.4%，英语占27%；出现"将来时态"时，汉语的反事实比例是6.5%，英语占11%。可见，过去和现在的时态对反事实条件句有重要影响。

根据两项研究，Wu（1993）得出结论：在理解反事实文本的能力上，汉语和英语使用者没有差异。实验1的反事实能力差异主要是受试者学术能力、对刺激内容熟悉程度不同导致的。实验分析表明，汉英两种语言都有明确的反事实表达手段，只是实现的层面不同。在英语中，语言标记分布在句法层面，而在汉语中，它们分布在词汇、句法和语篇层面。实验2揭示了自然情境下反事实句的不同使用比例和话题类型。总体上，英语报纸中反事实句使用比例高于汉语。

通过Bloom（1981）和Wu（1993）的研究可知，心理学实验对反事实思维的研究主要是从语言的外部因素入手的，几乎不分析语言内部的各构成要素。

第二节 反事实条件句的影响要素

为了证实汉语的反事实表达也有句法表现形式，语言学学者们很早就对反事实条件句常用的形式标记做出考察。本节主要介绍语言学领域的研究成果。从语言学领域研究反事实思维，学者们更多关注语言表现出来的语法化标记情况。类型学研究表明，不同语言表达反事实功能有不同的手段和形式标记。例如，对英语来讲，虚拟语气、时制后移（表达现在和将来的假设条件用过去时形式，表示过去的假设条件要用过去完成态形式）可以作为反事实意义的载体。但汉语并没有虚拟语气，也没有语法化出稳定表示过去意义的语缀或词缀。所以，从语法、语义和语用层面来看，两种语言中反事实的最大差异在语法层面。下面将具体介绍条件句研究中常见的几种形式表现。

一 连词

汉语学者在研究条件句时，注意到了有些条件句倾向表达反事实意义。因此，逐渐将反事实条件句与一般条件句区分开来。王力（[1943]1985：60-62）以《红楼梦》里的例句说明"条件式的从属部分虽然多指未实现的事实，但也可以指既成事实的反面"，其中，"既成事实的反面"，就是反事实条件句。在此基础上，王力进一步指出关联词的假设度问题，在条件句的从属部分加上"若""要""倘或"等字词，条件句表示假设的意义更明显些。赵元任（[1968]2002：62）指出条件或假设如果由"要是、要、假如、若是、倘若、假若、假使或设若"等引导，它们表示与事实相反的假设越来越高，这大致是按照出现频率高低和条件小句情形实现的可能性的大小来判断。以上观点都表明，条件句关联词具有指示假设意义的功能，而且连词的假设能力存在差异，这与使用频率和假设可能性有关。

陈国华（1988）较早对关联词的假设度问题进行了较为科学的划分，他实际上分了三类从属词："若是，假如，假使"等大部分是中性的，可以用于开放的条件句，也可以用于假设条件句；"要不是，若不是，若非"只能用于假设条件句；还有"万一"一类被称为"准假设条件从属词"，命题的内容不是没有可能，但可能性极小。除了三个大类的区别，开放条件句里从属连词的假设度也有区别。"假如、假设、假使、假定"这些带"假"字的条件从属词似乎更倾向于表达假设条件（陈国华，1988：17），但作者并没有对该观点进行进一步的考察，缺乏了有效的论证。

从文献来看，后期较长一段时间缺乏关于条件连词假设问题的研究，Wang（2012：155-163）再次提及汉语假设连接词三分问题，他将连接词的类型分为反事实假设连接词（要不是、若非、如果不是、若不是），可能产生反事实意义的假设连接词（如果、要是、假设、设若），不能产生反事实意义的假设连接词（万一）。袁毓林（2015：139-140）以邢福义《汉语复句研究》为语料样本，考察了两类条件句的形式问题：真实的假设句通常用连词（如果、要是、假使、倘若、设若）、假设助词（的话）和条件连词（只要、只有）等引导条件小句。反事实句通常使用假设连词（如果不是、要不是、若不是），假使助词（的话），或者否定性连词（否则、要不、不然、要不然）等引导条件小句。以上观点都表明，不同连接词表达反事实意义的能力不同。

与之相反的观点，吕叔湘（[1942]1982：412-413）认为，虽然文言中使用"使、令、设"等假设词的句子多半表示与事实相反的假设，"向使"更是限用于与事实相反的假设，可是在白话里违实性与假设词的关系不大。蒋严（2000）认为Chao（1968）提及的高假设性的词很多不表示反事实，他用现代汉语语料的检索支持吕叔湘的观点。同时还指出，一般认为凡用到"假"的假设词都具较强的假设性，这在现代汉语中似乎并没有充分的证据。王春辉（2010）也明确指出汉语的假设连词在假设度方面没有差异。王春辉（2010）认为Comrie（1986）的论断"汉语是没有假设性等级的语言"是正确的，尽管汉语中有表达违实语义的词汇和语法形式，但是这些形式无法构成违实范畴这一语法实体。这样"假设性等级"在汉语条件句中就无法表现。

以上问题表明，条件连接词的反事实研究缺少科学的分析方法和有力的数据证明，更没有解释不同要素反事实能力差异的原因。

二 否定或否定算子

汉语中，"否定"成分对反事实意义的重要作用已成为共识。学者们注意到"前后句均出现否定标记"时，条件句不仅可以表示反事实意义，且该反事实解读不可被取消，具有强反事实能力。西方学者Wierzbicka（1997：30）也提出前后件双否定式的违实条件句是违实范畴的核心。

陈国华（1988：13-14）指出一类含有"否定词"的反事实条件句。该形式可写为"否定$_{前件}$+还……呢$_{后件}$"。当条件从句是否定形式，主句里有表示"到所指之时仍然"意思的"还"，句尾有帮助断定持续状态的语气助词"呢"时，条件句表达的是过去的假设条件，以及根据这一假设条件所作出的推断。它表示在所给条件下，主句所指的事态到说话时本来仍会维持不变。例如：要是不叫他，他还在睡觉呢。

最常见的表现形式是否定词"不是"与连词结合构成"假设连词+不是"的形式，表达强烈的反事实意义。关于该形式产生反事实的原因，有多种观点。蒋严（2000：267-268）指出，汉语常采用的否定假设词有"若不是、若非、没有、要不是、不是"等，或者干脆在谓词前加否定词。条件式前件如用否定假设词引导，往往指向已然的事态，否定已然，自然导致违实解。所以，否定假设词本身并不是违实义的标志，对已然的否定才是导致违实义的原因。如果在谓词前加否定词，则结果可能具违实解，也可能具事实解。前者情形是对已然的否定。后者是对当前事态的否定，提出其他可能。如果当前事态是不可逆的，则也可具违实解。

王春辉（2010：63）用例句说明"假设条件连词＋不是"还可以引导将来一定会发生的事态，并非完全指向已然。因此，违实解读的真正原因在于"不是"的否定辖域是其后面的整个命题，而这个命题正是一个过去已经发生或当下正在发生或将来一定要发生的事态，正是这一对事态确定性的否定，导致了违实的解读。雍茜（2015：37）持相同的观点，也认为否定的反事实解读与其辖域相关，当否定的管辖域覆盖全句时，否定可以同句首假设连词一起表达反事实义，譬如"如果不是""要不是"。这时，"如果不是""要不是"逐渐发展成为反事实标记。不仅能够排他性地标识违实事件，甚至可以出现在将来时的命题中。

三 时制特征

研究普遍认为，表过去的时间与反事实意义密切相关。在英语中，可以依靠语法化的形式，实现过去、现在、将来时态的表达，语法化的形式具有彻底性、稳定性。而汉语不同，我们是在语境中借助词汇层面的成分，表示时态。Comrie（1986：95）认为，过去时作为时制范畴，有助于增强违实表达效果。这是因为过去通常为已知，对已知事件的虚拟假设有助于传递违实义，而将来的事件充满未知，对未知事件的假设只能传递不确定的推测义。雍茜（2015：35）特别指出，过去时通常表示已然事物，与违实关系密切。但"已然"不能等同于已知，若过去发生的事物不被说话者已知，则不能进入主观事实范围内，不能表示违实意义。因此，过去时可以表达违实意义，与违实虽紧密关联，但是不具有彻底性。

在汉语中，时间指示词是受到关注最早、研究最多的一个要素。根据陈国华（1988：13）的讨论，使用时间指示词是表达反事实意义最基本的词汇手段，比如"昨天、当时、那时、当初"等。这些表示过去的时间词"在当下的说话情境中，对昨天的情形进行假设，这种对已然事实的虚拟只能是违实思维"。曹黎明（2009）认为借助时间指示词（过去时/现在时/将来时）可以起到参照时间点/段的作用，时间标记帮助概念处理者把话语所描述的事情定位于过去，起到构建一个表示过去的假设空间的作用。所以，概念处理者无须花费太多的认知努力就可以确定条件句的违实性。

"早"是很多学者研究过的一个时间副词。蒋严（2000：264-265）指出，"早"起的作用并不限于时间指示词，因为如果一个时间指示词，如"那天、昨天、当时"等已确定了时制，再加入"早"，"过去时间＋早"的结构并不是指比该时间更早，而是和"晚"相对。整个分句的时制不会因为"早"的出现而变为先过去时。因此，"早"只是虚指过去，是使时间发生后移的词汇虚特征。

王宇婴（2013：105）指出，当"早"出现在条件句前件，处在谓语动词前，而且条件句后件句尾有"了"共现时，条件句有更明确的反事实意义。作者认为"一个状态事件没有一个内在的起点和终点"，当句中出现"早"和"了"，该事件就有了起点和终点，一旦事件被锚定，条件句的反事实意义就会实现。

雍茜（2015：31-32）认为，"早"虚指过去是因为它的时间管辖域被包含于时间状语"当初、昨天"等的管辖域中，两者连用不会出现先过去时的意义，因而不会改变时间状语的时制指示范畴。当过去时不能成为虚时制时，只能在特定的语用环境下（双方已知的过去事实）指示违实义。如果过去时没有出现虚时制的用法，只能贡献自身的时制义，若过去的事实非已知，违实义则可被取消。王春辉（2010：64）认为，一定条件下，条件小句使用"早"类词的解读确实是反事实意义，并补充了三个证据：时间副词"早"只有出现在表达过去事态的条件小句中才会有反事实解读，用在将来的条件小句中无此结果；当"早"与"知（道）"组合成"早知（道）"这一词组时，表示"事先了解到"的意思，这个词组构成的条件小句表达的总是反事实语义；心理学上的研究证明汉语母语者将包含"早"的条件句解读为反事实的比例非常高，基本接近"要不是"（Feng and Yi, 2006：1281-1285）。

关于"早知道"，大量研究已经证明，当它出现在句子中时确实容易被解读为反事实意义。"早知道"表达的反事实义不同于一般的反事实表达，因为它往往表达了说话者的"惊讶""遗憾"等感情（王春辉，2016：15）。"早知道"已经虚化为假设标记，是既定的事实（郭光、陈振宇，2019）。

汉语中，时制成分还有助词"了$_2$"。关于"了$_2$"，陈国华（1988）指出，"了$_2$"可以帮助推断条件句命题前件在说话之前已经实现或形成，具有反事实意义。但是，如果从句是表达非过去的开放条件，说话人仅可以推断从句所给条件在将来某一事态会实现或形成,此时,"了₂"是非违实标记。陈国华试图把"了₂"的功能二分,一个表违实义,另一个表事态对比。事态对比是把"将会实现或形成的事态与原有的事态形成对照,去掉句尾的'了'字,新旧事态的对照也就随之消失"。表事态对比的条件句是命题前件实现情况不确定的真实条件句。

蒋严(2000:264-265)从可能世界的角度解释了"了₂"可以同时用于反事实假设和事实假设的原因:"条件式前件引入一个与现实世界尽可能相似的可能世界,它可以是另一个世界,也可以是现实世界本身,不管条件假设是否与事实相反,都有可能是交际者知识共核之外的命题。"所以"了₂"对反事实或事实假设都适用,持相同观点的还有王春辉(2010)。雍茜(2015:36)认为,语气词"了₂"点明了知识共核外的新情况,同在条件句设定的假设框架中,知识共核外的假设程度要高于知识共核内。"了₂"的出现,增加了句子假设度,因而有助于激发高假设度的违实义。但是语气词"了"不能彻底地标记违实句,不是 CF 标记,只能是辅助表达违实义的 HE 标记。

Ljungqvist(2007)的研究区分了动词后表事件时间和参照时间界限的"了₁",以及句尾表态度界限的"了₂"。"了₁"表示了"事件时间"和"参照时间"的关系,在反事实的语境中,"了₁"成功锚定了一个先前发生的事件,如果句子时态表示过去,那么反事实意义就实现了。与之不同,"了₂"的态度界限表示"过量的"意义,即"常规"和"超出常规"的边界,比如例句"鞋买大了"(Ljungqvist,2007:208-216)。在反事实条件句中,"了₂"提供的是真实世界和可能世界的结果之间的界限。比如"要是有电,灯就会亮"和"要是有电,灯就亮了",后者是反事实意义。

Wang(2012:129-130)指出,许多学者认为汉语中的"了₁"是体标记,"了₂"是态度标记(attitude marker),但是它们的共同作用是为事件确定了一个边界。因此,它们都可以增强条件句的反事实解读。在条件句中,有些句子句尾的"了"无疑起着假设标记的作用,例如,"他要是没有在那个村子住过,就不会认识那儿的人了""下午要是开会,黑板上就出通知了"。如果将"了"字去掉,反事实的含义也就随之消失,句子也就成为开放条件句。

四 情态词

国内一些研究者关注条件句的情态问题,章敏(2016:211)调查了"要不是"、"以为"、"本来"与情态词共现的情况，总结出了反事实与情态词共现的规律：认识情态的使用最为自由，动力情态的用例较少，道义情态的使用最为受限。原因是在反事实句可能出现的语义背景中，说话者表达的事情要么是说话人主观认定的，要么是说话人的主观推理。所以，反事实表达句中常出现情态词，认识情态的使用最为自由。雍茜（2017：232-233）提到情态成分常出现在反事实条件句中，当情态成分与过去时连用的时候会使反事实解读出现反转。

五 情感性

已有研究中，"强情感"与反事实条件句的关系已得到充分关注。曾庆福（2008：54）认为反事实条件句一是表达作者对某种事件或现象的情感或意向，一是对已经发生的事情进行以果归因。情绪因素不仅是引发人们运用反事实条件句进行思维的原因，而且是运用反事实条件句进行思维的结果。袁毓林（2015）则直接指出强烈的情感倾向是汉语反事实条件句的普遍特征。邓景（2015）通过 Praat 语言软件分析发现英语反事实虚拟语气的出现伴随着声调的提高、音量的显著增强，视频中说话人情绪较为激动，语气较为激烈。调查发现，感叹将极大提高条件句中反事实的比例。以上考察表明，汉语中反事实条件句普遍表达强烈的情感。

六 语境

研究普遍认为，汉语的反事实表达没有固定的语法词汇形式，尽管在句法层面有连词、否定、过去时间词、"了"、"早"等标记，但它们都具有不彻底性，最终反事实意义要在特定的语境中推导实现。语境有广义的语境，包括百科知识、社会背景和上下文等；狭义的语境专指语篇中的上下文。一般学者们会将广义的语境概念下那些违背自然规律和百科知识的反事实假设句单列出来，比如"如果太阳从西边出来，我就嫁给你"。因此，"语境"多指狭义的上下文语境。

Li 和 Thompson（1981）认为汉语反事实表达没有语法上的标记。条件结构所传达的信息是由听者从句子的命题以及他/她对句子所使用的环境和对世界的认识来推断的。在作者看来，汉语条件句的语言形式似乎在其语义解释中不起作用。一个常见的现象是，同一个句子可以解读为三种条件句中的任何一种，这时，只有上下文决定哪种解释是合适的。条件句形式和意义之间的不相关性对非汉语母语者来说很奇怪。然而，Li 和 Thompson（1981）证明，对于汉语母语者，这不会造成混淆，因为从上下文来看是清楚的，即"句子的解释总是与它所说的上下文密切相关"。Wu（1987：91）也有相似的观点，"中国人表达反事实思维的方式与表达性别和时间的方式相同，在每一种情况下，通过语境表达的方式是含蓄且普遍的"。

Eifring（1988：194）评论道："当使用条件句时，印欧语言通常被认为在反事实条件和非反事实条件之间有明显的区别，但这对于说汉语的人来说几乎没有区别。"在汉语中，大多数条件句在反事实条件句与非反事实条件句上没有标记。由于这种"缺乏"或"模棱两可"的情况，汉语的反事实意义很大程度上依赖语境来传达或理解与事实相反的意图。

汉语的违实性是一个语用问题，其中，语境是重要的语用因素之一。汉语的反事实义完全可以不依赖任何特征来表达，反事实义是语用过程中得到的特定解释，因此它可以被取消。根据关联主义的理论，听者在关联原则的制约下根据语境信息对不确定的逻辑式加以充实，得出句子的真值义，进而推出了暗含的寓意，确定句子的事实解或反事实解。尽管假设性的强弱与违实性成正比，但能否导致违实性，关键要看具体的使用语境（蒋严，2000：257-279）。

王春辉（2016：15）指出汉语没有标示反事实意义的专用语法标记，大多数情况下只能依靠语境。"语境"是所有表达反事实义的手段里最直接、最基础的一种。于善志、王思颖（2018：74-75）指出，汉语违实义的生成主要受制于语境和百科知识，违实传达的是与主、客观事实相反的句子，这一方面来源于百科知识或社会公认的已然事件，另一方面来源于听话人已知的已然事件。若目标事件不为听话人所知，那么就无法为其主观范畴所利用，读者自然也就无法从句法结构中激活相关的违实义。

七　其他要素

（一）"真的"

蒋严（2000：269-271）采用 Iatridou（2000）的检测方法，从关联理论的视角证明副词"真的"与条件句的反事实语义密切相关。"真的"本身并没有反事实功能，但它被插入条件句的前件位置时，就带来了"出人意料的"和

"极难实现的"的含义,这清楚地表明了条件句中所包含的命题脱离了对话双方的共同知识。因此,相关的可能世界和现实世界被分开,使有关命题具有反事实解读。王春辉(2016:15)则认为"真的"使用只是表达说话人对条件小句实现可能性有更大质疑,而不是反事实。

(二)代词

条件句中,人称与条件句的事实性解读有密切的关系。Wierzbicka(1997:41-42)认为:与违实关联的是客观发生的事物而非主观意愿的表达,即客观性越强的语法特征越容易引发违实义。因而,在俄语和波兰语中,第一/二人称比第三人称或无生命主语更难引发违实义,这与"第一/二人称"的主观倾向性偏高有关。雍茜(2015:37-38)提出了不同的观点,文中考察得出:汉语中第一/二人称有更大的反事实优势,当主语为第一人称时,反事实义很难取消,原因是第一/二人称接近说话人的直接指称范围。这是临近效应的结果,而且,临近效应还反映在汉语的指示代词上,具体来说就是反事实程度随临近度的增加而递增,表现在代词上就是:近指代词 > 远指代词 > 无定。不过雍茜也指出,这些标记只是增强反事实的表达效果,并不对条件句的反事实意义起到决定作用。

王宇婴(2013:171-175)运用对比手法考察了人称代词对条件句事实性的影响。通过比较例句"如果你/他在少体体校打过篮球的话,高考时就可以加分"与例句"如果我在少体体校打过篮球的话,高考时就可以加分"可知,这两个例句中后者更倾向反事实解读。作者由此分析,第一人称比第二、三人称有更强的反事实能力。作者进一步解释:从第一人称视角出发,不确定的情况一定是命题前件是未来时态的情况。例如"如果我明天去找你,我一定会打电话给你"。除此以外,第一人称对自己的情况和过去的事情都有充分的认识。这种情况下,条件句只能获得反事实解读。但是,如果第二、第三人称取代了第一人称,那么,相关命题不再是说话人的经验。命题前件可能是客观事实,或者是说话人认定的事实,或者仅仅有发生的可能。有的情况下,尽管前件是过去时,条件句也可能是开放条件句。文中还得出结论:汉语中第二人称的反事实能力强于第三人称。比较例句"如果你很胖,穿黑色的衣服才合适"和"如果他很胖,穿黑色的衣服才合适"。命题前者"你很胖"的可能性低于后者,更倾向反事实。原因是在对话中,听话人通常具有在场性,而且是说话人交谈的对象。如果谈及的是听说双方可见的特征,那么条件句倾向反事实解读。在作者提及的这种语境中，条件句确实具有反事实意义，因为可见特征必然具有确定性，只能是反事实的意义。因此，最后得出结论：人称的反事实能力是"我/我们＞你/你们＞他/她/它（们）"。

于善志、王思颖（2018：77）也表示，代词、指示词会对假设或违实程度的理解产生一定影响。他们的调查表明：远指代词比近指代词更容易触发违实解读，这与英语后推时态带来的"远指效应"相似。另外，第三人称"他"（远指代词）和表示远指意义的"那"呼应时，二者的指向一致并触发假设义，但此时违实语义较弱。还有，第一人称"我"和远指"那"使用时会产生一种语义上的冲突关系，具体是说，第一人称"我"蕴含着与"我"所在现实视角的参照点，而"那"则蕴含了与"我"所在空间或时间较远的参照点，两者的这种语义关系触发了读者的违实义解读。作者认为，这种现象可能与距离效应有关，"距离化"不仅指时间和空间上的距离，还可以引申至抽象概念、认知意义上的远近距离以及心理上的距离。一般的规律是，心理距离越近，真实性越强，虚化能力越弱。因为第一/二人称代词较第三人称更接近说话人的直陈范围，所以临近已知的假设更利于激活违实义。

（三）"的话"

赵元任（[1968]2002：118）指出"的话"意思是"假设情况"；吕叔湘（[1942]1982）将"的话"描述为一种纯粹的语气词，它没有句法功能或实质意义，只起到加强句子的假设性的作用。如果去掉"的话"，这句话除了假设性的程度略有不同，没有什么显著的不同。

以上各要素对条件句的反事实意义都有重要作用，但由于不是语法化标记，这些影响都有特定的限制条件。我们认为，已有研究对这些要素的考察是孤立的，既然各要素在特定的环境中实现反事实解读，那么，有必要对"特定环境"进行考察，尤其是多要素共现时，各要素的具体作用和反事实机制要分别说明。而且，各要素在反事实表达中是不同的层级，比如语境、时间词、语气词"了"属于不同的语言单位，那么，它们对条件句事实性的影响需要分类阐释。

第三节　各影响要素的反事实能力

Comrie（1986：88-89）提出"假设性等级"这一概念，所谓"假设性"是针对人类语言中条件句提出的一种假设，指的是条件从句情形实现的可能性。"高假设性"意味着"低可能性"，而"低假设性"则意味着"高可能性"。于是，叙述真实事件的句子就处在假设性等级的最低处，而违实条件句则处于最高等级。Dik（1990：243-246）提出过类似的说法，他使用的是"可能性值"（probability value）这个概念，具体三分为：相对可能（relatively probable）、中性可能（neutral probable）、相对不可能（neutral improbable）。Athanasiadou 和 Driven（1996：629-630）在假设条件句中提出了"可能性级差"（likelihood scale）：中性（neutral）＞或多或少可能（more or less likely）＞不可能（unlikely）＞违实（unreal）。在这个连续统中，有关命题实现的可能性依次降低。这几个等级尽管在操作的层面和细节上有所不同，但是核心思想是一致的，它们都认为：语言中条件句的假设程度是有差异的，而且有的语言对这一等级有系统性区分。

Comrie（1986：83-84）指出汉语是没有假设等级的语言，他的依据是"同一个汉语条件句可以解读为英语中的真实、假设或违实条件句"。比如"张三喝了酒，我就骂他"，这个句子在不同的语境中可理解为以上任何一种情况。我们认为，该论据不能够否定汉语条件前件的假设等级。因为汉英两种语言实现反事实意义的方式不同，汉语条件句中没有语法化的反事实标记，其事实性解读是语用问题。尽管如此，汉语中连接词和特征成分在假设度上也存在明显差异，本节对有关要素的反事实能力研究作简要介绍。

一　Li 和 Thompson 的研究结论

Li 和 Thompson（1981：635-641）考察了一组假设词，将其统称为"连接要素"（linking elements）。例如"如果、假如、假使、要是"都是"如果"的意思，此外还有"除非、即使、就是、只要、要不是、如果不是"等。

表 7 总结了汉语中主要的 if-words 和与其最接近的英语对等词。根据"假设的可能性"大致分为三类。第一类词在概率程度上是中性的，例如"如果""要是"。第二类是最不可能实现的词，例如"假如""假使""假设""万一"，还包括否定的词语，例如"要不是"。与之相比，第三类词有不

同程度的实现可能性。如表 7 所示。

表 7　汉语表示 if 功能的单词

汉语	音译	直译	英语释义
类别 1			
如果	Rú guǒ	If	In case
要是	Yào shì	If yes	If, In case
类别 2			If; supposing
假如	Jiǎ rú	False if	If; supposing
假使	Jiǎ shǐ	False if	Given that
假设	Jiǎ shè	False supposing	Provided that
万一	Wàn yī	Ten thousand one	In case…should…
要不是	Yào bú shì	If not	Were it not the case
类别 3			
即使	Jí shǐ	……	Even if
就是	Jiù shì	……	Even if
就算	Jiù suàn	Suppose it is	Even if
只要	Zhǐ yào	……	Only if
除非	Chú fēi	Except not	Unless

二　Feng 和 Yi 的研究结论

Feng 和 Yi（2006）采用语料库调查的方法，基于 Wu（1993）和已有研究中涉及的潜在的"反事实标记"进行考察。

实验 1：让汉语母语者从北京大学语料库或互联网搜索引擎中找出包含以下这些标记的 200 个句子，另外要求两名母语为汉语的人判断每个句子是反事实条件句还是开放条件句。调查结果如表 8 所示。

表 8　各标记反事实解读的百分比

范畴	标记	反事实比例
时	早	83%
体	了	21%
否定算子	要不是	91%
	没	14%
	要不然	43%

续表

范畴	标记	反事实比例
谓词	就好了	55%
	还以为	91%
	原来应该	92%
其他	的话	9%
	真的	10%

文中得出以下结论：一些词汇和句法标记与条件句的反事实意义密切相关，比如"要不是""还以为""原来应该"的反事实比例超过90%。但因为没有汉语反事实条件句总体百分比的基准统计，解释反事实比例较低的句法标记产生困难，比如"的话""真的"。汉语中每种标记在不同的、有限的语境中使用，并没有发现像英语虚拟语气那样有效的手段。"时范畴"和"体标记"类别（Wu，1993）是唯一能够识别的句法标记。它们是能产性的，并且经常与其他标记或语义结合来标记反事实条件句。例如，"了"不是一个强有力的标志，但在句末通常要求命题为完成状态。命题的完成状态表明事件的已然性，在条件句中容易实现反事实解读。

实验2：考察实验1中发现的反事实标记是否具有超出语境效应的信息性。汉语的数据是在中国北京收集的。北京大学有30名本科生参加了这项研究。

汉语条件句中，首先构建一些不可预测的句子框架。不可预测是说这些框架的先行词和结果之间没有逻辑联系，知道命题前件的情况并不能说明结果情况。然后在适当位置插入汉语中常见的反事实标记。实验中，用6种条件句为材料：开放条件句、开放条件句含有句末标记（"吧"）、反事实条件句句末有体标记（"了"）、反事实条件句有时间参照标记、反事实条件句含有否定形式（"要不是"）、反事实条件句含有否定形式（"没"）。除了句中的标记外，其他都是相同的。

实验步骤：参与者被要求读一个个的句子，然后根据他们的理解来判断这个句子是对还是错，并且在0%~100%的范围内确定了这些陈述的真实性。汉语测试中有一个额外的任务。在这个强制的任务中，参与者被要求阅读一个有空格的对话，然后从一组句子中选择一个句子填空。这一组句子总是由一个开放条件句和一个反事实条件句组成。有两种对话的设置：开放式设置，正确答案是开放条件句；反事实设置，正确答案是反事实条件句。

表9 各条件下汉语句子解读为反事实意义的百分比

开放条件句	开放条件句+吧	反事实+了	反事实+时间参照	反事实+否定（要不是）	反事实+否定（没）
23%	9%	57%	87%	68%	38%

文章认为，我们可以通过语言形式（词汇或句法）可靠地预测一个汉语条件句的反事实情况。这些形式具有独立的信息性，在使用这些句子时，同时可以利用上下文线索来强化反事实性。该发现表明 Bloom（1981）的研究逻辑是错误的，正如 Au（1983）所指出的，他所报告的跨语言差异很可能是由翻译和其他技术问题造成的。这种批评同样适用于任何接受 Bloom 观点的研究。其次，该研究揭示了一些潜在的语言共性。例如，在该研究之前，很少有人会想到汉语使用时态和体貌标记来表示反事实解释。这与英语中的虚拟语气相似。

三 Wang 的研究结论

Wang（2012：154-155）对假设连词反事实能力的考察结果如图 1 所示。

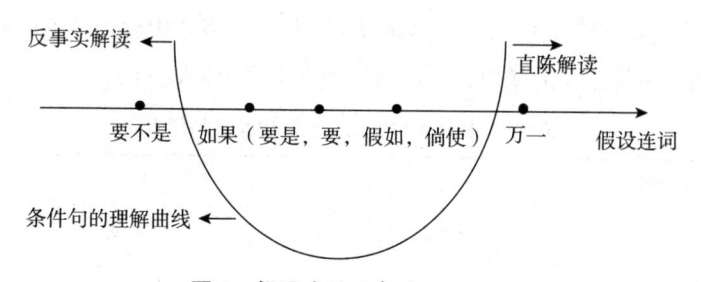

图 1 假设连词反事实能力分析

作者指出，反事实解读和直陈解读（indicative reading）分别位于曲轴的两个末端，但是两者之间没有明确的界限。因为大多数的汉语假设连词能够引导两种条件句，这部分连词位于曲线和直线交点的内部，以"如果"为代表。而连词"要不是"和"万一"则位于横轴的两个极端，它们分别在反事实解读和直陈解读上具有确定性。

Wang（2012）认为反事实解读涉及三个要素：反事实成分（CF ingredients）、话语提供的相关信息、命题前后件之间的关系。反事实成分主要包含六类。一是时态表达，比如时间名词、表示过去时间的"时间动词"、时间副词"早"、助动词"了"。二是假设连词，比如"要不是、万一"。作者认为形式"假设连词＋否定"可以毫无例外地表达反事实意义。表达反事实意义时，连词后接的命题在现实中已然发生，或者被说话人认为已经发生，或者说话人说话时正在发生。这样在否定的环境中自然获得反事实意义。三是否定词"没、没有、不是"，它们的后接命题描述了一个与事实相反的假设情况。四是一些反事实强化标记，比如"真的、些、再、还"等。五是第一、第二、第三人称代词。六是后件是反问形式。

作者将以上六类反事实要素三分：事实性成分表达事实意义，否定算子表达否定意义，还有一些表达假设意义的成分。如表 10 所示。

表 10　反事实要素分类

假设性成分	事实性成分	否定性成分
假设连词 （除了"万一"）	时态表达 反事实强化标记 人称代词 反问形式	否定算子

作者认为，表 10 中的三类具体成分在反事实表达中地位是不同的，根据他们产生反事实意义的能力，可以做出如下排序（见表 11）。

表 11　各反事实要素表反事实意义的能力

假设性成分	假设连词	要不是／"假设连词＋不是" ＞ 如果／要是等
事实性成分（反事实强化成分＞时态表达＞人称代词）	反事实强化成分	早、更、些
	时态表达	时标记、体标记
	人称代词	第一人称＞第二人称＞第三人称
否定性成分	否定算子	"不是＋从句"／"没有＋名词短语" ＞ 没 ＞ 不

Wang（2012）的研究主要目的是研究反事实要素的有效性。问卷的文章涉及阅读理解和句子理解两类。为了比较语篇语境和反事实成分的区别，作者使

用了 Hsin-feng Wu（1993）实验中的两篇文章"Bier Story"和"Human Broth"。这些例句大多包含一至两个反事实成分。问卷调查结果如表 12 所示。

表 12　各反事实要素表达反事实解读的百分比

反事实成分		问题的数量	反事实解读的平均百分比
时间性表达	时间副词"早"	1	98.1%
	相（反事实条件句中的状态动词）	2	94.3%
	体（完成体和非完成体）	2	88.7%
	体标记"了"	4	81.2%
	表过去的时间名词"昨天"	1	100%
	表将来的时间名词	1	89%
	时态	3	91.83%
否定		4	96.87%
连接词		3	87.43%
反事实强化成分（"真的""再"）		3	88.03%
人称代词		3	12.5%
反问形式 + 从句过去时态		2	96.2%
话语语境		4	92.92%

四　雍茜的研究结论

雍茜（2015）依托于 Lancaste 汉语语料库、UCLA 汉语书面语语料库和 TORCH 语料库，以第二类假设连词为关键词，在检索出的条件句中对所列出的 HE 标记分别进行测试。结果如表 13 所示。

表 13　条件句中出现和缺失某个 HE 标记对应的非违实和违实句频次

HE 标记	出现和缺失情况	非违实频次	违实频次
否定	出现"不是"	6	75
	缺失"不是"	2778	170
	出现"没有"	94	45
	缺失"没有"	2690	200
	出现"不"	415	93
	缺失"不"	2369	152
	出现"反问句"	23	25
	缺失"反问句"	2761	220

续表

HE 标记	出现和缺失情况	非违实频次	违实频次
语气范畴	出现（果/当）真（的/是）	82	28
	缺失（果/当）真（的/是）	2702	217
	出现"……就好了/该多好"	5	12
	缺失"……就好了/该多好"	2779	233
	出现"了₂"	246	58
	缺失"了₂"	2538	187
过去时	出现"早、当初、当时、曾、事先、过去、去年、以前、了₁"	5	72
	缺失"早、当初、当时、曾、事先、过去、去年、以前、了₁"	2779	173
临近度	出现"第一人称代词"	180	40
	缺失"第一人称代词"	2604	205
	出现"近指代词"	178	48
	缺失"近指代词"	2606	197

五 王春辉的研究结论

王春辉（2016：16-17）指出，汉语条件句的违实意义是一个复合系统，违实意义是多个要素共同作用的结果，往往不是单个要素起作用，几个因素互相组合才能达成违实义。而且，这些违实因素在违实义产生的过程中，贡献的力量不同。这说明，汉语中反事实要素的反事实能力是不同的。而且，作者基于中国社会科学院语言研究所研制的COCO语料库，检索"现代汉语"和"北京日报（2001）"两栏中"如果"引导的条件句，共得到条件句5100例，其中反事实条件句193例（3.8%）。在这193例反事实条件句中，语用类只有2例，过去类159例，占比82.4%。因此，作者将过去类条件句作为违实条件句的典型。在193个反事实例句中，作者进一步统计了"百科知识、语境、否定、时间词、了"五个因素的出现频率。统计结果如表14所示。

表14 五个因素的反事实意义数量及百分比

因素	百科知识	语境	否定	时间词	了
数量	18（9.3%）	175（90.7%）	121（62.7%）	38（19.7%）	38（19.7%）

作者认为，以上五种因素对违实义达成的贡献差异可以用两个等级序列呈现。

一个是五类因素的出现频率等级，可表示如下：

语境 > 否定 > 时间词 > 了 > 百科知识

另一个则是五类因素的违实可及性等级，可表示如下：

百科知识 > 语境 > 否定 > 时间词 > 了

作者认为，排除百科知识和语境等语用因素以后，只有"否定"（62.7%）才是汉语违实解读的主要句法手段。

对已有的研究成果进行归纳之后，我们认为不足之处有以下几点。

第一，已有研究多采用问卷调查法，对含有某成分的反事实条件句进行比例研究，忽视了共现成分的影响。有的统计选择的例句数量偏少，有关结论缺乏可靠性。在较早的研究中，学者们指出了要素的反事实能力差异，但并没有对各要素的反事实原因作进一步说明。

第二，在各种条件标记的考察中，虽然学者们越来越重视数据统计和量化调查，譬如雍茜（2015，2017）等。但相关研究存在两个问题，一是语料库的选取问题，一是变量的控制问题。在语料统计时，研究者或采用国外的语料库，或使用报纸中出现的条件句，这都不能准确全面地反映汉语条件句的使用情况。我们对《人民日报》中的条件句做过类似考察，结果发现反事实比例普遍不高。而且，报纸的不同版面文本内容迥然不同，其中，反事实用例多出现在文学作品中。文学作品在报纸中版面相对固定和有限，反事实条件句的比例就大大降低。

第三，在连接词和特征成分的研究中，反事实能力的强弱缺乏一个比较基准，无法说明某一要素是增强还是减弱了反事实意义。比如，已有研究表明，特征成分如"真/真的、人称代词、的话"这几个要素出现在句中时反事实比例在 15% 以下，如果缺少基准数据，很难说明它们的有无是增强还是削弱了句子的反事实意义。另外，学者们很早就关注到不同连接词的反事实能力差异。也有学者将连接词的反事实能力三分，一般以"要不是、如果、万一"为各类型的典型代表。但该理论没有对三种类型的连接词进行具体考察并指出差异原因。

第二章　事实性的含义及条件句的研究范围

第一节　"事实性"的本质及条件句的事实性

一　事实、非事实与反事实

已有研究中，学者们对条件句的分类不尽相同。如表 15 所示。

表 15　条件句分类的代表性文献

代表文献	依据	分类
Schachter（1971）	命题所指的世界	真实条件句 非真实条件句： a. 表将来的简单条件句 b. 想象条件句（假设条件句、反事实条件句）
Li 和 Thompson（1981）	命题所指的世界	现实的条件句 想象的条件句 反事实的条件句
Quirk et al.（1985）	命题语义的确定性	开放条件句 假设条件句（又被称为"封闭""不真实""非事实""反事实"条件句）
Givón（2001）	命题所指的世界	非真实条件句： a. 真实性条件句 b. 预测条件句 c. 假定条件句 反事实条件句
张雪平（2008） 章　敏（2016）	命题实现的可能性	真实条件句： a. 可能假设句 b. 现实假设句 非真实条件句： a. 反事实假设句（违实假设句） b. 虚拟假设句
袁毓林（2015）	命题语义的确定性	真实条件句或事实条件句（可能真的，可能假的） 非真实的条件句（虚拟）或非事实、反事实条件句

第二章 事实性的含义及条件句的研究范围

因为相同和相近概念的含义各异,为了使后文条件句的分析标准统一,本节对"事实性"问题重新说明。

陈振宇、姜毅宁(2018:17-19)及张莹、陈振宇(2020:42-43)的两篇文章中把"事实性"分为事实、非事实和反事实三类。"事实性"是关于事物与直陈世界的关系,在直陈世界中存在的事物是事实。如果不能确定事物是否存在于直陈世界里,则事实性不确定,是非事实;如果说话人确定事物在直陈世界中不存在,而是讨论它在非直陈世界的虚拟情况,则是反事实。

本书采用以上观点,并特别说明"事实性"与"真实性"的本质区别,陈振宇、姜毅宁(2018:18)明确指出"从科学的角度讲,现实世界是最重要的世界,一切表达只有在现实世界有效(可验证)才是科学的真实。真实性是关于事物与现实世界的知识"。与科学不同,语言打开的世界,是认知世界中最外层的直陈世界,在直陈世界中存在的事物是事实。需要强调,本书条件句的事实性是一个语用概念,它的本质是主观事实性,是说话人认知中的事实。

戴耀晶(2017:242-243)从语义确定性方面进行研究,提出"正确定""负确定""不确定"三个概念,分别对应句法上的肯定句、否定句、疑问句。借鉴戴耀晶(2017)对"语义确定性关系"的观点,本书将语用的"事实性"进行分类,如图2所示。

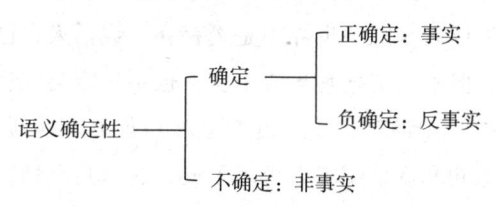

```
              ┌─ 确定 ─┬─ 正确定:事实
语义确定性 ─┤        └─ 负确定:反事实
              └─ 不确定:非事实
```

图2 语用的"事实性"分类示意

具体来说,"事实"(factual),指事物在直陈世界存在,这意味着说话者把它当成一个事实来说或想。当言者在直陈XP时,是把它作为当前论域中的事实传达给听者,与XP在现实世界中是否存在无关。如在讲《西游记》时说"猪八戒在高老庄跟高小姐成亲",这与"我们正在学习名著《西游记》"在事实性上没有两样,都是直陈一个事实。汉语中事实表达的典型形式是"直陈句"。在汉语的复句中,因果句("因为"类)、推论句("既然"类)和容认句("虽然"类)的句子从句表达事实语义。例如:"因为他生病了,所以来不了""既然钱都交了,就应该好好上课啊""虽然生活很辛苦,但也要勇敢面对"。在说话人的认知中,"他生病了""钱都交了""生活很辛苦"是客观的或已然的事实。

"反事实"(counter-factual)是指事物在说话人的直陈世界中不存在,但在某个非直陈的虚拟世界中存在,用一个虚拟的事情来说或想。语言中的反事实句传达说话者认为假的内容,即说话者在讲述 XP 时,同时认为 XP 不是事实。这种讲述方式区别于直陈句,最典型的有否定句"猪八戒不是在通天河成亲";反问句"难道我还不如你";反语"你可真行啊你";等等。说话者表明"猪八戒在通天河成亲""我不如你""你真行"是假的。

条件句也可以表达反事实意义,例如"如果你早点出发,就不会误了火车"。命题前件"你早点出发"在说话人的认知中是反事实的。"早知道你这么生气,我就不说了",前件"知道你这么生气"在说话人的认知中是反事实的。

以上可知,"事实"和"反事实"的共同之处是:命题在说话人的直陈世界中具有确定的认识。借鉴戴耀晶(2017)的观点,"事实"属于"正确定",而"反事实"归入"负确定"。

"非事实"(non-factual)这一术语在语言学中存在多种理解,受西方理论的影响,许多学者将"非事实"与"反事实"等同。比如,袁毓林(2015)认为"非事实条件句"指的是反事实条件句和违实条件句。本书所论"非事实"指:事物在说话者直陈的世界中是否存在,说话人自己也并不清楚。所以,虽然提出它,但不一定把它当成事实,也不一定当成反事实。即说话者在讲述 XP 时,并没有确定 XP 是不是事实(可能真可能假)。汉语中,非事实表述策略与直陈句和反事实句有很多不同,它有自己独特的表现形式,比如:加上不确定的情态标记"猪八戒<u>可能</u>是在高老庄成的亲""他<u>大概</u>不来了";加上不确定的传信标记"<u>据说</u>猪八戒在高老庄成的亲""人们<u>猜</u>他明天会来";中性疑问句"猪八戒是在高老庄成的亲吗""他明天来不来"。另外,"如果""要是"等条件句可以表达非事实意义,而且最常用来表达非事实意义。例如"如果你要来,别忘了先提前打个电话"。命题前件"你要来"在说话人的认知中是不确定的:可能来,也可能不来。

因此,与"事实"和"反事实"不同,"非事实"表示命题在说话人的直陈世界中不具有确定性,可能为真,可能为假。即使说话人有为真或者为假的倾向性,并不影响其非事实意义的性质。

二 条件句的事实性表现

交际中使用的条件句,它的命题前件就是说话者引入的一个认知世界。在这个可能世界中,说话人表明了自己对命题真值的认识。

根据命题前件的"事实性"对条件句进行分类,可以得到事实条件句、反事实条件句和非事实条件句三类,如图3所示。

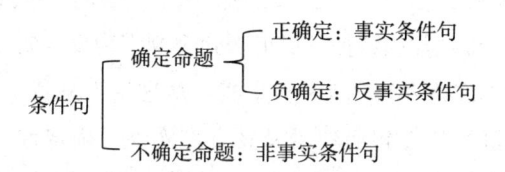

```
                     ┌ 正确定：事实条件句
        ┌ 确定命题 ─┤
条件句 ─┤           └ 负确定：反事实条件句
        └ 不确定命题：非事实条件句
```

图3 根据"事实性"对条件句进行的分类

从"语义的确定性"入手,汉语条件句根据命题前件的"事实性"特征,理论上可分为事实条件句、反事实条件句和非事实条件句。"事实条件句"的命题前件是主观认定的事实,一般情况下,这些事实是经过客观世界验证的;需要特别注意,对于将来的未然事件,如果说话人主观认定一定会发生,也是事实命题。"非事实条件句"是指说话人对命题前件的事实情况不确定,可能是真,可能是假。"反事实条件句"是指命题前件在说话人的认知中确定为假。

非事实条件句,说话者表示 XP 可能是事实的,也可能是反事实的。在世界语言中,这是条件句的基本性质,例句如下:[①]

(1) a. 如果他是厨师,我们就可以请他来做这道大菜了。
　　　b. 假如他想下手搞掉王纬宇,我可以提供一批重磅炸弹。
　　　c. 只要她知道宣传栏上的事,她一定恨死我了。

说话者在话语打开的可能世界中并不确定"他是不是厨师""他是否想下手搞掉王纬宇""她是否知道宣传栏上的事"。因此,命题 XP 具有不确定、不透明、虚拟的特征。以上例句都判定为非事实条件句。

反事实条件句,说话者表示 XP 是反事实的,例句如下:

---

① 本书未注明来源的语料均出自自建的封闭语料库。

（2）a. 如果那时他来了，我就不生气了。
　　　b. 要不是有个老母亲拖住腿，他早就不是这样了。
　　　c. 要是你生母现在还活着，该多好啊！

　　说话人在话语打开的可能世界中，表明事件"那时他来了""没有老母亲拖住腿""你生母现在还活着"在自己的认识中是假的。因此，命题 XP 具有确定性、透明性、虚拟性的特征。以上例句都判定为反事实条件句。

　　事实条件句，说话者表示 XP 是事实。从理论上来说，事实条件句不是真正的条件句。事实条件句前件语义具有现实性、确定性、透明性等特点，这种情况在世界语言中几乎是不可能的。比如，我们一般不会说：

（3）*如果海水和淡水不一样，那么就无须操心了。（在公共知识中，海水和淡水本来就是不一样的）
（4）*如果我是我，我就不用那么烦恼了！（我本来就是我，无须假设）

　　综上，条件句命题前件排斥事实语义。通过逻辑合取，可以得到两类条件句，非事实条件句和反事实条件句。非事实表示说话人在特定的可能世界中，表示 XP 相关命题可能为真，可能为假，而说话人不确定命题的真假。反事实与事实相对，说话人在特定的可能世界中，表示 XP 相关命题一定是假的。

第二节　条件句的研究范围

　　基于本书的研究目的，我们从形式标准、语义要求和语用功能三个层面确定条件句的研究范围。在这三个标准中，语义要求是主要标准，形式标准和语用功能的特点是参考标准。

一　形式标准

　　本书涉及的一些条件句，主从句之间并非都有严格的逻辑语义关系。基于此，本书单纯从条件句的形式上入手，将条件句构成写作条件"前件＋后件"。

汉语是意合性很强的语言，其中，汉语条件句的意合表现就很突出。所谓的"意合"与"形合"相对，它指的是几个语言形式依次排列在一起，但它们之间的逻辑关系没有语言上的标志。在条件句中，它的前件和后件并列放在一起，构成一个句子。虽然两者之间能解读出各种语义关系，但从形式上看没有表示逻辑关系的句法形式，这类条件句可以称为意合条件句。

我们从《白鹿原》中选取了几个段落，比如：

冷先生的面孔似有所动："A <u>你只管托人做媒订亲娶妻，钱不够了，从我这儿拿，地是不能卖。</u>你卖二亩水地容易，再置二亩水地就难了。眼看着你卖地还要我做中人，我死了无颜去见秉德大叔呀！"

例句 A 没有句法上的形式标志，看似像流水句。但实际上，"钱不够了，从我这儿拿，地是不能卖"分句之间存在复杂的逻辑语义关系。"意合"形式下，对语义的确定需要依靠上下文语境。即使是同一语境中，它的逻辑关系也可以有多种解读。比如例句 A "钱不够了，从我这儿拿"，可以认为前件是连词"如果/要是/假使"，也可以是连词"万一/一旦"，还可以是"只要"。例句如下：

（5）a.（假使）<u>钱不够了</u>，从我这儿拿，地是不能卖。
　　　b.（一旦）<u>钱不够了</u>，从我这儿拿，地是不能卖。
　　　c.（只要）<u>钱不够了</u>，从我这儿拿，地是不能卖。

这些例句都是一般条件句，且在语境中是合理的。但是因为连词本身的意义不同，以上例句表示的意义差别很大。

再比如：

黑娃到王村找着嘉道叔叔，确实说了让他捎鞋的事，……感激嘉道叔叔给他寻下一个好主家，并说郭举人瞧得起自己，让他陪他遛马放鸽子的快活事儿。嘉道高兴地叮嘱说："这就好，这就好！B <u>人家待咱好咧，咱要知好。</u>凡事都多长点眼色，甭叫人家先宠后恼……"黑娃应着，早已心不在焉，看看夜深人静，告别嘉道叔回到将军寨。

例句 B 也是同样的情况，"人家待咱好咧，咱要知好"这一复句之间可以是"因为……所以"关系；也可以是"要是……就""只要……就"关系。前者是因果句，后者是条件句。例句如下：

（6）a.（因为）人家待咱好咧，（所以）咱要知好。
　　　b.（要是）人家待咱好咧，咱（就）要知好。
　　　c.（只要）人家待咱好咧，咱（就）要知好。

例句 a 和例句 b、c 在说话人的认知中有显著区别。连词"因为"后接命题具有说话人认定的事实性，而连词"要是"后接"人家待咱好"的事实性并不确定。条件连词"只要"后接"人家待咱好"的事实性也不确定，且含有充分条件的语义。所以，说话人选择不同的连接词，其表达的意义和重点是不同的。这些句子的语用功能有或多或少的差异。

如以上例句所示，汉语的"意合"性质很强，语篇中存在很多"意合"条件句。这些无形式标记的小句之间存在多种解读。句子既可以判断为条件句，也可以判断为其他复句类型。最终的语义判定依靠双方关于相关事件的知识，包括日常知识和社会历史知识等。

本书旨在考察现代汉语中常用的条件连词"如果、假如"、特征成分"早、没有、时间词"等在具体例句中对事实性解读的影响。因此，所选取的例句在句法上要包含这些成分，在"研究方案与设计"部分已作说明，我们将"如果"等前件连接词与"早、不是"等特征成分看作两个层次的形式。条件前件"连接词"在每一个例句中都是必不可少的。要计算其他特征成分的功能，首先要控制连接词相同，再把计算得到的连接词的反事实比例作为基准，进一步考察加入其他特征后条件句的事实性情况。因此，在自建的封闭语料库中检索例句时，将已经确定的"连接词"作为关键词进行检索，并排除意合条件句。

另外需要说明，汉语中有两个否定词"没有、不是"，它们可在条件前件独立引导条件句，首先看"没有"的例句：

（7）a. 没有我林藕初，哪有忘忧茶庄的今天！
　　　b. 没有农民，我们能把天下打下来吗？

c. 没有我的令，不许射箭！
d. 没有败，也就不会有胜。

以上例句中，a 和 b 是反事实条件句，条件句前件"没有我林藕初""没有农民"都是说话人对客观事实的违反。可推导出，后件反问形式表达的命题也是反事实的。说话人的观点是"没有我林藕初，就没有忘忧茶庄的今天""没有农民，我们不能把天下打下来"。说话时尤其强调"我林藕初""农民"对命题结果的重要性。与之相比较，例句 c 是说话人的祈使行为，意思是"收到我的令，才可以射箭"。"收到我的令""射箭"都是未然的非现实事件。因此，例句 c 是非事实条件句。例句 d 表达说话人的认识"有败才会有胜"。我们将表示一般规律的条件句归入非事实条件句。

在自建的封闭语料库中共有该类例句 25 例，其中反事实例句 8 例，反事实比例是 32%。很多学者认为这类条件句前件不需要补出连词"如果""假如""要是"等，否定词"没有"可以直接引导条件句。

再来看"不是"的例句：

（8）a. 不是这些牺牲的同志，我们怎么来的胜利？
b. 不是离得天南海北，我真想聘你当个顾问。
c. 不是亲密的同志关系，谁愿意去为另一个人替死呢？
d. 不是你的赈济，我们早饿死了！

例句 a-d 都是反事实条件句。说话人表达的主观事实是"因为这些牺牲的同志，我们才有胜利""因为离得天南海北，无法聘你当顾问""因为是亲密的同志关系，才愿意去为另一个人替死""因为你的赈济，我们才没饿死"。说话人认为命题前后件之间是因果关系。这种因果关系是说话人主观认定的事实，本质上是主观因果。

在自建的封闭语料库中，该类例句共 9 例，其中反事实例句 9 例，反事实比例是 100%。同样，很多学者认为前件不需要补出连词"如果""假如"等，否定词"不是"已经语法化为条件句的连词，可以直接引导条件句。

我们并不赞同将"不是"和"没有"作为条件连词的做法。它们的性质本质上与"早"、时间词、"了"等相同，是特征成分。因此，如果"没有""不是"位于句首，且前面不再有其他连词。我们把这类条件句作意合处理，不纳入统计范围。

除此以外，还要对两个连接词"早知道""要不是"作特别说明，它们同"如果""假如"等连词不同，因为在汉语中没有实现彻底的词汇化，所以处在不同的句法位置会有不同的性质。比较以下例句：

（9）a.(好好好，不跟你吵。但是，我的女儿不能叫张原则，这简直是对我的进一步挖苦。)你要不是来捣蛋的，就动动脑筋取个像样的。

a'.*要不是你来捣蛋的，就动动脑筋取个像样的。

b. 他们要不是把人逼得家破人亡，妻离子散，又怎得爬上高枝，巴结权贵，拿咱们取乐呢？

b'.*要不是他们把人逼得家破人亡，妻离子散，又怎得爬上高枝，巴结权贵，拿咱们取乐呢？

例句 a 是非事实条件句，命题前件是不确定的。"要不是"是"要 + 不是"的组合形式，该形式可以替换为"如果 + 不是"或"假如 + 不是"等。"要不是"调换句法位置后，例句 a' 不能成立。词组性质的"连词 + 不是"引导的条件句中，命题前后件之间的关系具有多样性。

与之不同，句首"要不是"词汇化程度非常高，只能引导反事实条件句。因为本身含有否定算子，"要不是"后的命题是确定的事实。在这类反事实条件句中，命题前后件之间有主观的因果关系。例如"要不是你，我早就脱离这苦海了"。说话人表示"因为你，我没有脱离这苦海"。

例句 b 是反事实条件句，说话人认为"他们把人逼得家破人亡，妻离子散，以此来爬上高枝，巴结权贵"。命题前后件之间是"手段-目的"关系。这一解读似乎与位于句首的"要不是"功能相同。但是，句法位置转化为例句 b' 后，句子的语义更适合理解为"致因-结果"关系。具体来看，在例句 b 中"要不是"是"要 + 不是"的组合，这一"连词 + 否定词"的形式后接事件"把人逼得家破人亡，妻离子散"表示主体采取的手段。比较一下，例句 b' 词汇化的"要不是"管辖后接整个命题，"他们把人逼得家破人亡，妻离子散"是命题后件的致因。

再来看成分"早知道",除去位于句首表达绝对反事实意义的"早知道"条件句,在自建的封闭语料库中我们只检索到1例在句中的"早知道",如下例句 a。为了更好地说明问题,扩大到 CCL 语料库中检索,事实证明:条件句中,位于前件句首的"早知道"只能引导反事实条件句;而句中位置的"早知道"用法则不同。例句如下:

(10) a. 我要<u>早知道你是个阿曲死</u>,我才不嫁给你呢!(王火《战争和人》)
a′. 我要早(些/点儿)知道你是个阿曲死,我才不嫁给你呢!
b. 要是<u>早知道这样</u>,我怎么也不会来。(《人民日报》1994 年)
b′. 要是早(些/点儿)知道这样,我怎么也不会来。
c. 如果我们<u>早知道敌人会劫机撞向我们的建筑</u>,我们一定会竭尽全力去制止它。(《新华社》2004 年)
c′. 如果我们早(些/点儿)知道敌人会劫机撞向我们的建筑,我们一定会竭尽全力去制止它。

可见,成分"早知道"前还存在其他条件连词。例句 a 是"要+早知道",例句 b 是"要是+早知道",例句 c 是"如果+早知道"。

通过分析可知,以上例句都是反事实条件句,例句 a 事实是"我没有提早知道你是个阿曲死,所以才嫁给你了";例句 b 是"因为没有提早知道会这样,我才来了";例句 c 是"因为没有提早知道敌人会劫机撞向我们的建筑,我们没有竭尽全力去制止它"。虽然与句首早知道在反事实能力上相同,但是两者反事实原因是不同的。

我们认为,位于句中的"早知道"是"早+知道"的组合形式,"早"是"提前、提早"的意思,具有明确的时间指示功能。以上例句 a 和 b 的反事实意义是成分"早$_{前件}$+否定$_{后件}$"推导而来的。例句 c 比较特殊,在脱离语境的情况下,条件句有两种解读。一是反事实条件句,表达说话人的遗憾、惋惜之情。二是非事实条件句,条件句前件具有不确定性。这时,命题后件"一定会竭尽全力去制止它"表示说话人的承诺行为。句中的"早知道"作为"早+知道"的组合形式,中间可以插入成分"(一)点儿、些"等。

与以上例句比较,句首"早知道"已成为反事实标记,百分之百地引导

反事实条件句。而且,"早知道"作为固定的词汇形式内部不可以插入成分。例句如下:

  (11) a. 早知道这么回事,《泪洒中原》恐怕不是现在的样子。(《报刊精选》1994年)
    a'.*早(些/点儿)知道这么回事,《泪洒中原》恐怕不是现在的样子。
    b. 早知道他有这一天,我就该早罚他点了。(《作家文摘》1997年)
    b'.*早(些/点儿)知道他有这一天,我就该早罚他点了。

  我们认为,作为词汇成分的"早知道"是感叹功能,其中"早"不再具有时间指示意义。"早知道"的感叹功能,使得其引导的条件句是说话人的感叹行为。当说话人表达个人观点态度,并用感叹加以强化时,其对相关命题一定有确定的认识,或者是事实,或者是反事实。因为条件句前件排斥事实语义,因此获得反事实条件句。

  其他的连词与"早知道""要不是"相比,在句中的位置灵活,句法位置调整后,语义基本不变。以自建的封闭语料库中的"如果"条件句为例:

  (12) a. 我如果把目前这些难处都写信告诉她,她会怎样?
    a'. 如果我把目前这些难处都写信告诉她,她会怎样?
    b. 一个人如果老想着我多么了不起,我一死地球就不转了,他怎么肯为大众牺牲呢?
    b'. 如果一个人老想着我多么了不起,我一死地球就不转了,他怎么肯为大众牺牲呢?

  综上,作为本书研究对象的连接词,"要不是""早知道"仅限于位于句首位置的词汇化形式。

二 语义要求

  关于条件句的语义问题,学者们已得出许多重要结论。在传统的语法研究中，学者们将条件句与其他复句对比，多关注主从句命题之间的逻辑语义关系，比如条件关系、假设关系、因果关系等。近来，有学者对条件句及其各小类的语义特征进行了研究。

彭振川（2009：52）从认知语言学理论出发，确定了汉语中假设条件句的基本语义内涵：不确定性、充分条件义、认知框架程序义、最一般的假设义和一般可能性。文章区分了典型的条件句和边缘条件句。他认为原型假设句是"如果……的话，那么……"结构，具备了以上全部语义内涵，以及来自条件性的直接因果关系解读。

龚波（2010：92-95）将假设句的语义特征概括为四个方面，主观假定性、对比性、指称性和论断性。"主观假定性"是在某一主观假设条件下产生的结果，即主观认定某一非现实或非真实为真。如果认为非现实为真，即可能假设，一般具有实现的可能性。如果认为非真实为真，即与事实或事理相违背，说话人主观认定不具备实现的可能性。"对比性"体现为可能世界与现实世界的对比；可能世界与可能世界的对比。作者指出"假设句的对比性源于其虚拟性，而虚拟性是假设句的本质"。"任何一个假设句都是对可能世界的一种虚拟，说话人之所以进行这样的虚拟，是为了说明某种特定的虚拟的条件中会有怎样的结果。以此与现实世界或别的可能条件下的情况形成对比。""指称性"是说条件句的分句可以看成话题形式，语义上都事物化了。假设句的另一个语义特征是"论断性"，从表达功能上来看，假设句不是对事实的陈述（叙述句）或状态的说明（描写句），而是对于事理的论断（论断句）。在论断句中往往需要对事件进行指称，因而论断句中前件的 VP 大多具有指称性。

陈振宁（2014）认为，条件关系是说话人主观上不确定条件事件是否能实现，从而在设置条件事件实现的环境中进行讨论，并隐含着说话人容许条件不能实现的情况。条件句具有鲜明的语义特点："可疑问性/不确定性"指前件的条件在说话人主观上不确定，一定程度上是"存疑待定"的。但有疑问并不等于就是条件关系，条件句将说话人有疑问的不确定性设置为一种可能的存在，在此基础上讨论结果，使条件具有"设定性"。同时，说话人的疑问也导致了条件只是一种假设，因此任何条件句都有对比性。作者还认为条件是主观上不确定，所以在条件环境内得以讨论的结论/结果自然成了一种情态，具有了主观性。因此，条件关系主观化的原因是在条件和结论/结果关系中共同形成的。

以上观点都是以"如果"条件句为典型例句进行的分析,它们都表达一个基本事实,条件句的语义特征是不确定性,或具备实现的可能性,或不具备实现可能性。本书将该类条件句称为非事实条件句。此外,本书将命题前件确定为假的反事实条件句也纳入研究范围。从条件句前件的事实性特点出发,得出结论:汉语条件句的重要语义特征是"非事实/反事实"意义,即命题前件排斥事实语义。以"如果"连词为例,例句如下:

(13) a. 如果<u>天下雨</u>,我们就不出门了。
　　　b. 如果<u>我是你</u>,我就不会去!

例句 a 是非事实条件句,例句 b 是反事实条件句。与之比较,说话人一般不会将"自己已知/认定的事实"用作条件前件。例句如下:

(14) a.* 如果<u>我是我</u>,我就不会去!
　　　b.* 如果<u>地球围着太阳转</u>,那么就无须质疑了。

例句 a 和 b 中,"我是我"对说话人不需要证明,是事实命题。"地球围着太阳转"也是众所周知的客观事实,是事实命题。当然,极为特殊的语境中,比如说话人一直误以为"太阳围着地球转",那么条件句对于说话人是成立的。

我们在自建的封闭语料库中发现:违反客观规律或自然规律得到的反事实意义多是无标记的,听说双方根据常识对条件句的事实性进行解读。相比较而言,日常交际和上下文中的反事实条件句多是有标记的。例句如下:

(15) a. 如果<u>不是死过六房女人</u>,他就不会急迫地去找阴阳先生来观穴位。
　　　b. 如果<u>早几个月办了</u>,岂不是现在早已离开上海到了香港甚至已经去重庆了吗?

例句中,命题前件是已知的反事实情况,客观事实是"他已经死过六房女人""我们没有早几个月办"。其中,否定词"不是"、时间副词"早"、反问形式对于反事实意义有重要的影响。

基于以上事实,本书用"排斥事实语义"这一语义特征进一步确定相关的条件连接词。这就把传统语法中引导推论句、因果句、转折句的连词排除在研究范围之外。因为这些复句的命题前件是已然的事实。例句如下:

(16) a. 既然嘉轩此次专程到山里来结亲,他原有的顾虑就消除了。
b. 因为没有各村官人的份儿,所以此条属内部掌握,一律不朝下传达。
c. 朱先生虽然明智,却一时解不开白狼黑狼的隐喻。

以上例句中,命题前件在说话人的认知中具有确定性,或是客观事实,或是主观认定的事实。即命题前件都是表达事实语义。例句 a 中连词"既然"引导推论句,命题前件"嘉轩此次专程到山里来结亲"是已然的客观事实,后件表达说话人的观点"他原有的顾虑消除了"。由前件可推知,命题后件也具有主观事实性。例句 b 中连词"因为"引导因果句,前件"没有各村官人的份儿"是已然发生的客观事实。后件表达说话人的建议"一律不朝下传达"。例句 c 中连词"虽然"引导转折句,命题前件"朱先生明智"是说话人对命题主语的评价,具有主观事实性。后件"一时解不开白狼黑狼的隐喻"也是事实,通过对比形成转折意味。

需要说明,实际语料中确实也存在极少条件连接词后接事实命题的情况,例如"如果你血管里流的还是血,就要报仇",条件前件"你血管里流的还是血"是事实。我们认为,对事实的强调是一种语用修辞现象,后文专门论述。

三 语用功能

在语用功能层面,本书将后件表达言语行为的条件句也纳入研究范围,利用自建的封闭语料库中的语料,分别对非事实和反事实条件句的功能特点进行总结。

首先是非事实条件句。

第一,非事实条件句表达说话人的主观认识。

条件句用来表达说话人对特定命题的主观认识,即"说话人认为或坚信什么"。例句如下:

（17）a. 你要是<u>不肯杀</u>，岂非露馅了？
　　　b. <u>如果你需要的话</u>，也许会那样做。
　　　c. <u>如果是个有血性的汉子</u>，是决不能轻饶她的。

例句 a-c 都是非事实条件句，说话人对命题前件的实现情况不能确定。例句 a 说话人认为"你不肯杀，就会露馅"；例句 b 说话人相信"你需要的话，也许会那样做"；例句 c 说话人坚信"有血性的汉子是决不能轻饶她的"。

第二，非事实条件句表达说话人的个人态度或立场。

表达说话人对特定命题的态度或立场。即"说话人宣告、起誓或承诺什么"。例句如下：

（18）a. 我<u>如果回到上海</u>，是一定会找到她的！
　　　b. 你要是<u>不管俺</u>，俺也不管你了。
　　　c. <u>假如你们相信我</u>，有一天我会重新看到你的。

例句 a-c 中，命题后件表示的态度和立场都是关于说话人的，带有较为强烈的语气。例句 a"我回到上海一定会找到她"，例句 b"你不管俺，俺也不管你"，例句 c"你们相信我，我会重新看到你的"。说话人宣告、起誓或承诺的实现情况以命题前件的实现情况为前提。该用法中，有的例句明显还包含说话人的威胁意味。例句如下：

（19）a. <u>如果你们不打消那件亲事</u>，我临死也不回来。
　　　b. <u>如果不分摊</u>，这碑子就不竖了！

第三，非事实条件句是说话人的祈使行为。

表示说话人对听话人的祈使行为，即"说话人安慰、建议、请求、要求或命令听话人做什么"。该类例句在句法上有显性形式"第二人称代词你/你们"，例句如下：

（20）a. 我万一病况沉重，你不要急！
　　　b. 如果你嫌不甜的话，还可以再放点。

c. 她要是给你打电话，你千万别生气啊。
　　d. 你要是走，你就别再回来！

　　例句 a–d 都是非事实条件句，命题前件在说话人的认知中有可能实现。例句 a 后件是说话人的宽慰"你不要急"；例句 b 表示说话人对听话人的建议"可以再放点"；例句 c 是恳请听话人"千万别生气"；例句 d 是带有威胁意味的命令"你别再回来"。这些不同类型的祈使行为前件具有未然性和不确定性，是非事实意义的。

　　第四，非事实条件句是说话人的疑问行为。

　　表示说话人的疑问、质疑或究问行为，条件句的命题后件是真性疑问句。句子结束后，说话人将话轮转交听话人。例句如下：

　　（21）a. 我如果把目前这些难处都写信告诉她，她会怎样？
　　　　　b. 要是我到了你的家里，你给我泡茶不？
　　　　　c. 假如彭其的女儿厚着脸皮再来缠你，你怎么办？

　　例句 a–c 中，命题前件具有不确定性，而且，前件为真的情况下，说话人对后件的实现情况依然不确定，因此具有了疑问功能。

　　在非事实条件句的功能中，用以表示说话人的祈使、疑问行为的句子很容易辨识。祈使的有关命题一定是未然的、未实现的，命题前件具有不确定性。疑问行为的命题后件是真性疑问形式，说话人对有关命题不确定，向语境中的听话人寻求答案。另外两类功能"表达说话人的主观认识"和"表达说话人的态度或立场"可能会存在语义交叉。在分类时主要根据是条件句命题后件的关涉者：在"表达说话人的态度或立场"这一功能中，条件后件"态度或立场"的主语是说话人，说话人意在向听话人表明态度、立场、立志、发誓或威胁等。但是在"表达说话人主观认识"的功能中，命题后件的主语是第二人称、第三人称，说话人对"他人的观点、态度、立场、行为等"进行评价，表达自己的认识。

　　其次是反事实条件句。

　　与非事实条件句的功能相比较，反事实条件句的功能不存在祈使、祈愿、威胁行为。因为反事实条件句的命题前件在说话人的认知中是确定命题，与祈使、祈愿、威胁行为的未然性相矛盾。而且，前人研究已表明，反事实条件句普遍含有说话人强烈的情感或情绪。实际上，这种情感不仅是强烈的，而且是具体的，主要是遗憾、后悔和庆幸、满足两类。为什么说话人选择使用反事实用法而不是事实或非事实的描述？我们通过例句对反事实条件句的几种功能进行简要分析。

1. 溯因推理

该类反事实条件句的功能是对过去的历史或关键事件进行重新评价，目的是分析命题在过去未然状态下存在的其他可能。然后，通过对比可能结果和现实结果，表示主观认定的事实"情况原本可以更好或意外情况原本可以避免"。说话人以此表达遗憾、惋惜、反驳、归责、批评等情绪或行为。例句如下：

（22）a. 如果<u>处理得好</u>，军队不会受这么大的损失，朱彪也不一定死。
　　　b. 当年你<u>要是长征北上</u>，现在肯定会是我的老领导、老上级呢！
　　　c. 如果<u>我不那么吵闹</u>，跳珠就不会死。

以上例句 a–c 中，命题前件是说话人认为"原本可能实现的情况"，在事件未发生之前，前件的实现会产生命题后件表示的积极结果。反事实意义确定了积极结果没有实现。从说话人意图来看，重新评价实际是溯因推理，说话人已知命题后件的事实性，受到其消极结果的触发，对原因进行探讨。原因分析中，对关涉对象表达批评、不满等态度。在该功能中，命题后件一般是听说双方共享的已知信息，那么，命题前件就是交际中说话人表达的焦点信息。

2. 事与愿违的感叹

该类反事实条件句命题前件表示说话人的心愿。但因为表示心愿的语义违反常识、客观事实或自然规律，所以是虚构的。例句如下：

（23）a. 如果<u>能像鱼儿一样在水中自由自在地游东游西</u>，多么好呀！
　　　b. 如果<u>欧阳素心在身边</u>多好，可以向她倾诉自己心里的痛苦。
　　　c. 要是<u>你生母现在还活着</u>，该多好啊！

以上例句中，人"像鱼儿一样在水中自由自在地游东游西"是违反客观事实的,是假想的情况。"欧阳素心在身边"是说话人的心愿,说话人已知该事件是反事实的。"你生母现在还活着",通过事实情况与心愿的不符,实现反事实意义,表达说话人的无奈、感伤。

3. 心理或情绪补偿

这类反事实条件句包含说话人的评论。命题表示的一个替代结果是比实际的结果(通常是负面的)更糟糕的情况。因此,在面对逆境或不顺利的事件时,它提供了一种心理和情绪补偿。核心语义是:情况原本可能更糟。这时,说话人的情感是积极乐观的,表达一种庆幸、满意的态度。说话人的庆幸之感往往在上下文语境中表现得更具体。例句如下:

(24)a. 如果她那时听了几个亲兵的话稍有动摇,老营就要瓦解了。
b. 纵然不能说行走如飞,也做到了来去自如。

从命题前后件的关系来看,说话人赋予了例句 a 因果关系。例句理解为"因为她那时没有动摇",所以结果是"老营那时没有瓦解"。命题的主语或关涉者正面对逆境或不顺利的境况。上文语境交代"今天不是大家齐心齐力杀败官兵,就是一起死在这儿!尽管在混战中老营不免受到了惨重损失,但到底支持到救兵赶来,杀退了敌人"。可知,现在的情况"老营不免受到了惨重损失"不容乐观。"心理或情绪补偿"表示"现在情况没有得到彻底的解决,也许依然会向坏的方向发展,但境况至少暂时改善"。例句 b 出自小说《东方》,主人公郭祥在革命中断了一条腿,让母亲极度悲伤。做了县委书记后,为了方便他的工作,组织上为他专门配了一辆自行车。在这种情况下,说话人表达了乐观的态度。虽然断了腿不能像正常人一般行走,但自行车至少让他来去自如。比上不足,但比下有余。在语料中,这类用法远远少于表示遗憾、追责的溯因分析功能。

4. 说服、反驳行为

这种类型的反事实条件句是劝说、说服行为,目的是让听者接受说话人的观点。在听说双方观点不一致时,表现为反驳、争论行为。例句如下:

(25)a. 倘若大人没有玛瑙山之捷,此"平贼将军"印怕已经保不住了。

b. 这要是<u>搁在俺们农村</u>，早就把她给休了！

在脱离语境的情况下，例句 a 解读为"因为大人的玛瑙山之捷，'平贼将军'印保住了"，句子包含说话人的庆幸之感，与"心理或情绪补偿"功能相同。但是，条件句的语境如下：

杨阁部一方面看来很倚重大人，请求皇上拜封大人为"平贼将军"，一方面却对大人心怀不满。今年闰正月，杨阁部曾想夺大人的"平贼将军"印交给贺疯子，此事想大人已经听说。

例句中，虽然说话人有万幸之感，但是语境表明说话人想表达的意思是"您应该加强戒备，及时采取措施，做到防患于未然"。

例句 b 的语境如下：

小桂：您再看看你那儿媳妇，整天的也不好好上班，在家里瞎混，……没她不掺和的事，这要是搁在俺们农村啊，早就把她给休了！
傅老：听听，听听，你听听这群众的意见！

例句中反事实条件句并不是为了表达说话人小桂的庆幸"她没有被休"。相反，她意在说服傅老接受自己的观点"他的儿媳妇和平在家里瞎混"。所以，该类"说服行为"条件句字面表达说话人的认识，实际是对听话人施加影响。

简要总结本节对条件句在形式标准、语义要求和语用功能三个层面的要求。

首先，根据研究目的，本书语料中不考虑意合条件句，在形式上要求所选取的语料在句法层面一定包含所要研究的连接词成分，在此基础上研究一些重要的特征成分"不是""早""反问形式"等。有学者认为，"不是"语法化后有连词性质，可以独立引导条件句。"没有"引导的条件句前面本来也不需要补出其他成分。语料中确实存在这样的例句，但是因为其用法适用于固定的语境，本书没有将"不是"和"没有"作为连词。此外，"早知道""要不是"是很多学者认为已经语法化的反事实成分。我们认为，只有句首位置的固定形式才可以无条件地引导反事实条件句，因此，本书将条件句前件句首位置的"要不是""早知道"作为研究对象。这样，将它们作为"连接词"。

其次，从语义要求来看，条件句的核心语义特征是前件排斥事实语义。用"排斥事实语义"的特征来确定相关的条件连接词，把引导推论句、因果句、转折句的连词"既然、因为、虽然、尽管"等排除在研究范围之外。

最后，从语用功能来看，非事实条件句和反事实条件句的主要功能不同。非事实条件句的主要功能是表达说话人的主观认识、立场、态度，在言域层面，主要是实施祈使、疑问行为。反事实条件句普遍表达说话人强烈的情感或情绪，在具体的语境中又有不同的表现。

基于以上内容，本书从形式标准、语义要求、语用功能三个方面确定本研究选取条件句的原则。据此原则，最终确定了20个常用的条件句连接词，它们分别是：如果、要是、只要、倘若、要不是、万一、即使、一旦、就是、纵然、只有、就算、哪怕、假如、若是、假若、假使、倘使、纵使、早知道。

第三节 条件句的特殊用法

一 事实条件句

条件句前件排斥事实语义的特征表明，理论上汉语中不存在"事实条件句"。例句"如果我是我，我就答应你"显然是不合格的条件句。但是，在语料库中分析例句时，的确存在一些"条件连接词+事实语义"的句子，而且母语者认为它们都是合格的表达。下面举例说明这些例句的常用语境。

第一类，语境中的听话人对未知事件十分担忧，而说话人因参与并认可或了解了对方的行为，所以安慰对方。表明某种事实的存在一定会产生好的结果，无须担心。这类例句的事实解读对语境的依赖性强，在小说文本中，需要向上或向下阅读文本才能理解说话人的意图。而且，这些句子适用于听说双方都在现场的当下交际场景，说话人用以表达自己的认知、态度。正因为是自我认知的表达，命题容易具备主观事实性特征。例句中"只要""即使"居多。例句如下：

(26) a. 只要你已经努力了，就没什么好后悔的！（网络语料）

b. 只要现在我准知道你肯帮忙，我走着就放心了！祁先生，我不会说什么，你是我的恩人！（老舍《四世同堂》）

c. 即使我不能天天时时跟随左右，我总是为您所用的人。（王火《战争和人》）

d. 即使走错了路，赶快回过来再往正确的路上跑也不为迟。（王火《战争和人》）

结合具体的语境，以上例句的命题前件在说话人的认知中都是事实。即"你已经努力了""现在我已经知道你肯帮忙""我不能天天时时跟随左右""走错了路"在现实世界由说话人亲身验证或见证，成为主观认定的事实。

第二类，听说双方立场鲜明，是一种对立关系。条件句前件表达的事件是当下的客观事实，且是听说双方共享的事实。说话人以陈述事实为前提，明确自己的立场。例句中，命题前件的事实是后件另一个更重要信息的出发点和理据，用来增强说话人话语的说服力。例句如下：

（27）a. 如果你血管里流的是血而不是水，那就要活着，报仇雪恨，以牙还牙！（李国文《冬天里的春天》）

b. 只要我是你老子，你就得听我的安排！（网络语料）

例句 a 和 b 中，"你血管里流的是血而不是水""我是你老子"对于交际中的听说双方是共同认可的事实，听话人一方作为信息接收者无法对命题表达的内容进行反驳。说话人正是借助前件不可更改的事实性，表明自己坚定的态度，以此实现自己的意图。

以上两类例句，本来可以用简单句直接陈述，说话人却有意使用条件句，因为条件句形式具有很强的情感性，可以加强结果句的语力，或是为了达到宽慰鼓励效果，或是为了迫使对方认同。

二　饼干条件句

断言行为是条件句表达的功能之一，它表示说话人的信念。在条件句中，断言具体表现为说话人对具体命题的主观观点和认识。以自建的封闭语料库中的"如果"为例：

（28）a. 如果有什么障碍，是极不利的。

b. 如果她<u>心中无我</u>，是不会遗言要把这幅卷轴送作纪念的！

　　断言功能与条件句的疑问、祈使、承诺等功能不同。在断言行为中，条件小句和结果小句有关联规律：如果条件小句表示非事实，则结果小句也会表示非事实，如例句 a "是否有障碍"说话人不确定，所以"是否极不利"不能断定。如果条件小句为反事实，结果小句也为反事实。如例句 b，说话者认为"她心中有我，才会遗言要把这幅卷轴送作纪念"。事实条件句也是如此，"只要你来了，其他的就不重要了"，"你来了"是当下语境中的事实，而"其他的不重要"也是说话者主观认定的事实。

　　但是，还有一种特殊的"饼干条件句"（biscuits conditions）。譬如，"如果你饿了，罐子里还有饼干"，它的条件前件是非事实的命题，可结果小句却陈述了一个客观存在的事实。我们认为，这种特殊条件句形成的原因是"省略"，这实际上是在说"如果你饿了的话，罐子里还有饼干，你去拿来吃吧"，所以真正的结果小句是"你去拿来吃"，而这一结果的真假并不确定。所谓陈述事实的"罐子里有饼干"仅仅是"拿来吃"的可行性前提。

三　修辞条件句

　　英语中有一类无标记反事实现象，即 Quirk 等（1985）所说的"修辞条件句"。这些修辞条件句"表面上是表达一个开放的条件，实际上却是一个强有力的断言"。可分为两种类型：如果主句中的命题明显是荒谬的，条件从句中的命题就被证明是错误的。例如"如果他们是爱尔兰人，我就是教皇"，主句"我显然不是教皇"，所以"他们也肯定不是爱尔兰人"。同样，如果从句中的命题明显是荒谬的，条件主句中的命题就被证明是错误的。比如汉语例句"如果太阳从西边出来，我就答应你"。我们在自建的封闭语料库中也找到类似表达。例句如下：

　　　　（29）a. 如果<u>嘉平是希腊</u>，那么得放就是罗马。

　　　　　　　b. 如果<u>鱼会说话</u>，它们会告诉人们它们被欣赏时的那种精神上的满足，还有与此同时的物质上的满足。

　　例句 a 和 b 的命题前件都具有明显的荒诞性，命题具有反事实意义，后件获得反事实意义。

除了以上修辞条件句，汉语母语者能利用誓言咒语等表示反事实意义。这类例句通常也没有语法标记。例句如下：

（30）a. 我要是不回去，我就将方字倒转来姓！
b. 我要是日后敢忘爷的大恩，日头落，我也落！
c. 他们这一对老甲鱼要是没问题，我头砍了给你们看！

以上例句中，命题后件是说话人的宣誓或咒骂行为，以此担保前件的确定性。条件句中确定性的命题前件可以获得反事实意义。例句 a 说话人承诺"我一定回去"；例句 b 说话人发誓"我日后不敢忘爷的大恩"；例句 c 说话人断定"老甲鱼一定有问题"。以上例句都表达了超乎寻常的说话人情感和明确的态度立场。

语料还显示：汉语让步条件句在表达反事实意义时，命题前件多运用比喻、夸张等修辞手法。从客观事实或常理上来看，命题前件具有荒诞性，使得句子获得反事实意义。例句如下：

（31）a. 即使是条龙，你能搅出几江水呢！
b. 哪怕提起脑壳走夜路，我都去！
c. 纵然天塌下来，也得让阎王略睡片刻！

例句 a 是比喻"你是条龙"；例句 b 是夸张"提起脑壳走夜路"；例句 c 是夸张"天塌下来"。以上例句都表达了说话人超乎寻常的情感和明确的态度立场。

以上总结了条件句的几种特殊情况。事实条件句中，说话人以对话双方共享的事实信息为前提，目的是增强命题后件的话语效力。本书的比例统计里没有包含这些例句。"饼干条件句"在本书自建的封闭语料库中没有用例。我们将"修辞条件句"归入反事实条件句。该类条件句主要从百科知识、文化语境等角度进行解读。句法上虽然没有出现特征成分，但它们对连接词有各自的要求。比如，我们在"一旦""万一"条件句中没有发现修辞条件句用法。因此，这类反事实条件句也可以表现连接词的反事实能力。

第三章　条件连接词的使用情况

本章的主要内容是研究汉语条件句中常用的 20 个连接词的反事实情况。它们分别是"如果、要是、只要、倘若、要不是、万一、即使、一旦、就是、纵然、只有、就算、哪怕、假如、若是、假若、假使、倘使、纵使、早知道"。在自建的封闭语料库中，首先统计各个连接词的使用频率，对 20 个连词的使用频次进行客观描写。然后，根据语料库中连接词使用频次的高低，对每一例条件句的语义进行判断，分为非事实条件句和反事实条件句两类。为了证明各个连接词的反事实能力大小，我们统计总量中的反事实条件句比例作为总量基准，这一基准同时也是下一步"特征成分"研究中反事实能力研究的基准。最后，通过数据呈现的连接词反事实比例，考察汉语中连接词反事实能力差异的原因和机制。

第一节　连接词的使用频次和反事实表现

一　连接词的使用频次

在自建的封闭语料库中，我们共检索合格[①]的"如果"条件句 1586 例，"要是"条件句 1086 例，"只要"条件句 1005 例，"倘若"条件句 520 例，"要不是"条件句 242 例，"万一"条件句 223 例，"即使"条件句 212 例，"一旦"条件句 203 例，"就是"条件句 119 例，"纵然"条件句 111 例，"只有"条件句 103 例，"就算"条件句 85 例，"哪怕"条件句 80 例，"假如"条件句 78 例，"若是"条件句 62 例，"假若"条件句 34 例，"假使"条件句 13

[①] "合格"是指符合本书对连接词的选择标准。以连接词"要不是"和"早知道"为例，我们仅选择用在条件句句首，位于命题主语前面、语法化程度高的连接词例句。

例,"倘使"条件句 10 例,"纵使"条件句 9 例,"早知道"条件句 8 例。

根据以上统计,各个连接词在条件句中的总量排列如下:

如果(1586)>要是(1086)>只要(1005)>倘若(520)>要不是(242)>万一(223)>即使(212)>一旦(203)>就是(119)>纵然(111)>只有(103)>就算(85)>哪怕(80)>假如(78)>若是(62)>假若(34)>假使(13)>倘使(10)>纵使(9)>早知道(8)

可以看到,在自建的封闭语料库中,"如果、要是、只要"在使用频次上远远超过其他连接词,数量超过 1000 例;"倘若、要不是、万一、即使、一旦"数量在 200~600 例;"就是、纵然、只有"数量在 100~200 例;"就算、哪怕、假如、若是、假若、假使、倘使、纵使、早知道"在 8~100 例。具体情况如表 16。

表 16　自建的封闭语料库中各连接词的使用频次

连接词	使用频次（例）
如果、要是、只要	>1000
倘若、要不是、万一、即使、一旦	200~600
就是、纵然、只有	100~200
就算、哪怕、假如、若是	40~100
假若、假使、倘使、纵使、早知道	8~40

由数据可见,"如果"在使用中远远超过其他连接词,汉语通常把"如果"作为典型的条件连词。从例句数量看,"如果"的使用频率最高,与其他各连接词的使用频率差距大。

而且意义相近的连词,也有明显差别。以让步类连词"纵然""纵使"为例,"纵然"有 111 例,"纵使"只有 9 例。再比如,"倘若"例句达到 520 例,"倘使"例句仅有 10 例。"假如"有 78 例,"假使"只有 13 例。"早知道"的数量最少,仅有 8 例。以上统计的例句数量全部来自自建的封闭语料库,是对语料库中条件句使用情况的客观描写。

那么,这难免会引起质疑:从母语者的语感角度,"纵然""纵使"的替换使用并没有显著差别,"早知道"在日常表达中也相对频繁,为什么会存在如此明显的数据差?是否受语料中语体风格影响?更换一个语料库,会不会产生不同的结果？我们认为，不同语体风格的语料库中，连接词的使用倾向存在差别。因此，本书在建立语料库时，选择写作年代相对集中的小说体裁的茅盾文学奖作品，在一个相对匀质的语言环境中调查各要素的使用情况。对照组的科技公文类文本作为语体风格不同的语料库，其连接词的使用情况是内部对比，与小说文本形成对比的重点数据是其反事实比例。

另外需要说明：本书运用条件概率对连接词和特征成分的反事实能力进行考察，如果统计数据稀少，比如"早知道""纵使""倘使"等，是否结论还具有统计学意义？我们认为，稀疏的数据具有重要的参考价值，可以侧面说明许多语言事实。本书对数据稀疏的例句，在有必要的情况下，会扩大搜索 CCL 语料库中的文本，并做进一步分析。

二 连接词的反事实表现

根据连接词使用频次的由多到少，下文就小说文本中各个连接词引导的条件句的事实性进行举例分析。

（一）"如果"句

1. 非事实条件句

（32）a. 如果李国瑞胆敢顽抗，就给以严厉处治。
　　　b. 如果日本人压境，我当招募乡里子弟保我家乡。

以上例句的命题前件"李国瑞是否顽抗""日本人是否压境"在说话人话语打开的直陈世界中是不确定的，可能是事实，也可能是反事实。例句 a 表达了说话人的态度，如果"李国瑞胆敢顽抗"是事实，则"给以严厉处治"也具有事实性。例句 b 表明了说话人的决心，如果"日本人压境"，则后件的应对策略成为事实。

2. 反事实条件句

（33）a. 如果不是我心中有数，准被拒之门外了。
　　　b. 如果金娣在，如果方丽清在，这些事当然无须自己做了。

例句 a 的反事实意义是自足的。不需要上下文语境的辅助便可推导出事实"我心中有数,所以并没有被拒之门外"。在反事实解读中,第一人称代词"我"、否定词"不是"、句末"了"三个要素起到重要作用。例句 b 条件句的事实性并不好确定,母语者在不同的语境中可以理解为非事实条件句或反事实条件句。这时,需要将条件句放在语篇中考察,由上文"他决定起床,穿上衬衫,趿着皮拖鞋,自己叠好毛巾被铺了床"可知,"金娣在,方丽清在"与现实情况不符,是反事实的。

用以上方法对"如果"条件句的事实性进行分析,总量 1586 个例句中,反事实的例句 305 例,其余都是非事实条件句,反事实比例是 19.2%。

(二)"要是"句

1. 非事实条件句

(34) a. 人家要是<u>不肯认你那个股</u>,你可怎么办?
　　　b. 咱家那房子什么时候装修完啊,要是<u>缺人手</u>,我带着姥姥帮着弄弄去。

在说话人的认知中,条件句前件"人家是否认你那个股""是否缺人手"是不确定的,存在两种可能性,一是事实,一是反事实。例句 a 中如果命题前件是事实,说话人会为听话人感到担忧。例句 b 如果"缺人手"是事实,说话人将会采取措施"带着姥姥帮着弄弄去"。

2. 反事实条件句

(35) a. 当初我要是<u>不想那么多</u>,也就不会有现在这些苦恼了。
　　　b. 要是<u>你生在有钱人家</u>,<u>或者就处在琴小姐的地位</u>,那多好!

以上两个例句的反事实意义都是自足的,例句 a 的事实是"我当初想得太多",所以"有现在这些苦恼"。条件句表达了说话人的后悔之情。句中过去时间词"当初"管辖整个命题前件,表明事件发生在过去,已知发生在过去的事件具有确定性,再与条件句前件"非事实/反事实"的语义特征合取,条件句获得反事实意义。例句 b 的语境中说话人与听话人是亲密关系,已知对方的身份和处境,因此命题在前件位置具有反事实意义。现实情况是"你没有出生在有钱人家,也没有处在琴小姐的地位",表达了说话人对主体

"你"的同情和悲惨遭遇的无奈之感。

用以上方法对"要是"条件句的事实性进行分析，总量1086个例句中，反事实的例句312例，其余都是非事实条件句，反事实比例是28.7%。

（三）"只要"句

"只要"条件句的使用数量是1005例，在考察的连接词中使用频次上位于第三。在如此高频的使用中，条件前件表达反事实意义的句子数量为0。也就是说，"只要"句排斥命题前件为反事实语义的反事实条件句。除此以外，例句中有少量"事实条件句"。

1. 非事实条件句

（36）a. 只要你愿意入伙，赶快派人去把你的老伴儿接来好啦。
b. 只要它真正代表人民，就可以战胜千险万难！

例句a中，说话人对前件"你是否愿意入伙"并不确定，对方可能愿意，也可能不愿意。说话人的意图是说服对方入伙，后件表示对解决对方问题的积极态度。例句b中，说话人并不确定"它是否真正代表人民"，命题后件表达了说话人的认识，"它代表人民"是事实，则"可以战胜千险万难"是事实。

2. 事实条件句

在某些特殊的交际语境中，"只要"句前件是事实语义。例句如下：

（37）a. 只要你是我儿子，就不允许你跟赵家有来往。
b. 只要你爷俩高兴，我就奉陪！

例句a中听说双方是父子关系，因此，"你是我儿子"是事实。例句b的语境中，一家人庆祝女儿考上名校，父女俩对欢乐谷蹦极运动的提议一拍即合，并怂恿胆小的妈妈一起参与。这时，妈妈表达了话语b。根据语境，可以得知"父女俩是高兴的"，因此命题前件是事实。例句a的后件表示说话人的反对立场、警告态度。例句b中，命题后件是同盟立场、支持态度。我们认为，该类事实条件句中说话人强调已知的事实命题，用以强调自己的态度。因此，条件句往往带有强烈的个人情感或情绪。

还有几例特殊的条件句，命题前件是反事实意义，从内容看，说话人已知事件根本不会实现。

(38) a. 只要咱把脑袋拧下来揣在兜里，不就不会把脑袋淋湿了吗！
b. 只要我换了一个环境，譬如就处在你的地位吧，我也不会痛苦到这个地步了。
c. 当时的情况下，只要三三八团从黄冈突围，鬼子就很难再追上。可惜这个机会因为犹豫而失去了。

这些句子的语用色彩很强，表示调侃、妄想、反讽、懊悔等。至于例句c，是对已知的历史知识的虚拟，这在"只要"句中其实极为罕见。

排除以上特殊条件句后，对"只要"条件句的事实性进行分析。在总量1005个例句中，反事实的例句0例，反事实比例是0%。

（四）"倘若"句

1. 非事实条件句

(39) a. 倘若你还爱我，那么你向我要求什么我都答应你。
b. 倘若闯王不打算久留开封城下，给他派去这两支人马也就够用了。

例句a是说话人对听话人的承诺，承诺兑现的前提是"你还爱我"。该命题在说话人的认知中并不确定；例句b是说话人的个人观点，命题后件"派去两支人马"是以前件"闯王不打算久留开封城下"为前提，前件闯王的打算在说话人的认知世界中并不确定。因此，条件句都是非事实条件句。

2. 反事实条件句

(40) a. 倘若采纳以显的主张，何至有今日后悔！
b. 倘若他没有一片诚心待人，为什么几万将士肯生死相随？

例句a、b表达了说话人强烈的情感，而且这种情感不是抽象、浑然的，伴随着说话人明确的态度。在没有语境辅助的情况下，条件句也只有反事实意义解读。例句 a 中,"何至有今日后悔"感叹句表示事实是"现在非常后悔"。在感叹行为中,遗憾之情一定是由确定的事件结果触发的,因此命题前件具有确定性。或者"采纳了以显的主张",或者"没有采纳以显的主张",而条件前件排斥事实语义,就获得了反事实解读。

例句 b 是同样的理解,后件反问形式表示"几万将士肯生死相随"是事实,说话人认为该事实的前提是"他有一片赤诚之心",因此,命题前件"否定+事实语义"是反事实的。

用以上方法对"倘若"条件句的事实性进行分析,总量 520 个例句中,反事实的例句 66 例,其余都是非事实条件句,反事实比例是 12.7%。

(五)"要不是"句

所统计的"要不是"条件句仅包含"要不是"位于句首的例句。例句中,"要不是"管辖后面的整个小句命题。连接词"要不是"与命题前件的主语不能随意调换句法位置。例句如下:

(41) a. 要不是<u>红娘子将你救出</u>,我们也打算派一支人马到杞县救你。
　　 a'. ? 红娘子要不是<u>将你救出</u>,我们也打算派一支人马到杞县救你。
　　 b. 要不是<u>平日看得紧</u>,准叫大乱都偷吃了。
　　 b'. ? 平日要不是<u>看得紧</u>,准叫大乱都偷吃了。
　　 c. 要不是<u>我顶着</u>,你还能坐在这个位置上吗?
　　 c'. *我要不是<u>顶着</u>,你还能坐在这个位置上吗?

以上例句 a 表示"因为红娘子将你救出,我们才没有派人马到杞县救你"。语境中,说话人意图拉拢对方结成同盟关系,因此向对方解释事件的原委,表态示好。例句 b 表示"因为平日看得紧,没有被大乱都偷吃了",因此说话人有庆幸之感,多亏了"平日看得紧"。例句 c"因为我顶着,你才能坐在这个位置上",说话人强调自己的功劳,谴责对方忘恩负义,后件的反问形式强化了不满情绪,如果将例句中的人称主语放在"要不是"前,句子不成立。分析可知,虽然不同语境中说话人意图不同,但是说话人都赋予前后件"因果"语义关系。也就是说,"红娘子将你救出""平日看得紧""我顶着"具有事实性。不同的是,事件"红娘子将你救出""平日看得紧"具有客观事实性,而"我顶着"倾向主观事实性。主观事实表示的原因更容易遭受质疑和反驳。

用以上方法对"要不是"条件句的事实性进行分析，总量 242 个例句中，反事实的例句 242 例，反事实比例是 100%。

（六）"万一"句

"万一"引导的条件句只有一种解读，命题前件都是非事实意义的。因此，"万一"条件句是非事实条件句。例句如下：

（42）a. 万一<u>出现这种局面</u>，我怎么办？
b. 万一<u>有个动静</u>，你别去开门！
c. 万一<u>摔断腿</u>，就甭想上舞台了。
d. 万一<u>有个闪失</u>，咱怎么能担当得起呢？

"万一"条件句可表示多种不同的言语行为。例句 a 后件是疑问行为，表示说话人的担忧。例句 b 是说话人对听话人的警告和命令行为。例句 c 中说话人用消极的后果给对方提醒。例句 d 用反问形式强化个人的观点"我们担当不起"。

从事实性来看，命题前件"出现这种局面""有个动静""摔断腿""有个闪失"具有未然性。尚未发生的事件在说话人的认知中是不确定的，可能会发生成为事实，也可能不会发生，是反事实的。说话人假设事情发生，在此前提下表达个人的观点，或者向对方提出建议，做出提醒、警告等。

用以上方法对"万一"条件句的事实性进行分析，总量 223 个例句中，反事实的例句 0 例，反事实比例是 0%。

（七）"即使"句

"即使"条件句是汉语中的让步条件句。让步句有独特的语义和语用特征。本节从其前件事实性角度进行分析。

1. 非事实条件句

（43）a. 即使<u>麻皮阿六跪着讨饶</u>，也休想给他留下这条命了。
b. 即使<u>你真的卖身投靠了</u>，日子也不会好过。
c. 即使<u>王纬宇马上站在他跟前</u>，他也会客客气气指出这点的。
d. 即使<u>打一辈子光棍</u>，也不肯再找那样一个女人了！

例句中,"麻皮阿六跪着讨饶""你真的卖身投靠了""王纬宇马上站在他跟前""打一辈子光棍"这些事件都带有极端语义,主要表现在"跪着""卖身投靠"表示的方式方法,以及"马上""一辈子"这种表示时间紧迫或长久的词语上。极端语义事件因为难度大、要求高,主体一般很难完成。因此,一般被认为实现的可能性很小。

但是单纯从事件的实现与否出发,发生可能性小不代表一定不会发生。因此,说话人也并非十分确定前件是事实或是反事实。从这一角度,该类"即使"句是非事实条件句。除了这类含有"表方式或程度的词语"的命题,很多即使条件句是一般表达。例句如下:

(44) a. 即使<u>上头不谅解</u>,也有理由与他辩论辩论正确的大方向应该是什么。
　　　b. 即使<u>抗日胜利了</u>,腐败黑暗到这样又怎么办?
　　　c. 即使<u>知道了</u>,他也不能进城来。

这类让步条件句的命题前件没有表示极端语义的成分,我们称为一般的让步句。句中说话人有明确的认识和态度。比如例句 a 的态度是"有理由与他辩论",例句 b 的认识是"腐败黑暗到这样已无能为力",例句 c 的认识是"他不能进城来",这种语义的解读是在"姑且承认命题前件为真"的前提下实现的。事实上,前件是未然的,说话人也不确定"上头是否谅解""抗日是否胜利""他是否知道"。因此,句子都属于非事实条件句。

2. 反事实条件句

(45) a. 即使<u>没有这些故事</u>,凭借任何一个理由,都可为它高呼干杯。
　　　b. 即使<u>是条龙</u>,你能搅出几江水呢。
　　　c. 即使<u>岳武穆生在今日</u>,恐也会雄图难展,徒自凭栏长啸,壮怀激烈。

例句表明,"即使"引导的反事实条件句大致有三种类型。第一种是违反听说双方共享的客观事实,如例句 a,"这些故事"是已然存在的内容,句中的否定词"没有"与"已然存在"共现推导出命题的反事实意义。第二种是修辞用法的条件句，如例句 b，说话人交际的对象是命题前件中的"你"，"你是龙"在认知世界中是违反客观事实的。第三种是对历史常识的违反，这种例句没有句法标记，依靠百科知识进行反事实识别。如例句 c，"岳武穆"是历史上的人物，"生在今日"是说话人虚拟的不可能事件。可见，以上例句前件都是反事实语义，但是反事实意义形成的原因是不同的。

用以上方法对"即使"条件句的事实性进行分析，总量 212 个例句中，反事实的例句 10 例，其余都是非事实条件句，反事实比例是 4.7%。

（八）"一旦"句

"一旦"条件句只有非事实条件句的用法，命题前件表示的内容在说话当下是未然的，未然事件的事实性在说话人认知中不确定。例句如下：

（46）a. 一旦发现有不轨行为，就地枪毙。

b. 一旦出现那样的情况，就得做一个永远败北的将军了。

c. 你们一旦呐喊进攻，李友的人马必会里应外合，破寨不难。

例句 a 是祈使行为，如果前件成为事实，则后件"就地枪毙"被执行。例句 b 表达说话人的认识，如果"那样的情况出现"成为事实，则后件"做一个永远败北的将军"也成为事实。例句 c 表达说话人的观点，也是对语境中听话人"你们"的鼓励行为。结合例句 c 的后文语境："攻不进去，老子要把你们全体斩首，一个不留！"说话人一方面客观分析战争形势，一方面用生命威胁恐吓听话人，以达到自己的目的。

用以上方法对"一旦"条件句的事实性进行分析，总量 203 个例句中，反事实的例句 0 例，反事实比例是 0%。

（九）"就是"句

"就是"条件句也是让步条件句，具有条件与转折的基本语义特征。

1. 非事实条件句

（47）a. 就是刘汉英来了，跟我讲话也得带笑三分。

b. 俺们红三连，就是剩下一个人，也要守住阵地！

c. 就是把这草地翻遍，也得把他找着！

以上例句中，条件句的命题后件表达了说话者的态度和立场。单从前件事实性来看，"刘汉英来了""剩下一个人""把这草地翻遍"表达的内容在现实世界中可真可假，在说话人的认识中并不确定。据此，我们归为非事实条件句。

结合语境来看，例句 a 中刘汉英是众所周知的有地位的人物，在"我"面前也要带笑三分。以此衬托说话人自己的身份和地位。说话人意在谴责对方的无礼行为。上文语境"张副官，你在本司令面前能这样说话吗？别说是你一个小小的副官，就是……"让步句重点不在前件"刘汉英是否会来"，而是后件"他跟我讲话带笑三分"是事实。例句 b 中，"剩下一个人"有可能成为事实，但此处"一个人"表达极端的语义，说话人假设了战斗中会出现的最糟糕情况，以表明后件"守住阵地"的坚定决心。例句 c 也一样，"把这草地翻遍"在特定的语境中代表了最大的难度。说话人用攻克最大难度这一态度表达"把他找着"的坚定决心。

有一类"就是"非事实条件句的前件是一般命题，句中不含有表示量度的成分。例句如下：

(48) a. 就是你不怪罪我，在圩上摆米豆腐摊子，也有人指背脊……
b. 就是不算我的账了，我的病也不会好的。
c. 就是给我分配，我又做得了什么？

以上例句也是非事实条件句，说话人对命题前件的事实性并不确定。说话人姑且承认某种可能性，进而表达一种更为彻底的态度。例句 a 中，前件"你不怪罪我"对说话人是积极事件，理应感到庆幸，但是，后件指出了新的问题"也有人指背脊"，说话人态度依然消极。例句 b 按照常理预期，"不算我的账了"处境会变好。但是后件说话人表示"我的病并不会好"，说话人也没有因此而变得乐观。例句 c 命题前件"给我分配"，那么一定会做些什么，然而语义一转，说话人表示"我什么也做不了"。以上例句的转折是情感层面的让转，原本是积极的情感预期，由于说话人指出"新的或尚未解决问题"而走向消极。

2. 反事实条件句

(49) a. 甭说我家没电，就是有电，白娥可不白拿你的东西，她去不去砖场，我还得问她哩！

b. 就是<u>娘活到今天</u>，也办不到，我自己做自己的主。

例句 a 的反事实性结合上文语境获得，"甭说"后接命题是事实，可知"我家没电"是事实。那么"就是"后接事件是反事实的。例句 b 的反事实意义是对客观事实的违反，不需要其他语境的支持，命题前件可独立实现反事实表达。"娘"与说话人是母女关系，"今天"指说话人说话的时间。对"娘当下的生死"问题说话人有明确的认识，或者是事实，或者反事实。因为条件句命题前件排斥事实解读，只能获得反事实意义。

用以上方法对"就是"条件句的事实性进行分析，总量 119 个例句中，反事实的例句 8 例，其余都是非事实条件句，反事实比例是 6.7%。

(十)"纵然"句

"纵然"条件句也是让步条件句的一种。与"即使、就是、就算"等连词可以互换而语义基本不变。

1. 非事实条件句

（50）a. 纵然<u>次次都打胜仗</u>，也难免有人阵亡……
　　　b. 纵然<u>全军覆没</u>，也还有重振旗鼓的指望。

例句 a 条件句表达说话人的观点，战争无论胜败必然有人阵亡。前件"次次都打胜仗"表示积极情况，照常理会引发积极的情感走向。然而，让步句中命题后件又提出了消极的事实"难免有人阵亡"。根据说话人的观点，最佳情况下也会"有人阵亡"，由此可推导出其他情况下只会有更糟糕的结果。例句 b，前件"全军覆没"表示最糟糕的情况。面对最糟糕的情况，说话人反而表示出积极的观点态度"有重振旗鼓的指望"，以突出乐观精神。单纯从条件前件的实现情况分析，发生概率小的事件不代表没有发生的可能性，因此，说话人不能确定命题前件是事实还是反事实的，我们将该类例句归入非事实条件句。

"纵然"句的语料中，命题前件大多是一般的表达，没有表示量度的成分。如下例句：

（51）a. 纵然<u>孙抚台自己不说出来</u>，他的左右也会传出来。

b. 纵然冲得过去，岂不又要损兵折将？
c. 纵然王长顺的毛驴队出去买粮食能够买到，也济不了多大事儿。

以上条件句都包含了说话人的观点。例句 a 中说话人认为关于孙抚台的消息无法封锁。例句 b 中说话人建议对方不要冲，因为冲过去会有消极后果"损兵折将"。例句 c 中说话人实际上否定了"王长顺的毛驴队出去买粮食"这一行为的意义。

从命题的事实性来看，说话人提及的命题前件"孙抚台是否自己会说出来""是否冲得过去""是否能够买到粮食"这些都尚未确定，可能实现，成为事实，也可能无法实现，是反事实的。因此，条件句是非事实条件句。

2. 反事实条件句

（52）a. 纵然是天塌下来，也得让阎王略睡片刻！
b. 纵然上刀山，下火海，我也要站在你的大旗下，赤心耿耿保你打江山。
c. 纵然有一百个张献忠，一千个李自成，何患不能扑灭！

以上让步条件句表达了说话人鲜明的态度和立场，带有强烈的情感和情绪。说话人虽然提出"天塌下来""上刀山，下火海""有一百个张献忠，一千个李自成"，但在说话人的认知中，命题前件在现实世界中是不会出现或不存在的情况。这种反事实意义来自日常知识的违反，事件的非参与者或非亲见者也可以判断命题的真伪。该类例句中，说话人并不关注命题前件的事实性，通过使用某些现实世界中并不存在的事物或事件，表示极端的语义内容，以强化说话人主观的态度和情感。

用以上方法对"纵然"条件句的事实性进行分析，总量 111 个例句中，反事实的例句 7 例，反事实比例是 6.3%。

（十一）"只有"句

在 103 例"只有"条件句中，条件句命题前件在说话人的认知中是否能成为现实并不确定。因此，"只有"条件句都是非事实条件句，主要表达说话人的主观认识。例句如下：

（53）a. 只有咱们能打出一个名堂，才能对得住那么多死去的人。
b. 只有团结各种力量，才能度过困难。
c. 只有真诚，才能赢得读者的信任。

语料表明，"只有"条件句多表示公认的一般道理。即条件句不依托具体的语境，也不指向特定的听话人，具有普遍的适用性。如例句 b 和 c。

在逻辑关系中，"只有……才"表示必要关系。如果没有 p，则一定没有 q。所以例句分别表示："不能打出一个名堂就对不住那么多死去的人"；"不团结各种力量就不能度过困难"；"没有真诚就无法赢得读者的信任"。从语义出发，"只有"条件句强调命题前件的必要性和重要性，但能否成为事实，说话人并不确定，所以表示非事实意义。

用以上方法对"只有"条件句的事实性进行分析，总量 103 个例句中，反事实的例句 0 例，反事实比例是 0%。

（十二）"就算"句

"就算"条件句属于让步条件句，与"即使""就是""纵然"的语义和语用特征相似。

1. 非事实条件句

（54）a. 就算是你那十万响放成了，群众就肯掏腰包集资办厂啦？
b. 就算老江投你一票，也是两对两。
c. 就算送了命，也是心甘情愿。

从命题前件的事实性出发，例句 a "那十万响是否能放成"说话人是不确定的，可能放成，也可能不会放成，条件句是非事实条件句。说话人用后件表示的新困难"群众并不肯掏腰包集资办厂"来阻止听话人的计划。

例句 b "老江会不会投你一票"说话人还不能确定，所以命题前件是非事实意义。让步句中说话人姑且承认对你积极的事件是事实，转而表示：尽管如此，"两对两"的结局"你"也不会获胜。因此，说话人情感上是消极的。

例句 c 中，命题表示失去生命也"心甘情愿"，用以表明说话人坚定的态度和决心。从客观上来讲，"是否会送命"说话人自己也并不确定，可能是事实，也可能是反事实的。因此，条件句是非事实条件句。

2. 反事实条件句

(55) a. 就算我是穆桂英、铁扇公主,也是靠你鹏程哥这个大元帅谋划得好。
b. 就算他向我透露过,你是怎么知道的?
c. 相蓝就算是只皮袋,也已膨胀到最大限度,再要塞一个人进去,准叫它绷破了!

例句 a 关于我是谁这一问题,在说话人认知中一定是确定的。因此,在条件句前件位置"我是穆桂英、铁扇公主"是反事实的。反事实意义由命题前件独立实现。

例句 b 命题前件的主语是第三人称"他",一般来说,他人的行为或想法说话人无法得知,命题倾向非事实意义。但该例句中,"他"透露的对象是"我",且有表经历意义的"过",那么,"自己经历的有关的事情"在说话人的认知中就具有了确定性。因此,条件前件自然获得反事实解读。如果例句改为"就算他向张三透露过,你是怎么知道的",这时例句倾向非事实意义。

例句 c 中,大相国寺是宋朝汴京的一座大寺院,省称为"相蓝"。因此,"相蓝是只皮袋"是反事实的,这是比喻的修辞,借用皮袋有弹性、能盛装很多东西的特点来说明相蓝能容纳很多人。后件"准叫它绷破"转而表示相蓝已经到了承受极限的事实,用以强调相蓝这座寺院极受当地人欢迎。

用以上方法对"就算"条件句的事实性进行分析,总量 85 个例句中,反事实的例句 18 例,其余都是非事实条件句,反事实比例是 21.2%。

(十三)"哪怕"句

"哪怕"条件句是让步条件句的一种,与"即使""就是""纵然""就算"等用法相似。

1. 非事实条件句

(56) a. 哪怕他会受到挫折,甚至有可能遭到失败,也绝不能沉默。
b. 哪怕只让我当个副军长副师长,我就同意你讲。
c. 哪怕我去一口一口讨饭,我也能养活你。
d. 哪怕我们都死了,他也得活。

以上例句都是非事实条件句。例句 a 表明了"他在挫折和失败面前绝不沉默"的选择。从事实性来看，命题前件"他受到挫折，甚至遭到失败"可能会发生，也可能不会发生。例句 b 是说话人向对方提出的条件，"当个副军长副师长"是说话人的条件，副词"只"有主观小量意义，表示说话人的要求不高，容易满足。从事实性出发，说话人不能确定该要求能否实现。例句 c 是说话人给对方的承诺。命题前件"一口一口讨饭"有量度意义，表示最糟糕、最困难的处境。在这种情况下，信守承诺需要更大的努力，说话人表示，"我"依然会克服一切困难。从事实性来看，沦落到讨饭的地步是说话人为了表明态度而假设的处境，说话人也无法确定是否真的成真。例句 d 表达了说话人的个人信念。命题前件"我们都死了"具有量度意义，代表了最惨烈的代价。说话人表示，在这种困难下，依然要保证他活下来。从事实性来看，命题前件是未然的，只是说话人设想的最极端的情况，是否为真并不确定。

2. 反事实条件句

（57）a. 我哪怕有你那一半，我早就混出来了，我还等今儿个！
　　　b. 九百多万个大银元宝，你哪怕给我留一个，我今过日子我也不至于着这么大急啊我！
　　　c. 这个运动我拥护！哪怕提起脑壳走夜路，我都去！

例句中，"哪怕"条件句的反事实意义不再需要语篇语境的支持，可独立实现。具体来看，例句 a 与 b 的反事实意义由命题后件实现。比如，例句 a 后件的感叹结构"早……了"与反问形式"我还等今儿个"结合，可推出反事实意义，事实是"我并没有混出来"，由此推知"我连你的一半也没有"。例句 b 后件的感叹形式表示结果"我今过日子我着了大急"，可推出事实是你一个大银元宝也没留给我，表达说话人的不满和埋怨。例句 c 的情况不同，它的反事实意义来自命题前件。"提起脑壳走夜路"是说话人有意虚构了违反常识的事件，以此突出自己坚定的决心。

用以上方法对"哪怕"条件句的事实性进行分析，总量 80 个例句中，反事实的例句 9 例，其余都是非事实条件句，反事实比例是 11.3%。

（十四）"假如"句

1. 非事实条件句

（58）a. 假如<u>敌人从左翼绕到北面</u>，是很危险的。
　　　b. 假如<u>真有异常变故</u>，墨涵和全营弟兄绝不会坐视。
　　　c. 假如<u>带她去了</u>，江部长会怎么样？

例句 a 是说话人的认识，如果"敌人从左翼绕到北面"成为事实，则"情况很危险"也是事实，命题后件的消极性表示了说话人的担心。但从事实性来看，前件是否成为事实，说话人还不确定。例句 b 是说话人的主观认识，也是对听话人表达安慰。在说话的当下，说话人并不确定"异常变故是否发生"，如果成为事实，后件"墨涵和全营弟兄绝不会坐视"也是事实。例句 c 中，命题前件表示的行为"带她去"尚未发生，是非事实意义，命题后件是说话人的疑问行为。

2. 反事实条件句

（59）a. 假如<u>所有的军队都同我们一样</u>，土匪早已完全消灭了。
　　　b. 假如<u>妈妈还活着</u>，该多好啊！

例句 a 表达了说话人的愤慨、遗憾之情。后件"早……了"形式是强反事实标记，"土匪早已完全消灭了"可获得反事实意义，由此推知，条件前件"所有的军队都同我们一样"也是反事实的。此外，例句 a 中有全量成分"所有$_{前件}$""完全$_{后件}$"，那么句子倾向反事实解读。因为全量成分具有量度意义，且是极大量。当全量成分修饰命题时，往往意味着客观语境中命题的要求高、难度大，不具有实现的可能性，这一表达也强化了条件句的反事实意义。

例句 b 的命题前件具有反事实意义，说话人与命题主语的关系密切，对其"生死"有确定的认识。又因条件前件排斥事实意义，因此获得反事实解读。命题后件"该多好"在反事实条件句中表达遗憾、惋惜之情。

用以上方法对"假如"条件句的事实性进行分析，总量 78 个例句中，反事实的例句 25 例，其余都是非事实条件句，反事实比例是 32.1%。

(十五)"若是"句

1. 非事实条件句

（60）a. 大哥<u>若是不理睬我</u>了，那才是真正的大事不好了。
　　　b. <u>若是那边不太平</u>，我就不准备往那里发了。

例句 a 中，说话人认为大哥不理睬自己是真正的大事不好，用以向对方表达"大哥对自己的重要性"。至于对方"大哥"的态度"是否理睬自己"，说话人不能确定。例句 b 是说话人的选择，说话人还不确定"那边是否太平"，如果"太平"，则准备往那里发，"不太平"则放弃往那里发。

2. 反事实条件句

（61）a. 我<u>若是这样一个小人</u>，天地共诛之！
　　　b. 他<u>若是这么老实</u>，就不会绰号曹操！

例句 a 的前件主语是第一人称"我"，关于我是一个怎样的人，我自己会有确定的答案，又因条件前件排斥事实语义，句子获得反事实解读。说话人表示"我不是这样一个小人"。后件的"立誓"行为可以强化句子的反事实解读。

例句 b 的反事实意义由后件共享的事实信息"他绰号曹操"获得，"否定+客观事实"获得反事实意义，由此推出前件"他老实"也是反事实的。

用以上方法对"若是"条件句的事实性进行分析，总量 62 个例句中，反事实的例句 11 例，其余都是非事实条件句，反事实比例是 17.7%。

(十六)"假若"句

1. 非事实条件句

（62）a. 假若<u>那是一件真实的事情</u>，那是多么可怕呀！
　　　b. 假若<u>有人再挑拨离间</u>，敬轩，我劝你砍了他的脑袋！

例句 a 在脱离语境的情况下有两种解读。一种是反事实意义，说话人已知"那不是一件真实的事情"。此时后件的感叹形式表达说话人的庆幸之感，庆幸可怕的事情没有成为事实。另一种是非事实意义，表示说话人不确定事情的事实性。那么，后件感叹形式是一种评价，表达说话人的担心。该例句的上文内容是"她仍然不能相信，不愿相信，也不敢相信自己的未婚夫真的犯了那种可怕的错误"，这一话语表现了说话人复杂矛盾的心理活动，因为与关涉对象关系亲密，一时无法客观判断事实的真相。所以从说话人的认知看，条件前件是不确定的，具有非事实意义。例句 b 的后件是建议行为，可推知"有人再挑拨离间"是未然的行为，是否成为事实说话人不能确定，是非事实条件句。

2. 反事实条件句

（63）a. 假若不是将士多病，宋家寨捣鬼，何至如此！
b. 假若我是个须眉丈夫，就不会有一点顾虑，早八百年造反啦！

例句 a 后件有感叹形式"何至如此"，表明已然发生了一些消极的事情，且说话人表示了批评、不满的态度。那么，命题前件在说话人认知中一定是确定的，在条件前件位置可推知"不是将士多病，宋家寨捣鬼"是反事实意义。说话人赋予了命题前后件"致因 – 结果"关系。

例句 b 的命题前件可独立实现反事实解读，前件的主语是说话人"我"，关于我的情况，说话人自己有确定的认知。因为条件句前件排斥事实语义，因此获得反事实意义。而且，例句 b 后件还有否定词"不"和"早……啦"两个很强的反事实特征成分。

用以上方法对"假若"条件句的事实性进行分析，总量 34 个例句中，反事实的例句 5 例，其余都是非事实条件句，反事实比例是 14.7%。

（十七）"假使"句

1. 非事实条件句

（64）a. 假使还能找到我的尸首，就把我埋在这里吧。
b. 假使有一天人家当真把你选去了，又怎么办？

例句 a 表达说话人的请求。例句 b 是说话人向听话人寻求答案。前件"是否还能找到我的尸首""是否当真把你选去"在说话人的认识中不能确定。

可能发生成为事实，也可能不会发生，是反事实的。因此，以上"假使"例句是非事实条件句。

2. 反事实条件句

（65）a. 假使我的命跟小姐们的一样多好！
b. 假使宋军是士气旺盛的、是坚强的，假使他们处在一场常规化的战争中，那么任何一个战士都会毫不犹豫地、主动地、痛快地出击了。

例句 a 表达了说话人的心愿，心愿分为可实现的和奢望的两种，前者倾向非事实意义，后者是反事实意义。语境中，说话人"我"是仆人的身份，"我"的愿望在自己的认知中并不能实现，是反事实的。主观事实是我没有小姐们的命。因此，说话人在情感上是痛苦的。例句 b 结合上文语境"眼看辽军的活动越来越频繁了，却没有采取任何阻击行动来阻止敌军的渡河。这是因为他们已经丧失了战斗意志"，可知，条件句前件是反事实意义"宋军的士气不旺盛、不坚强，他们处在一场非常规化的战争中"。句子表达了说话人的观点，饱含了无奈和遗憾之情。

用以上方法对"假使"条件句的事实性进行分析，总量 13 个例句中，反事实的例句 4 例，其余都是非事实条件句，反事实比例是 30.8%。

（十八）"倘使"句

1. 非事实条件句

（66）a. 这孩子啊！倘使他跑来伺候咱统军出征，又来得太早了。
b. 倘使他们在这肖像上发现了一些自己不喜欢的地方，便会勃然作色说我在挖苦他们。

例句 a 是说话人对"这孩子行为"的评价和认识，命题前件"他跑来是否为了伺候统军出征"说话人并不确定。可能是事实，那么就来得太早；可能是反事实，那么又是另外的情况。例句 b 是说话人的主观认识，如果前件为真，则后件为真。但是事件"他们是否在肖像上发现一些自己不喜欢的地方"说话人还不能确定。因此，两个例句都是非事实条件句。

2. 反事实条件句

（67）a. 倘使没有这些，我就不会写小说。

b. 倘使不是为了你的母亲和妻儿，你会拿"自杀"来做灵药。

例句 a 在没有具体语境的情况下，可能会有两种解读。如果命题后件"写小说"指向已然行为，则"这些"也是已然存在的事物或事件，与否定"没有"共现推导出反事实意义。事实是"因为存在这些，我才写了小说"。形式上"否定前件＋否定后件"极大地增强了句子的反事实意义。表示说话人后悔、遗憾或者庆幸、满足之情。在特殊语境中，说话人把"这些"作为条件，时间指向未来，那么，"这些"是否存在还并不确定，"我是否会写小说"根据命题前件的真假情况而定，也是不确定的。这时，条件句是非事实条件句。例句 b 的下文内容："你后来写信给我，还说你除了逗弄小孩儿外，可以说全无人生乐趣。"由此推知，"你"为了母亲和妻儿，并没有"自杀"。条件句是反事实意义的。

用以上方法对"倘使"条件句的事实性进行分析，总量 10 个例句中，反事实的例句 4 例，其余都是非事实条件句，反事实比例是 40%。

（十九）"纵使"句

"纵使"条件句是一种让步条件句，与"即使""就是""纵然""就算""哪怕"等的用法和功能相似。

1. 非事实条件句

（68）a. 纵使策略上小有异同，都可商量解决，我公何乃出此颓唐之言？

b. 纵使打听得实，也恐是一时旋进旋退，非是真败。

例句 a，在说话人的认知里，"策略上小有异同"会导致消极的结果。条件句的转折义表现在命题后件上，说话人表示"都可以商量解决"，表明积极态度。例句 b "打听得实"在语境中对说话人一方是积极的结果。但是，命题后件"非是真败"这一结局对说话人一方仍有不利。从命题前件的事实性来看，说话人对"策略是否小有异同""是否打听得实"都是不确定的。因此，以上例句是非事实条件句。

2. 反事实条件句

（69）a. 你纵使有三头六臂，七十二变，也无能为力。
　　　b. 纵使有三头六臂，也抵挡不住一哄而上的匪徒。

例句中，说话人交谈的对象是现实世界的人，"三头六臂，七十二变"是《西游记》作品中人物的形象，用来指现实世界的人是一种夸张的手法，并不具有主观事实性。因此，命题前件都是反事实意义的。从功能来看，说话人用含有量度的极端事件，强化命题后件的个人观点。

在语料中，"纵使"句的使用数量极少。用以上方法对"纵使"条件句的事实性进行分析，总量9个例句中，反事实的例句2例，其余都是非事实条件句，反事实比例是22.2%。

（二十）"早知道"句

所统计的"早知道"条件句仅包含"早知道"位于句首的例句。"早知道"与命题前件中的主语不能随意调换句法位置。例句如下：

（70）a. 早知道英雄无用武之地，我就不那么下功夫练了。
　　　b. 早知道要受这份死罪，还不如跟乡亲们一起跑河东呢。

例句中，说话人表示"事先并不知道某一情况"，因此造成了消极结果。句子表达了说话人的悔恨、遗憾之情。

语料中，"早知道"连接词引导的条件句一共8例，都是反事实条件句，反事实比例是100%。扩大搜索CCL语料库，其中位于句首的词汇化"早知道"引导的条件句也都是反事实条件句。例句如下：

（71）a. 早知道他有这一天，我就该早罚他点了。（《作家文摘》1997年）
　　　b. 早知道我有这串珍珠项链，我会穿上一件开领的上衣的。（《读者》1984年）
　　　c. 丹丹，早知道你是小淘气，妈妈就不把你生出来了。（《读

者》1995年）

d.早知道来子严这里会受到这么好的待遇，说什么他也早把小苹带来了。（于晴《红苹果之恋》）

据此可知，CCL语料库中，位于条件句前件句首的"早知道"条件句都是反事实条件句，句中成分不会影响条件句的反事实解读。

第二节 连接词的反事实比例和性质分类

一 连接词的反事实比例

通过以上例句的事实性分析，在自建的封闭语料库中，我们共检索合格的"要不是"条件句242例，其中反事实例句242例，反事实比例100%；"早知道"条件句8例，其中反事实例句8例，反事实比例100%；"倘使"条件句10例，其中反事实例句4例，反事实比例40%；"假如"条件句78例，其中反事实例句25例，反事实比例32.1%；"假使"条件句13例，其中反事实例句4例，反事实比例30.8%；"要是"条件句1086例，其中反事实例句312例，反事实比例28.7%；"纵使"条件句9例，其中反事实例句2例，反事实比例22.2%；"就算"条件句85例，其中反事实例句18例，反事实比例21.2%；"如果"条件句1586句，其中反事实例句305例，反事实比例19.2%；"若是"条件句62例，其中反事实例句11例，反事实比例17.7%；"假若"条件句34例，其中反事实例句5例，反事实比例14.7%；"倘若"条件句520例，其中反事实例句66例，反事实比例12.7%；"哪怕"条件句80例，其中反事实例句9例，反事实比例11.3%；"就是"条件句119例，其中反事实例句8例，反事实比例6.7%；"纵然"条件句111例，其中反事实例句7例，反事实比例6.3%；"即使"条件句212例，其中反事实例句10例，反事实比例4.7%；"只要"条件句1005例，其中反事实例句0例，反事实比例0%；"万一"条件句223例，其中反事实例句0例，反事实比例0%；"一旦"条件句203例，其中反事实例句0例，反事实比例0%；"只有"条件句103例，其中反事实例句0例，反事实比例0%。

根据调查的小说文本中的语料，给出统计数据。把各连接词的反事实比例由高到低进行排序，如表 17 所示。

表 17　自建的封闭语料库中各连接词的反事实比例

连接词	反事实句	总量	反事实比例
要不是	242	242	100%
早知道	8	8	100%
倘使	4	10	40%
假如	25	78	32.1%
假使	4	13	30.8%
要是	312	1086	28.7%
纵使	2	9	22.2%
就算	18	85	21.2%
如果	305	1586	19.2%
总量基准	1036	5789	17.9%
若是	11	62	17.7%
假若	5	34	14.7%
倘若	66	520	12.7%
哪怕	9	80	11.3%
就是	8	119	6.7%
纵然	7	111	6.3%
即使	10	212	4.7%
只要	0	1005	0%
万一	0	223	0%
一旦	0	203	0%
只有	0	103	0%

表格呈现了各个连接词的反事实比例，20 个连接词检索的例句总量共有 5789 个，其中反事实条件句 1036 例，反事实比例为 17.9%，该比例是总量基准，除去数据稀疏的情况，以总量基准作为参考，能客观地反映各连接词的反事实能力。

为了便于比较，我们将"总量基准"一行放在中间，即表中阴影行。表

17从上到下看，在阴影行以上的反事实比例高于总量基准，在阴影行以下的反事实比例低于总量基准。其中，有几组数据极具特点。在 20 个连接词中，"要不是"和"早知道"的反事实比例是 100%。因为"早知道"的数据稀疏，仅有 8 例。我们扩大搜索 CCL 语料库，事实表明，位于句首的"早知道"引导的条件句都是反事实意义的。这两个连接词出现在条件句中时，反事实比例是 100%。因此，该成分是绝对的反事实形式。与之相反，"只要""万一""一旦""只有"四个连接词的反事实比例是 0%，说明它们引导的条件句都是非事实条件句，命题前件在说话人的认知中是不确定的，可能是事实，也可能是反事实。反事实比例是 0% 的连词是绝对的非事实形式。其他连接词"倘使、假如……纵然、即使"的反事实比例从 40% 到 4.7% 不等，证实了连接词的反事实能力不同，它们由高到低或者由低到高形成一个连续统。该数据表明，汉语条件句的反事实意义是一个连续统。

另外，表 17 中有几组数据很特别，"倘使/倘若""纵使/纵然""假使/假若"，这三组连词是近义词。从使用数量来看，"倘使、纵使、假使"的数量分别是 10 例、9 例、13 例。而"倘若、纵然、假若"的数量分别是 520 例、111 例、34 例。可见，包含"使"字的这几个连词使用例句极少。我们认为，连词"×使"因为语用色彩偏正式，在一般的交际中已经很少使用，相关意义的表达倾向用"倘若、纵然、假若"。"倘使、纵使、假使"的数量情况表明了它们与"倘若、纵然、假若"的替换关系。但是，从统计学的角度来讲，数量稀疏的话，相关结论失去统计学意义。为此，我们扩大搜索 CCL 语料库，从语料《读者》和《作家文摘》中随机选择例句 100 例，对其反事实比例进行考察。结果如表 18 所示。

表 18 《读者》和《作家文摘》中"纵使""假使""倘使"的反事实比例

连接词	反事实句	总量	反事实比例
纵使	20	100	20%
假使	32	100	32%
倘使	42	100	42%

比较来看，自建的封闭语料库中，"纵使、假使、倘使"的反事实比例分别是 22.2%、30.8%、40%。这一数据与表 18 的统计数据 20%、32%、42%

基本吻合。这证实了几个用例稀疏的连接词反事实比例的可靠性。

二 连接词的性质分类

根据统计数据可见，总量基准的反事实比例是 17.9%，"要不是 / 早知道"反事实比例是 100%，完全排斥非事实意义。"倘使、假如、假使、要是、纵使、就算、如果"的反事实比例由高到低排列，比例在总量基准之上，代表着反事实能力超出平均值。由高到低的比例代表倾向反事实解读的概率由大到小，那么也意味着倾向非事实解读的概率由小到大。"若是、假若、倘若、哪怕、就是、纵然、即使、只要、万一、一旦、只有"的反事实比例由高到低排列，比例在总量基准之下，代表着反事实能力低于平均值，倾向非事实解读。由高到低的比例代表倾向非事实解读的概率由小到大。而"只要、万一、一旦、只有"则完全排斥反事实意义。而且，"如果""若是"连接词与总量基准的反事实比例最为接近。此外，同样是让步连词的一组，"纵使"的使用频率低于"就算、哪怕、就是、纵然、即使"，但是在反事实能力上却高于后者。

由此证明，汉语中条件连接词的反事实能力是不同的。它们由高到低形成一个连续统。除了"要不是、早知道""只要、万一、一旦、只有"，其他的 14 个连接词"假使、要是、纵使、倘若、如果、即使"等既可以引导反事实条件句，也可以引导非事实条件句。这一结果与 Wang（2012:164-166）的实验结果有相似之处。他认为"要不是"引导反事实解读，"万一"引导直陈解读。还有"如果"类既可以是反事实解读，也可以是直陈解读。但是 Wang（2012）研究的连接词数量有限，且没有对"如果"类中"如果、要是、要、假如、倘使"这几个连接词的反事实能力进一步区别。

从条件概率上讲，"总量基准"反映的是汉语条件句整体的情况，应该作为比较基准。一种配置的绝对比例与总量的比例进行比较，如果比总量比例大，则该配置有积极影响；反之，则有消极影响，即使绝对比例的数值较大，也是消极的；如果和总量比例相差不大或相等，在排除数据统计上的误差之后，可以说该配置是中性的，没有影响。用该理论，我们可以将 20 个连接词的性质大致三分。与前人的研究方法不同，本书将各连接词的反事实情况按照比例做相对的划分，其中，总量基准 17.9% 是比较基准。

那些反事实比例显著大于基准的连接词（位列总量基准一行的上面），使汉语条件句更加倾向于表示反事实意义，归入反事实形式。

那些反事实比例显著小于基准的连接词（位列总量基准这一行的下面），使汉语条件句更加倾向于表示非事实意义，可以划入非事实形式。

那些反事实比例与基准大致相同或相差不大的连接词（处在总量基准这一行上下紧邻的位置），对汉语条件句的倾向性影响不大，可以划入中性形式。

我们把"反事实比例"远大于"总量基准"的连接词称为"反事实形式"；把"反事实比例"与"总量基准"基本相当的连接词称为"中性形式"；把"反事实比例"远小于"总量基准"的连接词称为"非事实形式"。如表 19 所示。

表 19　各连接词的事实性性质

	反事实形式	中性形式	非事实形式
连接词	要不是 / 早知道 > 倘使 > 假如 > 假使 > 要是	纵使 > 就算 > 如果 > 若是 > 假若 > 倘若 > 哪怕	就是 > 纵然 > 即使 > 只要 / 万一 / 一旦 / 只有

第三节　科技公文类文本中连接词的反事实表现

本节设计了"科技公文类文本"作为语体对照组，直观地呈现了条件句在两种文本中的使用差异，有力地说明了条件句连接词的反事实能力差异与情感性密切相关。本书自建的科技公文类语料库涉及心理学、教育学、软件工程、环境管理、技术、法律等多个话题，这类文本与小说文本有显著的差异，科技文本是对客观事物现象和规律的记述，论证力求确切、简洁，表现出建立在严密逻辑基础上的特有精确性。公文文本带有非个人性质，作为处理公务活动的工具，它往往是以机关、团体、单位的名义出现的。所以，科技公文类文本不是即时的、交流性文本，不是个人的表达，也不允许掺入个人的主观情感。

通过对自建的科技公文类文本中语料的整理，我们共检索合格的"假如"条件句 10 例，其中反事实例句 2 例，反事实比例 20%；"如果"条件句 732 例，其中反事实例句 2 例，反事实比例 0.3%；"只有"条件句 135 例，其中反事实例句 0 例，反事实比例 0%；"即使"条件句 103 例，其中反事实例句 0 例，反事实比例 0%；"一旦"条件句 102 例，其中反事实例句 0 例，反事实比例 0%；"只要"条件句 60 例，其中反事实例句 0 例，反事实比例 0%；

"倘若"条件句29例，其中反事实例句0例，反事实比例0%；"若是"条件句10例，其中反事实例句0例，反事实比例0%；"要是"条件句3例，其中反事实例句0例，反事实比例0%；"假若"条件句3例，其中反事实例句0例，反事实比例0%；"哪怕"条件句2例，其中反事实例句0例，反事实比例0%。

同样检索20个选定的连接词。语料表明"要不是、早知道、假使、倘使、纵使、就算、就是、纵然、万一"9个连接词没有使用例句。

与小说文本显著不同，科技公文类文本中，条件句的反事实比例接近0%。如表20所示。

表20 科技公文类文本中各连接词的反事实比例

连接词	反事实句	总量	反事实比例
假如	2	10	20%
如果	2	732	0.3%
只有	0	135	0%
即使	0	103	0%
一旦	0	102	0%
只要	0	60	0%
倘若	0	29	0%
若是	0	10	0%
要是	0	3	0%
假若	0	3	0%
哪怕	0	2	0%
总量	4	1189	0.34%

以上数据中，仅有的4例反事实条件句来自语料《大学生心理卫生与咨询》《儿童的心理世界——论儿童的心理发展与教育》。4例反事实条件句是作者在讲述案例时，直接引用当事人的话语，使得文本具有了小说文本的特点。排除以上个别例句，我们可以认为该类科技公文类文本是排斥反事实意义的。

科技公文类文本中的条件句排斥反事实解读，非事实条件句占了绝对优势。那么，也就可以预测，理论上在小说文本中的"反事实形式"连接词在科技公文类文本中不会使用或使用频率极低。而"中性形式"或"非事实形式"使用频率则相对较高。表21中，对比了小说文本和科技公文类文本中的连接词使用情况。纵向根据"小说文本连接词的反事实能力高低"排列。

表21　小说和科技公文类文本中各连接词的使用情况对比

连接词	小说文本总量	科技公文类文本总量
要不是	242	0
早知道	8	0
倘使	10	0
假如	78	10
假使	13	0
要是	1086	3
纵使	9	0
就算	85	0
如果	1586	732
若是	62	10
假若	34	3
倘若	520	29
哪怕	80	2
就是	119	0
纵然	111	0
即使	212	103
只要	1005	60
万一	223	0
一旦	203	102
只有	103	135
总量	5789	1189

数据对照很好地反映了两类文本在反事实意义上的差别，譬如"要不是、早知道、倘使"这几个反事实形式在小说文本中的反事实比例最高，且数量

大。但是在科技公文类文本中的数量为0。"要是"作为反事实形式在小说文本中有1086例，但是在科技公文类文本中只有3例，形成极为显著的对比。让步句中的连接词"就算、就是、纵然"在小说文本中用例很多，但在科技公文类文本中使用数量是0，唯独"即使"的使用数量较大。在完全排斥反事实意义的形式（只要、万一、一旦、只有）中，科技公文类文本除了"万一"的用例为0，其他连接词"只要""一旦""只有"的数量与小说文本正好呈现为"负相关"关系。例如，"只有"在小说文本中使用数量最少（103例），但是在科技公文类文本中使用数量最多（135例）；而"只要"在小说文本中使用数量最多（1005例），但是在科技公文类文本中使用数量较少（60例）。这一数据也侧面证实了我们在小说文本中得出的反事实比例的可靠性。

第四章　条件连接词的反事实机制

通过对汉语中 20 个连接词的反事实情况进行考察，我们将其反事实能力分为不同的三类。因为连续统不能做绝对的切分，所以用总量数据作为分类基准。本章主要研究三类连接词的反事实机制。首先考察反事实比例 100% 的连接词"要不是""早知道"，这一类是完全的反事实条件句，与其搭配的特征成分不论在任何情况下都不会影响句子的反事实意义。其次考察反事实比例为 0% 的一组连接词"只有""只要""万一""一旦"，它们完全排斥反事实意义。事实表明，该组条件句排斥常见的反事实特征成分，比如"早""不是""……就好了"等。最后，对汉语中的让步条件连词"即使、就是、纵然、就算、哪怕、纵使"单独考察。

第一节　反事实形式："要不是"

本节从语料事实出发，对"要不是"的句法成分、语义和语用特征进行描写，分析"要不是"的反事实机制。

通过自建的封闭语料库来看，"要不是"的性质与句法位置的关系密切，我们根据句法位置和语义特点将"要不是"二分。我们仅研究"要不是"位于条件前件句首位置的例句。

在自建的封闭语料库中，242 个"要不是"例句都是反事实条件句，或者与客观事实相反，或者与说话人主观认定的事实相反。我们对前件的句法成分环境做了统计。数据表明，"要不是+名词性成分"共有例句 40 个，其他的 202 个都是"要不是+谓词性成分"。

一 "要不是+名词性成分"

以下是"要不是+名词性成分"的例句：

（72）a. 要不是<u>你</u>，也不会出这么大事！
　　　b. 要不是<u>于莲的呱呱哭声</u>，恐怕他们只得扑空回去了。
　　　c. 要不是<u>那个书呆子</u>，我们还真不知道你们全家来这里春游。
　　　d. 要不是<u>他</u>，故事早讲完了！
　　　e. 要不是<u>这个革命</u>，我不会认识赵开发，你们也不会跟朱师傅成邻舍。

以上例句都是反事实条件句。具体来看，例句 a 中已然事实是"出了大事"，说话人认为"因为你才会出这样的大事"。再看例句 b，可知已然事实是"他们没有扑空回去"，说话人认为"因为于莲的呱呱哭声，他们没有扑空"。例句 c-e 也是同样的解读。

由以上例句可见，命题后件与已然发生的客观事实相违背，具有明显的反事实意义。在语义上，前件名词性成分 N/NP 是后件的致因。因此，条件句可以变换为"你使得我们出这么大的事情""于莲的呱呱哭声使得他们没有扑空回去""因为那个书呆子我才知道你们全家来这里春游""他使这个故事没讲完""这个革命使得我认识赵开发"。这表明前后件之间是"致因-结果"关系。邢福义（2001）认为"要不是"假设句式从语用来看有两个作用。一是反证释因，用以加强句子的容量和论证性。"反证释因"特别强调"原因的主观性，说话人把它当作真实的事情来说（主观事实），但并不一定是事实的真实（客观事实）"。二是"反证强调，突出甲事对乙事的关键性影响"。我们认为，结构"要不是+名词性成分"对以上两种功能兼而有之。说话人要强调的语义重点在前件，通过已然存在的消极或积极结果，表达说话人对有关对象或事物的态度。

比如，例句 a 和 d，它们的命题后件是消极的，则说话人对前件"你""他"是抱怨、批评和指责的态度。而例句 b、c 和 e 的后件命题倾向积极结果，那么说话人对前件"于莲""那个书呆子""这个革命"是感激的态度。

在例句检索时，还注意到部分处在主语后的"要不是"，同样也是后接"名词性成分"，例句如下：

(73) a. 我要不是你的什么表姑，也不是什么小姐，你想不想娶我给你当媳妇？

b.（不就是想霸这份家产吗，连亲兄弟也不要，你还问我是不是人？）我要不是人，上这里来干什么？

c. 他要不是个班长，也起码是好几年的老战士了。

从命题的事实性看，例句 a 是反事实条件句，"我不是你的表姑，不是小姐"在语境中与客观事实相反，句中后件是疑问行为。例句 b 是反事实条件句，说话人用反驳语气表明自己是讲情义的人。例句 c 是非事实条件句，表达说话人的主观认识，关于前件"他是不是班长"，说话人并不确定。以上例句 a–c 都可以替换为"如果不是""假如不是"等。

在该类"要不是+名词性成分"的条件句中，"要不是"是"要+不是+名词性成分"。母语者倾向在"要"和"不是"之间停顿，语义上"不是"与名词性成分"你的什么表姑""人"关系更密切，先构成一个否定命题。再结合"要"的假设意义，一起形成前件的条件小句。例句 a"不是+名词短语"的紧密关系，可以通过后一小句"也不是什么小姐"得到旁证。

从反事实意义的成因来看，例句 a 和 b 前件可以独立实现反事实解读。它们都与第一人称代词"我"有关。说话人"我"对自己的人品性格、身份职业，以及自己的亲属关系有确定的认知。因此，对"我是不是你的表姑""我是不是小姐""我是不是人"说话人有确定的认识。因为前件排斥事实语义，因此获得反事实的意义。

最后，通过比较以下例句进行说明：

(74) a. 我要不是你的什么表姑，也不是什么小姐，你想不想娶我给你当媳妇？

b. 我要不是人，上这里来干什么？

c. 要不是你，也不会出这么大事！

例句 a 前后件并不存在"致因"和"结果"的关系。"我不是你的表姑"是说话人虚构的命题。从韵律上来看，如果说话人要进行强调操作，重音落在否定成分"不是"上。从语义紧密度来看，"不是 +NP"捆绑在一起构成否定陈述。条件句的语用功能是疑问行为，说话人向听话人追问答案。而例句 b 中，前后件是"致因 – 结果"关系，条件句重点强调前件 NP 的重要性，表达愤怒、不满的情绪。在语流中名词成分"人"承载了韵律上的重音。其中，"是"的判断动词功能减弱，"要不是"向词汇功能转化。

在"要 + 不是"组合结构中，条件句可以是非事实命题，如例句 a；也可以是反事实命题，如例句 b。而例句 c 这类"要不是"条件句，只有反事实意义的解读。

从"要不是"的凝固程度来看，在"要 + 不是"组合的结构中，"要"和"不是"的关系松散，中间可以插入其他成分，也可以对连词"要"进行替换。例句 b 可以说"我要真的不是人，上这里来干什么""我要如他们所说不是人，上这里来干什么"。与之不同，词汇化的"要不是"并不能进行拆分。

综上，从命题前后件的语义关系、命题的事实性以及"要不是"的固化程度三个方面，不同句法位置的"要不是 + 名词性成分"有两种情况，一种是"要 + 不是"结构，一种是词汇化的"要不是"。如果研究中将"要不是 + 名词性成分"中的"要不是"看成一种性质，是不合适的。

二 "要不是 + 谓词性成分"

自建的封闭语料库中，"要不是 + 谓词性成分"例句有 202 例，占比 83.5%。封闭语料库中的例句可以细分为两小类。

第一类：要不是 + 动宾短语。

（75）a. 要不是为了你，我何必活在世上！
　　　b. 要不是骑闯王的乌龙驹，这时还在清风垭哩！
　　　c. 要不是有个老母亲拖住腿，他早就不是这样了。
　　　d. 要不是进学校，他是宁愿跟老鹰厮守一起的。

以上例句是反事实条件句，命题前件都是"要不是 + 动宾短语"结构。如果将前件的主语补出，例句 a 的主语是说话人"我"，与后件主语"我"

同指；例句 b 由语境可知，命题前后件的主语都是说话人"我"；例句 c 的前件主语是"他"，与后件主语"他"同指；例句 d 命题前后件的主语都是"他"。可见，该类条件句中前后件的主语是相同的。

具体来看，例句 a 中说话人的态度是"我为了你才活在世上"，前件具有反事实意义，后件是说话人的态度。例句 b 则不同，事件"我骑了闯王的乌龙驹""这时我已不在清风垭"都是已然的客观事实，命题前后件因为违反客观事实而获得反事实意义。说话人赋予前后件之间因果关系。例句 c 的后件"他这样"是客观事实。说话人认为"因为老母亲拖住了腿，他才是这样"。例句 d 的语境交代，主人公石硼丁儿是学生身份，但是他留恋田野山间的自由生活。前件"进学校"是外部的社会要求，具有客观事实性；后件"宁愿跟老鹰厮守一起"是主人公石硼丁儿的态度和选择。

第二类：要不是 + 主谓短语。

（76）a. 要不是他贪生怕死，我或许不会负伤哩！
b. 要不是李闯王大声喝住，两口宝剑已同时向丁国宝劈刺过去。
c. 要不是令尊给家父寄了一本，我真可能买一本回去呢！
d. 要不是咱们的大军到洛阳，她迟早会给婆家折磨死了。

以上例句是反事实条件句，与"要不是 + 动宾短语"不同，"要不是 + 主谓短语"的条件句中，命题前后件的主语不同。相同的是，命题前件具有客观或主观上认定的事实语义。与连接词"要不是"中的否定意义结合后，命题前件获得反事实意义。

具体来看，例句 a 中事件"我负伤"是客观事实，说话人认为原因是"他贪生怕死"。表达说话人对"他"的埋怨和指责。例句 b 中，"李闯王大声喝住""两口宝剑没有向丁国宝劈刺过去"是已然事实，与条件句表达的命题意义相反。说话人认为因为李闯王的行为，救了丁国宝的性命。例句 c 中"令尊给家父寄了一本书""我没有买一本回去"都是已然的客观事实。说话人表示，前件事件是后件结果的原因。例句 d 陈述的客观事实有"咱们的大军到了洛阳""她没有被婆家折磨死"，说话人表示前者是后者的原因。

还有一部分"要不是"条件句前件包含着表示因果关系的显性形式。例句如下：

（77）a. 要不是<u>因为老宋和东方他们不同意</u>，我就把你捆到梅岭送给杨司令了。
　　　b. 要不是<u>因为"文化大革命"停止了毕业分配</u>，她也许已在外交场合当翻译了。
　　　c. 要不是<u>因为老爷待我好</u>，我不会临走前对老爷说明身份。

以上例句的前件是"要不是 + 因为 + 主谓短语"形式，很显然，说话人表示命题前后件之间具有因果关系。该类例句同"要不是 + 主谓短语"结构意义和用法相同，"因为"在句中的有无并不影响条件句的完句性和语用功能。

三　"要不是"的反事实机制

关于"要不是"的反事实机制，学者们进行了多角度的阐释。蒋严（2000：271）认为"若不是、若非、没有、要不是、不是"等是一系列"否定假设词"，"如果用否定假设词来引导，往往指向已然的事态。当对已然进行否定时，自然会导致反事实解读"。

我们认为，蒋严（2000）将"没有、不是"与其他连接词不加区分，笼统地定义为"否定假设词"并不恰当。而且"指向已然的事态"不能解释"若不是、要不是"后接将来时间、指向未来的反事实用例。实际上，将来时间词修饰的命题也出现在"要不是"条件句中。这类用法在自建的封闭语料库和CCL语料库中没有找到例句，但是日常对话中会使用。例句如下：

（78）a. 要不是<u>他明天出国</u>，我才不打算原谅他。
　　　a′. 要不是<u>（他说）他明天出国</u>，我才不打算原谅他。
　　　b. 要不是<u>后天下雨</u>，我们原本打算去公园野餐的。
　　　b′. 要不是<u>（预报说）后天下雨</u>，我们原本打算去公园野餐的。

通过例句可知，时间"明天"指向未来，事件"他出国"未发生，还没有成为现实，但在说话人的认知中，"他明天出国"是提前就获得的消息，具有了确定性和事实性。如例句 a′ 所示，"他明天出国"的信息来源可以是"他自己说的"。那么，"他告知我消息"这件事是发生了的，而且说话人相信这一消息的真实性。例句 b 也是同样,"下雨"是未然的事件,但事件"下雨"不是凭空猜测的,是说话人看了天气预报后获得的认识。科学的预测一般具有事实性,使得命题"后天下雨"具有了事实性。当然,关键还在于说话人相信天气预报的报道是真的。如例句 b′ 所示,"后天下雨"的消息来源一般是天气预报,"天气预报报道天气状况"是已然发生的。因此,"要不是"反事实条件句并不排斥将来时态。

因为人类的社会活动具有规划性和可控性,科学技术也具有预测功能。这种语境中的事件多是提前规划、安排或预测的。这样,尽管从命题的发生时间看是未然性的,但是如果说话人提前知晓事件的情况,命题就具有了确定性。这样的语境中,事实性与未然性并不冲突。对说话人而言,不管是过去已然的命题还是已计划好的未然的事件,都具有主观的事实性。

李晋霞(2018:67)认为上述与将来相关的违实句,其中的"将来"有一个特点,即"近现在的将来",如"明天""今晚"。"人们虽然无法预知将来发生什么,但对诸如'明天、今晚'等近现在的将来所要发生的事却有一定的把控能力,特别是人为计划的事。"这些计划虽未发生,但有一定的确定性,接近客观事实,因而可进行反事实思维。我们认为,从"对近现在的将来事件的把控力"解释反事实意义有一定道理。但是,时间的远近是相对的。我们也可以说"要不是他两年毕业后要出国,我才不打算向他妥协"。该例句中,"两年后"相对"明天"是遥远的时间,但句子依然成立,且前件命题表达反事实意义。基于此,我们认为"要不是"条件句中,未然事件的反事实解读与时间的近远无直接关系。

朱丽师、杨永龙(2018:120-125)从"不是"入手分析包含"不是"的关联词"要不是""如果不是"等。他们认为违实条件句"不是 C1,C2(反问句)"和"不是 C1,C2(陈述句)"的出现,使得"不是"不仅承担否定义,而且显性标示假设条件义,因而"不是"附加有特定的语法功能。"不是"的意义也不仅是否定词"不"与判断词"是"的简单组合,其中"是"已经不再具有判断之意,而虚化为近似词缀的词内成分。于是,"不是"便趋于完成由表示否定判断的谓语成分到否定性违实条件句连词的语法化。"不+是"信息地位的降低和否定辖域的提升为"不+是"的成词提供了基础;当"不是"承担假设条件义时,便完成了从否定判断到假设连词的语法化。该研究对"不是"词汇化过程中性质和功能的变化做出历时分析,具有重要的启发意义。但该文没有解释"不是"与假设连词"要""如果"共现时的区别。显然,"如果不是"还存在非事实表达的情况。例如"历史经验告诉我们,如果不是一个很好的防御者,也不可能成为一个很好的进攻者"。该例句中,命题前件"是不是一个很好的防御者"在说话人的认知中是不确定的。

我们认为,首先应该将"要不是"的用法根据句法位置二分。处在句首的是连接词,从语义上看,命题前后件有明显的"致因－结果"关系,句中即使存在其他成分也不会影响条件句的反事实解读。从功能上来看,该类条件句不需要依赖语境和其他反事实标记,可以稳定地实现条件句的反事实意义。

但是组合形式的"要不是"是"连接词＋特征成分"的组合,连接词是"要","特征成分"是否定词"不是"。它需要在语境或特征成分作用下共同推理出反事实意义,有的情况下还可以是非事实解读。

因此,我们认为句首"要不是"是反事实标记。"要不是"词汇化后,条件句一定是反事实意义,它位于句首位置,与命题的主语成分不能随意互换。"要不是"不能进行拆分。然而,"要不是"是短语性质时,多处在句中位置,即主语的后面。虽然句法上"要不是"紧密结合,但是"要"可以替换为"如果","要不是"中间也可以插入其他成分。实质上,该类句子的反事实意义是否定词"不是"与其他特征共现推导而来的,例如"反问形式""否定"等。

但是需要注意,同样是连接词,"要不是"在反事实条件句中的功能与"如果""假如"有显著的区别,后者不参与命题的语义解读。"要不是"与此不同。学者们一致认为"要不是"引导的条件句是反事实条件句,其中"不是"具有隐性否定功能,前件的"否定＋事实命题"获得反事实意义。否则,条件句就是"事实条件句"。譬如"要不是赵亮提醒,险些误了大事",如果把"要不是"与"如果"等同看待,则"要不是"作为虚词不能构成命题意义。命题前件就是"赵亮提醒",条件句就是事实条件句。因此,"要不是"中"不是"参与构成了前件的意义。而且反事实性来自"不是"对事实命题的否定。

基于这样的事实,我们认为"不是"兼有两个功能,一是,与"要"结合形成词语,不再允准"要"的随意替换。二是,"不是"否定命题前件,与命题的语义结合表达反事实意义。

第二节　反事实形式："早知道"

语言学研究中涉及了时间副词"早"、语法化的"早知道"、叙实动词"知道"等问题，这些都对"早知道"反事实条件句的研究有解释力。但不足之处是没有对"早知道"的性质作区分。我们认为，与"要不是"相同，条件句中存在词汇化的"早知道"和词组"早知道"两种情况。它们以不同的方式参与条件句的反事实解读。虽然"早知道"后接成分的类型对其性质有影响，但句法位置上，句首和句中的"早知道"有着根本的区别。句首"早知道"倾向词汇化，"早"和"知道"之间不可插入其他成分。句中"早知道"的前面还有更典型的假设连词，"早知道"是词组，所以中间可以插入其他成分而不改变句子意义。作为"反事实形式"，本书的连接词"早知道"是限于句首位置的"早知道"类型。

一　句首"早知道"

在所调查的自建的封闭语料库中，"早知道"的例句数量只有 8 例，反事实比例是 100%。例句如下：

(79) a. 早知道<u>英雄无用武之地</u>，我就不那么下功夫练了。
　　 b. 早知道<u>这样难受</u>，不死也罢。
　　 c. 爸爸，早知道<u>这么险</u>，就不来了。
　　 d. 早知道<u>家这么好，你这么好</u>，我后悔没在你 18 岁的时候把你娶回来。
　　 e. 早知道<u>他有这一天</u>，我就该早罚他点了。
　　 f. 早知道<u>要受这份死罪</u>，还不如跟乡亲们一起跑河东呢。

在句法位置上，"早知道"处于句首，前件不再共现其他的条件连接词。根据语义可知，条件句中命题前后件的主语保持一致。在以上例句 a-f 中，说话人也是命题前件的主语，"我"隐藏不出现，在后件中出现（例句 a、d、e）或者省略（例句 b、c、f）。因为上下文语境的支持，条件句具有完句性。"早知道"条件句前后件的主语一致，在自建的封闭语料库中，第一人称"我"占绝对优势，但是扩大例句范围也存在"第三人称"的情况。例如"早知道自己是个色盲，他也不去学画"。

"早知道"后接命题都是事实性命题。命题表示的事件或者是客观事实，或者是说话人认定的主观事实。比如，例句 a 说话人陈述的事实有"英雄无用武之地""我下功夫练习了"。其余例句 b-f 也是同样的解读。

而且，以上例句中"早"和"知道"之间不能插入其他成分。例句如下：

（80）a. 早知道英雄无用武之地，我就不那么下功夫练了。
　　　a′.*早（些/点儿）知道英雄无用武之地，我就不那么下功夫练了。
　　　b. 早知道这样难受，不死也罢。
　　　b′.*早（些/点儿）知道这样难受，不死也罢。

"早知道"条件句表示，说话人因为"不知道相关的情况"，所以做出了错误的选择或行为，造成消极后果。句子表达了说话人遗憾、后悔、愤慨等情绪。

二　句中"早知道"

在自建的封闭语料库与 CCL 语料库中，句首"早知道"反事实条件句的用例都很少。大多数"早知道"位于句中，在非条件句中使用，后接事实命题，表示说话人已经获得的信息。作为短语结构，"早"是副词，紧跟动词"知道"，强调"知道 x 的发生"距离现在已经有一段时间了。例句如下：

（81）a. 早知道你要跳出来，今天果然跳出来了！（《作家文摘》1994 年）
　　　b. 我早知道你能给我争脸儿，你能！（冯苓植《猫腻》）
　　　c. 我早知道你受不了，还是去补习学校吧。（《报刊精选》1994 年）

例句 a-c 中的"知道"是郭光、陈振宇（2019）提到的"知道$_1$"用法，

"句中主语和宾语小句没有控制关系,无论宾语小句是自主的还是非自主的,都倾向叙实"。即句中命题"你要跳出来""你能给我争脸""你受不了"是事实。时间副词"早"管辖的命题是"知道+叙实事件",表示说话人"知道X的发生"距离说话的当下已经有一段时间了。本书的条件句研究不考察该类用例。

在检索条件句例句时,还发现句中"早知道"前面有其他的假设连词。例句如下:

(82) a. 幸亏她没猜出,要早知道了,宁肯上岸一步步像朝山进香磕着头回去,也不愿在船上多待一会儿的。(李国文《冬天里的春天》)

b. 我要早知道你是个阿曲死,我才不嫁给你呢!(王火《战争和人》)

c. 如果早知道要交这么多钱,我也就不会打了。(《人民日报》1998年)

d. 要是早知道这样,我一定要将名字写得更工整一些。(《人民日报》1998年)

例句a和b都是反事实条件句。例句a中说话人陈述的事实有"她没有猜出""她待在船上并没有上岸"。例句b中说话人陈述的事实有"你是个阿曲死""我已经嫁给你了"。同样的,例句c和d也是反事实条件句。例句c中说话人陈述的事实有"要交的钱很多""我已经打了"。例句d上文内容是"雷宽喜和他的伙伴们怎么也没有想到,他们在一腔豪情下匆匆草就的'生死牌',竟成为珍贵的文物"。所以,事实有"'生死牌'成为珍贵的文物""我的名字写得不够工整"。

我们在CCL语料库中检索到4例包含"早知道"的例句,中间插入了"些""(一)点儿"成分。但同时,这类句子前面也出现了其他连接词。例句如下:

(83) a. 我要早些知道他调到这儿来,就不用担这么多心了。(雪克《战斗的青春》)

b. 如果早些知道她的身世的话，我不会把她作为重点。(陆文夫《人之窝》)

c. 如果他早一点儿知道张伯驹夫妇的手中藏着这样的宝贝，他会对他们采用另一种态度的，会更含蓄，更柔和，更从容。(《作家文摘》1995年)

d. 要是能够早些知道我们的孩子最珍爱的东西是什么，在抚养和教育他们的过程中，我们就会少走许多弯路。(土一族《从普通女孩到银行家》)

分析以上例句，a、b、c是反事实条件句，d是非事实条件句。例句a中说话人表示"没有早些知道他调到这里来，所以担了很多心"。例句b中说话人后悔"没有早些知道她的身世，已经把她作为重点"。例句c中说话人自责"没有早一点知道张伯驹夫妇手中藏着这样的宝贝，他采取了不含蓄、不温柔、不从容的态度"。例句d是说话人的认识，说话人认为在命题前件为真的情况下，后件则为真。但"早些知道我们的孩子最珍爱的东西是什么"在具体的语境中实现情况不同，可能为真，可能为假，是不能确定的。所以，例句d是非事实条件句。

本书把以上例句与句首"早知道"条件句区分，首先明确它们是连接词"要""如果""要是"等引导的条件句。与语法化的"早知道"条件句对比，该类例句有反事实和非事实两种情况。其中，反事实例句占据绝大部分，这与"早×"的强反事实功能有关。而且，除了"早×"，句中往往还与其他反事实特征成分共现。例如a中"早×"与后件的"否定""了"共现；b中"早×"与后件"否定"共现。

从命题的语义来看，词汇化的"早知道"与词组"早知道"也有很大区别。例句a-d中"早"是"提前"的意义，按照我们的日常经验，"提早获知消息"往往会有积极意义。例如，例句a的积极意义是"少担点儿心"；例句b的积极意义是"早点把她排除在重点之外"。程度词"些""一点儿"这些限制词插入"早"和"知道"之间，表示的是"时间提前的程度大小"。这样一种语义带入反事实条件句前件，否定的是"一种程度"，推导出"知道晚了"的意义。与"程度（量）的否定"不同，词汇化的"早知道"是一种"质的否定"，意义是"不知道"。虽然两者都是表达说话人的消极情感，但后件语义侧重不同：当表示"知道晚了"意义时，反过来说，如果"早些知道，那么结果可能不同"，因此说话人多是追悔"正常情况下可能收获的积极意义"；而表示"不知道"意义时，说话人直接表达对消极后果的负面情绪。

从情感色彩看，说话人对某一事件"不知道"或"知道晚了"产生的情感和情绪是相同的，因此，需要特别注意区分"早知道"的词汇和短语形式。作为短语结构时，"早知道"强调时间上的"提前"，中间可以插入其他成分"（一）点儿""些"等。这种结构中，对条件句反事实意义起决定作用的是"早×"，"×"是任意的动词成分。在推导过程中，条件句的反事实意义并不能直接从"早×"推导，而是结合语境或其他特征成分来看。

三 "早知道"的反事实机制

"早知道"的反事实机制针对的是位于句首的、结构凝固的词汇化"早知道"。由语料可知，它引导的条件句反事实比例是100%，且在任何语境中，反事实意义不能被取消，句子普遍表达说话人强烈的情感或情绪。

从"早知道"条件句的交际功能来看，该类条件句本质上是说话人的感叹行为，"感叹"的语义要求说话人对感叹对象有确定的认识，即前件在说话人认知中或者是事实，或者是反事实，而不可能是非事实意义。这一特征与条件句前件的"非事实/反事实"语义相结合，只能获得反事实解读。

我们按以下逻辑进行"合取"操作：

感叹 &条件句→（事实∨反事实）&（非事实∨反事实）→反事实

根据语料分析可知，"早知道"后接命题具有事实性特征。那么，从形式上看，前件"早知道+事实命题"就与条件句的基本语义特点相矛盾。我们认为，成分"早"对整个语义的和谐起到关键作用。表示假设的"早"具有否定意义，且是对前件"质的否定"。含有否定算子的"连接词"与"事实命题"结合，获得反事实意义。

第三节 非事实形式："只要、万一、一旦、只有"

一 语义语用特点

连接词中"只要、万一、一旦、只有"都是绝对的非事实形式，它们引导的条件句命题在小说文本中无一例外地排斥反事实意义，反事实条件句比例是0%。因此，本书将"只要、万一、一旦、只有"归类为绝对的非事实形式。

在自建的封闭语料库中，"只要"的非事实条件句用例最多，超1000例。仅列举一二，例句如下：

（84）a. 只要我能办，那还有啥说的。
b. 只要偷了这件棉军衣，一切都解决了。
c. 只要夜晚一降临，山那边的阿哥就出现了。
d. 只要你离开片刻，总发现我泪水汪汪。

在"只要"非事实条件句中，说话人对命题前件的事实性是不确定的。例句a的主语"我"虽然是事件的执行者，但"因为不知道对方所托何事，说话人无法确知是否能办到"，因此命题前件尚不能确定。说话人表示的态度是"我能办的，我一定办"。如果命题前件为真，则后件为真。例句b是说话人的观点，说话人认为"偷了这件棉军衣一切问题都能解决"。从事实性看，命题前件"偷了这件棉军衣"能否实现还不能确定。例句c和d有特殊性，命题不是具体的一次性事件，而具有惯常性和规律性。比如例句c，"夜晚降临"是规律性出现的自然现象，后件"阿哥出现"也具有相应的规律性。例句d描述一种惯常行为"你离开片刻我会泪水汪汪"。我们把表达惯常性、规律性或一般道理的泛时性条件句归入非事实条件句。

"只有"条件句前件可以是主谓短语、动宾短语，也可以是名词性定中短语、介宾短语等。例句如下：

（85）a. 只有我亲自前去，才能够相机处理，以正压邪。
b. 只有彻底消灭敌人，才是你应尽的天职。
c. 只有学会了在政治湖泊里游泳的人，才有这种自由。
d. 只有在最隆重庄严的时刻，老夫子才这样一丝不苟地穿戴的。

具体来看，例句a和b中"我亲自前去""彻底消灭敌人"在说话当下尚未实现，具有未然性。例句c借用普遍适用的道理表达个人观点，例句d是主体习惯性的行为。在交际语境中，例句a的前件"我亲自前去"是说话人应对这次情况采取的行动；例句 b 的前件"彻底消灭敌人"是说话人对听话人的要求和建议。例句 d 的前件强调事件发生的特定时间。

"万一"条件句强调极小概率下的"条件-结果"关系。说话人也认同事情发生的可能性很小，但是因为不能完全否定特殊状况下命题发生的可能性，条件句前件是非事实意义的。例句如下：

（86）a. 万一手边拮据了，由上海方家托人划款到香港也很方便。
　　　b. 万一攻城不克，公子死得更快。
　　　c. 万一有个颠蹶闪失，还当了得？

例句中"手边拮据""攻城不克""有个颠蹶闪失"是消极事件，对说话人或事件主体有消极影响。因此，说话人不希望该事件发生。但是，事件本身的发生与否并不受说话人控制。尽管在说话当下是未然的，但依然具有发生的可能，因此引发了说话人的关注。从命题前件的事实性看，条件句是非事实意义的。

"一旦"本身的语义是不确定的时间，表示"将来有一天"。因此，条件句是非事实条件句。例句如下：

（87）a. 一旦撕破脸皮，就没有回旋余地了。
　　　b. 一旦被人砸碎，就毫无价值了。

例句中"撕破脸皮""被人砸碎"在当下具有非现实性，在将来的时间里可能发生，也可能不会发生。说话人对其实现情况并不确定，因此命题前件是非事实意义的。

（一）表唯一的必要条件"只有"

汉语中，"只有"引导典型的必要条件句。吕叔湘（[1980]1999：125-126）解释："'只有'从正面提出某个唯一条件。表示的条件是唯一的，有效的。"就说话人的视角而言，的确如此。"只有"条件句表达说话人的认识，一般而言，这种"唯一性、有效性"的观点是被普遍认可的。

在对话交际语境中，"只有"条件句命题前件对应说话人认定的唯一的办法措施、主张或倡议，听话人接收到的是来自说话人的提醒、劝说、建议或忠告等，命题后件表示可达到的结果。从事实性看，因为命题前件是未然的、不确定的，后件也具有不确定性。例句如下：

(88) a. 只有你我勠力同心，征集甲士，击退宋军，一切才可以照常不变。
　　 b. 只有人人起来负责，才不会人亡政息。

以上例句中"你我勠力同心""人人起来负责"是说话人的主张和倡议，也是后件实现的唯一方法、途径。说话人认为"照常不变""不会人亡政息"是前件为真的情况下可以达到的结果。在交际中，说话人强烈希望观点被采纳，只有这样，具有积极意义的结果才能实现。但因为最终的实现情况取决于参与的多方主体，譬如"你""每个人"，因此说话人并不确定命题前件是否能实现。

除了以上用法，"只有"也可以后接短语"……时/的时候/中"，说话人强调某个时间点或场合对命题主体的重要意义。例句如下：

(89) a. 只有吟着诗时，他觉得还能发泄心中的痛苦。
　　 a′. 只有吟着诗，他觉得还能发泄心中的痛苦。
　　 b. 只有当我们的武装力量相当壮大的时候，原则才有可能坚持得下去。
　　 b′. 只有当我们的武装力量相当壮大，原则才有可能坚持得下去。
　　 c. 只有处于贬谪的地位中，才真正热衷于《楚辞》。
　　 c′. 只有处于贬谪的地位，才真正热衷于《楚辞》。

例句中，"吟着诗时""当我们的武装力量相当壮大的时候""处于贬谪的地位中"指的是有特殊意义的时刻、场合或境遇。说话人认为它们是实现后件的必要前提。该类例句，定语成分表示的行为或状态才是焦点信息，"……时/的时候/中"强调行为或状态的持续，去掉之后条件句意义不发生变化，且可以完句。

分析语料可得，限定副词"只"表示"唯一"意义。说话人使用"只有"条件句从正面提出实现某一目标的唯一条件，也从侧面强调"别无其他选择"。"从正面提出"表现在句法上就是肯定陈述。在语料中,"只有"条件句与"不""没有""不是"这几个否定词语无共现例句可以加以证实。

从句法环境来看,表"方法或要求"的前件多是谓词性成分。功能上,说话人意图说服听话人认同自己的观点,并采取相应的行动。例句如下:

(90) a. 只有团结各种力量,才能度过困难。
b. 只有你们查得公正,我才能执法公正,使该斩的人死而无怨,也能使众人心服。
c. 只有讲真话,才能挽救自己。

例句 a 言外之意是号召大家"团结各种力量"。例句 b 是提醒对方做到"公正的检查"。例句 c 中说话人告诫对方"讲真话"。

还有一部分例句中,命题前件指特定的事物、地点、经历等,说话人意在强调它们的重要意义。例句如下:

(91) a. 只有在共产党、毛主席的领导下,我们的国家才变得这么坚强呵!
b. 只有通过血与火的战争,才能取得最后的答案。
c. 只有接近江流的地方,才会有这样的风。
d. 只有领略过壮丽景色的人,才能体会无一物中无尽藏的超脱。

以上例句也是表达说话人的认识。不同的是,这种认识不是针对语境中具体的一次性事件。我们将这类例句归为非事实条件句。例句 a 强调"共产党、毛主席领导"的重要性;例句 b 强调"血与火的战争"的必要性;例句 c 说明"接近江流的地方"的优越性;例句 d 表明"领略壮丽景色"这一体验对人的重要意义。因为具有重要的意义,所以言外之意也有鼓励的意味。比如例句 a,说话人引领大家坚持共产党、毛主席的领导;例句 d 鼓励大家多出去领略壮丽的景色。例句 b 则不同,命题前件包含的事物具有消极性,按照道义说话人不该鼓励这一行为。但是特殊语境中,比如战争中,面临困境退无可退时,"血与火的战争"作为唯一手段被认可。

(二)表主观小量的充分条件"只要"

汉语中,"只要"连接词引导充分条件句。吕叔湘([1980]1999:680-681)解释:"只要是充分条件,表示具备某条件就足够了。但是,还可以有别的条件引起同样的结果。"从"具备某条件就足够了"来理解,"某条件"往往会产生小量的意义,使得命题具有"轻易、容易实现"的特征。但实际上,说话人的小量意义是由命题本身的性质决定的,跟条件的数量多少没有实质关系。例句如下:

(92)a. 只要<u>射虎口不丢掉</u>,马兰峪万无一失。
　　　b. 只要<u>你答应我结婚</u>,我就什么怀疑也没有了。

根据上下文语境,前件"射虎口不丢掉""你答应我结婚"是实现后件结果的前提条件,而且具有唯一性,这样的"只要"与"只有"条件句的功能相似。在说话人的认知中,命题前件的实现具有相当的难度,该类条件句很难理解为小量意义。

下面分析具有小量意义的"只要"条件句。

连词"只要"的成分"只"有"仅仅"的意义,后接命题往往含有说话人的"小量"意义,具体包含了"数量小、要求低、难度小、易实现"等语义特征。

分别来看,如果后接命题表示"需要具备的条件",那么,条件本身的要求低,实现难度小,对实施者来说容易实现。其中,所需条件如果是关于事物的"数量"方面的要求,那么句中的数量成分是"主观小量"。

第一类:后接命题具有"实现难度小"的意义。

(93)a. 只要<u>她肯点点头</u>,她就是"李明妃"了!
　　　b. 只要<u>刘宇亮做到这一点</u>,就算是了不起的功劳,够使他满意了。

例句 a 中说话人表示"点点头"对实施主体是不费力的事情,表示命题的实现很容易。例句 b 出自文本《李自成》,上文语境:"他不求刘宇亮能够冲锋陷阵,但愿他能够以首辅的威望去到军中,使士气为之一振,诸将不再畏缩不前，各州、县不再遇见清兵就望风瓦解。"条件句中"这一点"指的是"以首辅的威望去到军中"。话语中"但愿"意思是"仅仅希望"，说话人表示自己的要求不高，"做到这一点"对刘宇亮来说也不是难事。

第二类：后接命题中含有数量成分，表示"主观小量"的意义。

（94）a. 只要他见过一两次面，问过名字，隔许多年都不会忘。
　　　b. 只要他露出一丝儿活动的意思，下一步就有门儿了。

例句 a 中，"一两次"表示主观小量，命题表示"他的记忆力非常好"。例句 b 中有成分"一丝儿"，表示主观小量。在表达中，这些数量成分承载了话语重音，是说话人强调的焦点信息。

第三类：如果后接命题表示"说话人或主语的要求或愿望"，那么，说话人"要求低或愿望小"。语料中，这一类例句数量居多。我们对该类"只要"条件句进一步分类。

在条件句前件为否定的句式中，前件语义具有显著的量级特征。由语境可推知主体乐观、坚毅、宽容的态度。例句如下：

（95）a. 只要不是逼到绝处，他就没有必要充当出头鸟。
　　　b. 只要不是下等签，他就会感到一些满意。
　　　c. 只要我不死，只要还有一口气，我就要投奔共产党！

以上例句 a 和 b 表达了主语"他"的观点，例句 c 表明了说话人"我"的态度、决心。命题前件中"绝处"是处境中最糟糕的状况，"下等签"是签运最坏的，"死亡"对个体来说是重大的事情，这些内容在量级语义上都是一种极端的情况。在否定的语境中，说话人表示：除了该种极端情况，其他任何情况下，都不会影响或改变命题后件的内容，如例句 a 中"他没必要充当出头鸟"是个人认识；例句 b 中"他会感到一些满意"是一种积极态度；例句 c 中"我要投奔共产党"是一种不动摇的决心。由此得出说话人或主语的"要求低或愿望小"，并且态度积极乐观的情感色彩。

后接命题表示说话人对其他人和事的要求，形式上是"否定+主观大量"。例句如下：

（96）a. 只要不太离格，年轻人愿意穿，就由他们去好了。
　　　b. 只要没有逃跑的迹象，也就网开一面了。

　　例句 a 前件"太离格"具有主观大量意义，表示年轻人的行为过于不合理。例句 b 上文语境"管七二八农场的干部比较明智，暗示下面少惹麻烦，得让他处且让他"，只有"有逃跑的迹象"时注意一下。在否定的环境中，否定词"不、没有"仅排除了表示主观大量这一特殊情况，允准了其他各种可能的情况。这一语义也同样推导出说话人或主语"要求低或愿望小"的语用意味。

　　如果条件前件存在量级解读。那么，否定前件表示的唯一情况可推出对其他可能情况的肯定。与之对比，在没有量级推理的条件句中，说话人或命题主语正面地提出实现命题后件的充分条件，前件在形式上表现为肯定。副词"只"起到限定作用，前件的条件表示说话人的唯一要求、心愿，没有其他奢求，后件表示主观态度和立场。这在一定程度上也具有主观小量意义，可推导出说话人或命题主语"要求低或愿望小"的语用意味。例句如下：

（97）a. 我只要有你，一切都满足了！
　　　b. 只要对人民有利，我就干。
　　　c. 只要是为了抗战，怎么样都行。

　　例句 a "只要有你"表示说话人的要求不高。从说话人角度，"你"具有唯一性和不可替代性，对说话人意义重大。例句 b 和 c 分别表示不管对"我"有何种利弊，只要包含"对人民有利""是为了抗战"这一个目的，"我"都接受。

　　从情感性上进行分类，大多数的条件句后件表达积极态度和情感。"具备某条件之后足以实现预期结果"或"具备某条件之后，其他的都可以接受"。然而，还有另一相反表达，即"具备某条件之后，会产生某种消极结果"。前件句式多是"只要……一+VP"，例句如下：

（98）a. 只要你妈一来，就没咱全家的活路了。
　　　b. 只要一走漏了消息，大家全完！
　　　c. 只要它一清醒过来，一定会后悔万分的！

在说话人的认知中,"你妈来了咱全家的活路就没了""走漏消息大家全完""它清醒过来一定会后悔万分的"。这样的例句中,"只要"前件强调时间的未来意义。命题在说话时间是非现实的,说话人也不确定是否会发生,但因为具有消极意义,表达了担忧之情。

(三)概率极小的偶然条件"万一"

在自建的封闭语料库中,例句"万一"的命题前件都具有消极意义,是说话人及相关者不希望发生的事情。后件可以表示疑问、祈使和断言等行为。例句如下:

(99) a. 万一<u>那里闹出大乱子</u>,怎么好呢?
b. 万一<u>看见追兵</u>,你千万不要恋战。
c. 万一<u>李信出狱</u>,好像猛虎出笼,后患可虑。

以上例句的前件"那里闹出大乱子""看见追兵""李信出狱"对说话人或其同盟者听话人具有消极意义,是说话人不希望发生的事情。后件表示不同的言语行为:例句 a 是说话人向听话人寻求意见,例句 b 是说话人对听话人的祈使行为,例句 c 表示说话人的断言。说话人强调,前件的实现会带来严重后果,尽管发生概率小,但依然值得关注和警惕,应提早采取应对措施。话语带有提醒、警告的意味。

此外,"万一"句还可以表明说话人自己的意志。例句如下:

(100) a. 万一<u>说不成</u>,我就把他拾掇了。
b. 万一<u>杀不出去</u>,我也会拖住官军不放。

以上例句的前件"说不成""杀不出去"都是消极事件,是说话人不希望发生的事情。后件表示消极事件发生后的应变对策,以表明个人的立场和态度。

那么,有没有特殊语境中,"万一"句后接"积极的"或者"说话人期待的"命题?我们在 CCL 语料库中找到少量例句。

命题的受益者是说话人或命题主语,说话人和主语是同盟关系。因此,受益的命题是说话人或主语希望发生的事件,后件产生的是积极结果。例句

如下:

(101) a. 万一中奖了,朋友一定会在惊喜的同时非常感激我。(《报刊精选》1994年)

b. 万一我死不了,我们再见!(《报刊精选》1994年)

c. 万一博赢了,从此就可脱胎换骨、改头换面。(《人民日报》1994年)

例句中,命题前件"中奖了""我死不了""博赢了"是积极意义,是说话人期待实现的结果,情感上无消极倾向。我们认为,该用法中,说话人已认定命题的发生概率小,并接受了事实"中不了奖""我会死""博不赢",但是为了自我安慰或鼓励对方,用积极的"万一"句调节消极的情绪和氛围。

另一种情况下,听说双方是反同盟关系,如果"对方受损"会使得"说话人获益",这时句子成立。例如:"万一你们发现不了,我就可以赚一大笔钱,如果被发现了,是我命该如此。"句中"你"和"我"是反同盟关系,"你们发现不了"是说话人"期待发生的事情",说话人寄希望于万分之一的概率,表达侥幸心理。

再比如例句"万一他们胜利了,我们就惨了",句中前件是积极事件,看似适用于特殊语境,事实并非如此,前件的主语"他们"与说话人"我们"是反同盟关系。那么,对反同盟一方积极的事情,对说话人一方是消极的,所以"他们胜利"依然是说话人不希望发生的。因此,不应该笼统地说"万一"后不能接"积极命题"或者"希望发生的事情",要根据具体的交际语境以及对象间的关系进行分析。

还有一种语境就是调侃、开玩笑,限于亲昵朋友之间。因为双方理解,所以也不会出现误会。例句:"你要真当了明星,这画可就值钱了。啊对了,这还有几幅,你都给我签上吧,万一你要有个三长两短的,我可就发了。"

"万一"的语义是"万分之一",那么客观情况下,反事实的可能性远大于事实。即命题前件不是中性的,说话人预设了"大概率情况下命题前件为假"。在"可能性极小的情况下"命题为真,这并不排除极端情况下发生的可能性,所以说话人强调"小概率事件实现的可能性及后果"。既然事件的实现可能性极小，说话人为何特别加以强调？由语料可知，"万一"句的后件绝大多数表示消极意义，会产生危害性后果。因此，说话人强调消极命题的发生，可对听话人起到提醒和警告作用。该条件句多用在提醒他人防微杜渐、防患于未然的语境中。极特殊的情况下，说话人强调小概率积极事件的出现，给人以鼓励和希望，表达乐观积极的态度。

（四）指向将来的可能条件"一旦"

我们在自建的封闭语料库中考察了"一旦"的使用环境，它出现在条件句中，且位于前件位置。从功能来看，它在两个小句之间起到逻辑衔接作用，是命题外成分。所以，我们认为"一旦"是连词。例句如下：

（102）a. 一旦出了事，我们找谁去？

b. 一旦要走，我立即派人通知你。

c. 一旦发现有不轨行为，就地枪毙。

例句中，命题前件"出了事""要走""发现有不轨行为"在说话时间都是未然的，说话人不能确定命题的实现情况。即在未来的时间里，命题前件可能是事实，也可能是反事实的。所以，前件是非事实意义的。

除了表示时间的未然性，"一旦"条件句还有表示"惯常"意义的功能。惯常意义表示在满足某一条件的情况下，相关事件或现象自然而然地反复发生。例句如下：

（103）a. 一旦他工作起来，就换了一个人了，那份专注的劲头就仿佛屋里的其他人都不存在似的。

b. 一旦行动起来，陈文洪就精力充沛，全神贯注。

c. 一旦香菇成熟，一斤四元，有多少收购多少。

d. 一旦太阳一露脸，它就将湖面反衬出无穷无尽青春璀璨的光华。

我们认为，"一旦"条件句的非事实意义本质上由"一旦"的性质决定。"一旦"指向"未来的某一时间"，而未来的事既然还未出现，就可能为真可能为假，即具有"不确定性"，这样就只能是非事实条件句。

二 反事实机制

(一)数量限定因素

我们认为,"只有、只要、万一、一旦"四个非事实形式中,"只有、只要、万一"三个连接词与命题的"量性"有关。

"只要、只有"都有限定副词"只",分别表示最小的充分条件和必要的唯一条件。在语义上,"只要"的"只"表示对条件的要求低,是主观小量意义;"只有"的"只"表示条件的必要性、唯一性,说话人突出了条件的不可替代性和重要性。虽然语义上两者有截然的区别,但是从量性角度,"主观小量"和"唯一要求"都是指向小量。"万一"表示"万分之一",是极小概率下的偶然情况,也具有量性特征。因此,这三个连接词排斥反事实意义的性质与词汇语义中的量性相关。

"量性"(quantitative)是与数量有关的性质,既包括量,也包括量化。"量性焦点"(quantitative focus),指句子的前景信息中,最凸显的信息焦点部分是关于事物的量性特征的。例如对话中,说话人问:"他买了几本书?"回答:"他买了三本书。"互动中,疑问发出的前提是说话人认为"他买了书"是事实,如果"不知道他是否买了书"或者认为"他没有买书",疑问行为都不会发出。同样,回答也是在默认该预设的前提下,针对焦点"几本"的回答。在答句中,"三本"是焦点信息。同样是陈述,"他买的三本书都是关于鲁迅的"这一例句中,"三本"在定语位置,是背景信息。但是,句子依然预设"他买了书"这一事实。否则,焦点信息"是关于鲁迅的"也没有意义。由此可见,不管是否为量性焦点,是否为前景信息,当提及事物的量性时,都预设了该事物必然存在。

因此,在交际中,讨论到事物的量性时,话语表达都要遵循"量与存在的关系"规则:当事物存在时,它才可能有各种量的差异;如果事物不存在,则"量"无从谈起,事物的讨论就是一个质上的否定。

事物的存在性有两种情况,一是存在,即事实。如前面提到的陈述句"他买了三本书""他买的三本书都是关于鲁迅的"。说话人在表达时,是把句子命题作为事实传达给听话人。那么"他买了三本书"是事实,"书"必然是存在的。

另一种情况是可能存在,即非事实。"非事实"是指说话人在谈及某事物时，不确定事物是否存在。以"只有"条件句为例："只有咱们能打出一个名堂，才能对得住那么多死去的人。"前件"咱们能打出一个名堂"作为必要条件，是否能成为现实的存在，说话人在表达时不确定，但说话人一定承认其具有存在的可能。

与"存在"和"可能存在"不同，如果说话人认为事物根本"不存在"，则不会进行事物相关量性特征的表达。换句话说，如果说话者对他认为不存在的事物赋予量值，话语语力就会失效。比较例句"他没买书"和"他没买三本书"。"他没买书"是质的否定，含义是"书不存在"；"他没买三本书"含义是"他确实买了书"，进而讨论究竟买了几本的问题。

需要说明的是，在日常表达中，我们会发现一些违反"量与存在的关系"规则的句子。虽然违反"量与存在的关系"，但是句子合格。例句如下：

（104）a. 他完全不懂得做人的道理！你最不知道疼人！
b. 我不见任何人！ He didn't finish any work!
c. 他一点儿也不懂得做人的道理！他不买一点儿东西！

以上例句 a 中，"完全""最"是量化词，表示最大量。"不懂得做人的道理""不知道疼人"是对对象品质的质的否定。例句 b 和 c 中，"任何""any"具有全称量化的功能，而"不见""not finish"是对事物质的否定。"一点儿"是表示小量的副词，"不懂""不买"也是质的否定。按理说，"质的否定"和"量化成分"共现是存在语义冲突的，但是，母语者可以接受这些表达。我们认为，"特殊的感叹语境"允准了这一表达，即说话人真正强调的不是事物的"量"，而是通过"量化手段"表达主观的强烈感受。例句 a 是直接使用最大量的表达式，而例句 b 则涉及"否定最小量得到全量否定"的策略。句子都表达了说话人超乎寻常的情感，是感叹句。作为一种语用修辞现象，本书暂且不讨论这种情况。

综上所述，要讨论事物的量性，事物必然存在（事实）或者可能存在（非事实）。而条件句前件的语义特征要求非事实或反事实意义，因此，得出以下逻辑"合取"操作：

量性焦点 & 条件句→（事实∨非事实）&（非事实∨反事实）→非事实
这就是为什么"只要、万一、只有"都表达非事实意义的原因。

（二）时间制约因素

在四个绝对的非事实形式中，"一旦"的非事实意义与其他三个截然不同。"一旦"作为连词，它的语义表示"将来有一天"，是不确定的时间。语料表明，"一旦"的命题前件绝大多数是有界的具体事件。那么，说话人谈论的既然是未来的、还未出现的具体事情，就可能为真，可能为假，即具有"不确性"。这样，就只能是非事实条件句。例句如下：

（105）a. 一旦官军到来，这洛阳如何守住？
b. 一旦冲进去，后果严重啊！
c. 一旦我离了，清风街就一下子空荡了，像是吃一碗饭，少盐没调和。

例句中命题前件"官军到来""冲进去""我离了"是还未出现的情况，是否会实现，以及何时实现说话人并不确定。命题后件强调前件实现后，会产生的结果"洛阳失守""后果严重""清风街一下子变空荡"。至于条件句的情感，取决于前件的性质，前件如果是对说话人消极的命题，则后件表达消极情感。因为命题的发生时间与命题本身的性质无关，因此，"一旦"条件句可以是消极的，也可以是积极或中性的情感。

当条件小句表示未来事件时，汉语倾向于表达非事实，而难以表达反事实。于是有以下"合取"操作：

未来&条件句→（非事实）&（非事实∨反事实）→非事实

第四节　让步条件句连接词："即使、就是、纵然、就算、哪怕、纵使"

一　让步条件句的语义特点

（一）命题前后件的事实性不和谐

本节从条件句的事实性出发，得出结论：让步条件句前后件的事实性不和谐。具体表现为：条件前件可以是非事实或反事实意义，但后件始终表达主观的事实。这种不和谐也会带来转折的意味。

先来看语义不和谐的表现。对比一般条件句，以"如果"为代表的条件句在表达说话人的认知时，命题前后件在事实性上具有一致性。前件是非事实意义，后件则是非事实的；前件是反事实意义，则后件是反事实的。例句如下：

（106）a. 如果被上级知道了，也有打破饭碗的危险。
　　　 b. 如果听你舅舅的劝告，当初不回上海就好了。

例句 a "被上级知道"是非事实命题，后件"有打破饭碗的危险"也是非事实的，后件的事实性由前件的实现情况决定。例句 b "听你舅舅的劝告"是反事实的，后件"当初不回上海"也是确定的反事实意义。

让步连词"即使、就是、纵然"等连词与"如果、假如"等连词引导的条件句不能替换。例句如下：

（107）a. 纵然天下太平，小民也不免有失业之苦。
　　　 a'.* 如果/假如/要是天下太平，小民也不免有失业之苦。
　　　 b. 就算能行，可是他们不会答应的。
　　　 b'.* 如果/假如/要是能行，可是他们不会答应的。
　　　 c. 纵然得手，未必就是对全局有利。
　　　 c'.* 如果/假如/要是得手，未必就是对全局有利。
　　　 d. 发怒的骑兵，最好不要去惹他，纵使是一匹顽暴的劣马，也会叫它趴在地下起不来。
　　　 d'.* 发怒的骑兵，最好不要去惹他，如果/假如是一匹顽暴的劣马，也会叫它趴在地下起不来。

从事实性来看，以上例句 a-c 的前件表示非事实意义，说话人对前件的实现与否不确定。然而，后件"不免有失业之苦""他们不会答应的""未必对全局有利"不会受到前件条件变化的影响，是说话人认为必然会实现的结果。例句 d 的前件"一匹顽暴的劣马"在语境中是"最难让它趴在地下"的事物，说话人认为，骑兵发怒时，可以让烈马趴在地下起不来。命题后件是说话人主观认知上的事实。

例句 a 如果替换为连词"如果"类,则"天下太平"的结果应该是"免受失业之苦"。同样,例句 b 对应结果"他们会答应的";例句 c 对应结果"可能就会对全局有利"。

从语义关系看,"如果"条件句表示"条件-结果"时,说话人表达的态度是"如果条件具备,则后件结果具有可实现性"。从情感看,"积极的条件会产生积极的结果;消极的条件导致消极的后果"。但"即使"让步条件句不管在"条件-结果"关系上,还是情感性上,命题前后件都是不和谐的。

(二)普遍表达强烈的情感

条件句的情感问题,多集中在反事实条件句研究上。已有研究普遍认为,与一般的条件句相比,反事实条件句表达了说话人强烈的情感,比如遗憾、后悔、无奈等;也可以表达积极的情感,比如庆幸、喜悦等。语料调查表明,除了反事实条件句,"即使"类让步条件句有一个共性:普遍表达了说话人强烈的情感。

本节讨论的六个让步连词"即使、就是、纵然、就算、哪怕、纵使"引导的反事实条件句和非事实条件句都包含着说话人超乎寻常的情感。因为在大部分情况下,它表示的命题具有极端语义特征。在话语表达中,极端语义自然地承载强情感和强语气。例句如下:

(108)a. 咱们纵然有翻天覆地的打算,也会落空啦。
　　　b. 哪怕为了小伙子的一句问候、一个目光去死,她也觉得荣耀和幸福!

以上例句中,命题"翻天覆地的打算也会落空""为了小伙子的一句问候、一个目光去死也觉得荣耀和幸福"具有极端意义。前者表示说话人的无奈和遗憾,后者强调说话人无怨无悔的态度。这些表达带出强烈的语气和情绪。

还有一类让步句很特殊,它的命题前件不包含量度特征,但句子依然有很强的情感,这是命题后件的语义造成的。语料表明,该类例句中命题后件内容往往表示"一种更难应对的难题"。例句如下:

(109)a. 就算我有那个心,也没有那个时间。

b. 就算群众答应了，警察也不答应啊。

例句 a 的前文语境是："说我假借抗日的名义到斜河街逛窑子，血口喷人！我当时只想杀汉奸弄几条枪。"由"只想杀汉奸弄几条枪"表明事实情况"我没有那个心"。因此，例句 a 是反事实条件句。让步句中，命题前件姑且承认有那个心，但后件转而提出另一客观有力的证据"没有那个时间"。因此，说话人意在反驳对方称自己"到斜河街逛窑子"这一事件。例句 b 说话人倾向认为"群众不会答应"，姑且承认过了群众这一关，但后件提出新的困难"警察不会答应"。这一类例句的命题前件不含量级语义，且后件表示一种新情况。这一情况虽然维持事件结果不变，但因为语义上存在递进关系，所以表达说话人更为强烈的情感。

从交际功能来看，让步条件句多用来表明说话人自己的认识和立场，或迫使听话人认同自己的观点，或对对方产生特定影响。通过加强话语的情感，能更好地实现这些功能。

（三）量级命题中隐含对比

"量级"是荷恩等级（Horn Scale）中的一个概念，指一个量级序列上的多个项，依次在信息或语义上递减。序列中，信息量大的项在信息上蕴含信息量小的项的信息。在汉语条件句中，让步条件句具有独特性，因为它的命题包含量级语义。量级语义与条件句的对比性，以及极端语义等特征有密不可分的关系。不少学者对让步条件句的"量级语义"做过专门研究，以下是部分代表性观点。

Haspelmath 和 König（1998：582-604）将"让步条件句"分为级差让步条件句、选择让步条件句、普遍让步条件句三类。其中"级差让步条件句"的命题语义含有量级高低不等的梯度。"级差让步条件句"即"含有量级语义特征的让步条件句"。韩启振（2012）借鉴该理论，定义让步条件句是多个不同的条件下有同一结果的句子，并分为单项（"即使"句）、双项（"无论，还是/或者"句）和全项让步条件句（"无论"句）。作者认为它们分别凸显"一个条件关系"、"两个条件关系"和"全部的条件关系"。我们认为，作者区分的"条件关系"差异只是形式上表现出来的："即使"句命题前件表示的是一种情况，"无论 A，还是/或者 B"中，A 和 B 表示的是两种不同的情况，"无论"句自身的语义表示排除或包含"任何条件"。但是从语义和语用

角度分析,"即使"句并不简单地凸显"一个条件关系"。例句如下:

(110) a. 即使给家霆自由,他也不想出去溜达。
　　　a'. 无论给或者不给家霆自由,他都不想出去溜达。
　　　a". 无论是否给家霆自由,他都不想出去溜达。

根据韩启振的观点,例句 a 凸显一个条件关系"给家霆自由他也不想出去溜达"。例句 a' 凸显的两个条件关系分别是"给家霆自由他也不想出去溜达""不给家霆自由他也不想出去溜达"。我们认为,从听话人角度,两个例句在信息量上等同。在交际意图上,说话人并不是单纯地表达"给家霆自由他也不想出去溜达"这一种关系。因为让步句的量级命题中隐含对比关系,实际上可以自然地推导出例句 a'、a" 虽然是"无论"句,但与 a' 并没有本质的区别,命题前件也是两种相反的情况。因此,从语义和语用角度分析,"即使"类也是强调多对一的条件关系。

杨艳(2005:115-118)用语料证明"就是"让步句可以表示主观量。根据"就是"指向的语义成分在量级序列中的地位,决定其表示主观大量还是主观小量,具体有"就是+高量级程度项"和"就是+低量级程度项"两种情况。刘昌华(2009:33-36)指出"让步复句在前后分句中都含有量的范畴,量级的判断往往会结合说话人的主观意愿",这一观点强调量级大小是说话人的主观判断,是相对的。

语料事实表明,部分例句的前件本身的确包含量性成分,表示"主观大量"或"主观小量"的意义。如下例句表示"主观大量"意义:

(111) a. 即使是每天见面的人,也都为她的出奇地消瘦而吃惊了。
　　　b. 就是扔掉这一百多斤,也要坚决地完成这个重要任务!
　　　c. 就算哪条路都通了,这步棋也还是不能走。

例句 a 表示"每天见面的人也为她的出奇地消瘦而吃惊"。可知,"每天见面"在语境中具有主观大量意义。由此推之,其他见面少或陌生的人会更吃惊。例句 b 也是同样的解读,说话人表态"扔掉这一百多斤也要坚决地完成这个重要任务",可知,"一百斤"在说话人的认知中具有主观大量意义。

那么，可推知任何比该行为小的损失，说话人都能接受。"扔掉这一百多斤"是利益受损维度上的极大值。例句 c 命题前件"哪条路"是"任何一条路"的意义，具有周遍性，含有主观大量意义。其中"任何一条路都通了，也不能走这步棋"具有极端语义。可推知，其他情况下这步棋更不能走。

再列举"主观小量"意义的例句：

(112) a. 即使只换一两味药，也要细心琢磨上半个时辰。
　　　 b. 哪怕有一点声音，也会带给他一线希望呀……
　　　 c. 国有常典，纵然失守一个弹丸小邑，不往上报，也要犯隐瞒朝廷之罪。

例句 a 中，命题前件"一两味药"受限定副词"只"修饰，在语境中表示主观小量意义，说话人表示"换一两味药琢磨半个时辰"用时很长，一般不需要这么久，以此来凸显主语"他"的严谨态度。例句 b "一点声音"在语境中表示主观小量意义。可推知，"多一点动静"则更容易实现命题后件"给他希望"。例句 c 中说话人表示"失守一个弹丸小邑，不往上报，也犯隐瞒朝廷之罪"，"弹丸小邑"在语境中也是主观小量，那么，任何比这严重的情况，不往上报，就是更大的罪。

杨艳（2005：115-118）的观点是，高量级和低量级程度项可以解释一切例句。比如例句"就是想起抢去他的车，而且几乎要了他的命的那些大兵，也没有像想起她这么可恨可厌"，这是主观大量；例句"就是不坐军车，交际费也该大家出的"是主观小量。我们对此持不同的看法。作者提及的两个例句，以及本书自建的封闭语料库中"这熟稔的声音呵，就是不抬起头，也知道是谁"，这些例句用"主观量"解释并不合适。"主观量"是事物或事件"量性"方面的特征，显然这些命题并不是关于事物的量。可见，高量级和低量级程度项不能解释所有让步条件句。

让步条件句除了含有量级意义，还具有条件句的普遍语义特征"对比性"，即"量级语义中隐含梯级对比"。这里我们排除汉语中的"无论"条件句。因为它的前件表示的事物或事件在说话人认知中没有重要性、等级性区分。"无论"条件句通过全部肯定或否定的方式表达说话人观点，即命题前件缺少了对比性和预设性。因此，我们认为，传统语法中无条件的"条件句"

（以"无论"为例）并不是严格意义上的条件句。因为量级的存在，让步句的对比性与"如果"等条件句的对比性有所不同。根据语料，我们将让步句分为"多项量对比"和"双项量对比"两类。

首先来看"多项量对比"的条件句：

（113）a. 就是要饭，也不能回去。
　　　b. 我们不能撤走，就是死，我们也一块死在石湖。
　　　c. 哪怕倾家荡产，也不向洋人低头。
　　　d. 纵然得到闯王十分信任，功成之后也要及早引退，不可贪恋富贵。

例句 a 中，"要饭"在说话人认知中是极为艰难的处境，但条件句表示"要饭也不能回去"，可以推知，任何不及"要饭"糟糕的情况，说话人都不能回去。例句 b 中，"死"对个体是极为重要的事情，说话人表明态度"死了也一块死在石湖"，那么任何比死亡更理想的结果，都会有后件这一选择。例句 c "倾家荡产"对说话人而言是损失极大的事件，这样的情况下，说话人表态"也不向洋人低头"，那么其他任何低于该损失程度的事件，说话人都持有相同的态度。例句 d 表达了说话人的观点"得到闯王十分信任，也要及早引退，不可贪恋富贵"，句中成分"十分信任"表示最理想的状态。由此可推知，任何不及此的情况，比如"七分信任、半成信任"下，更要"及早引退，不可贪恋富贵"。

由以上例句可知，让步条件句命题可推导出一组隐含的对比命题。我们把前后件分别用 X、Y 表示，那么，让步条件句 XY 包含命题 X_AY、X_BY……X_NY，可见，X 中的任何事件都对应同一个后件 Y，并且集合 X 具有梯级对比和蕴含关系。因此，由 X_AY 的实现情况可以推知其他命题的事实性。

其次是"双项量对比"的条件句，例句如下：

（114）a. 即使他有做得不对的地方，横竖都有人教育，怎么也轮不到你呀。
　　　b. 就是打不住致命的地方，我也顶不住啊。
　　　c. 梁大牙就算不是个好人，但罪不该杀。

例句 a 中说话人表达观点"他有做得不对的地方，也轮不到你教育"，可推知"他没有做得不对的地方，更不需要你教育"。例句 b 中说话人表示"打不住致命的地方也顶不住"，可推知在"打住致命的地方"的情况下，更加"顶不住"。例句 c 中说话人的观点"梁大牙不是好人，但是罪不该杀"，那么，如果"梁大牙是个好人"更是"罪不该杀"。由例句可见，条件句命题 XY 触发的隐含对比命题是 ~XY，由命题 XY 的事实性，可推知 ~XY 的事实性。因此，命题 XY 和 ~XY 也具有梯级对比和蕴含关系。与"多项量对比"不同，该类例句的前件只有 X 和 ~X 两种情况。我们称为"双项量对比"条件句。

（四）表达极端语义的小概率事件

让步条件句多表达极端语义，何为极端语义？我们认为，极端语义与事件命题发生的概率直接相关。一个事件发生的概率越小，事件性质越极端。相应地，发生概率越大，越倾向常规事件。再次强调，"极端语义"与"主观量"是完全不同的概念，极端语义是指事件的发生概率小。"主观大量或小量"是基于一个客观或主观的"预期量"界定的。在这种机制下，如果命题里包含着量性成分，那么一定会使得事物的量倾向两个极端值，主观大量或主观小量。比如例句"即使你一个人打死他十个，你也不能战胜他"，该例句前件有两个数量成分，其中"一个人"是主观小量，"十个"是主观大量，该主观量的特点是在语境中获得的意义。但本质上，因为"一个人打死他十个"发生概率小，命题具有极端语义才会有强烈的情感表现。由于这类例句的极端语义表现在事物的量性方面，两个概念容易发生混淆。

前文表明，让步条件句含有量级特征，多个项在序列中的排序由各项（事件）的发生概率大小决定。分析语料可知，让步条件句的命题与它隐含的对比命题相比，表示的是最小概率事件。例句如下：

（115）a. 即使打一辈子光棍，也不肯再找那样一个女人了！
　　　　b. 就算哪条路都通了，这步棋也还是不能走。
　　　　c. 哪怕有一点声音，也会带给他一线希望呀……

以上例句的极端语义表现在命题的量性方面，例句 a 和 b 命题前件"打一辈子光棍""哪条路都通了"都具有主观上的大量意义。例句 c 命题前件"有一点声音"是主观小量，但我们认为，不管有无"量性"成分，让步句前后件构成的命题 XY 因为客观上发生概率小，或者主观上相对的小概率而具有极端语义。让步句的普遍语义特征是表示小概率事件。

X_A 是指条件句的命题前件"打一辈子光棍""哪条路都通了""有一点声音"。Y 是指条件句后件"不肯再找那样的一个女人""这步棋还是不能走""也会带给他一线希望"。X_BY、X_CY……X_NY 是命题 X_AY 触发的隐含对比命题。让步条件句的量级特征表示，如果说话人承认 X_AY 的事实性成立，那么命题 X_BY、X_CY……X_NY 的事实性也成立。

所谓"极端语义"，是指让步条件句前后件 X_AY 构成的命题，与其他隐含的命题相比发生概率最小。例句 a 中，相比于其他命题，"打一辈子光棍，也不肯再找那样一个女人"发生概率最小；例句 b "哪条路都通了，这步棋还是不能走"发生概率最小；例句 c "有一点儿声音也给他一线希望"发生概率最小。因为句子命题所表达的事件发生概率最小，于是获得极端语义。同时，如果说话人承认或姑且承认最小概率的命题 X_AY 具有事实性，则其蕴含的命题 X_BY、X_CY……X_NY 同样具有事实性。

需要说明，极端语义或量级特征都指前后件构成的命题 XY，而不仅指命题前件 X。正因为如此，一般让步句也具有极端语义特征。例句如下：

（116）a. 即使他不提往事，范子愚也害怕与他目光相遇。
　　　　b. 纵然老左奉旨去救开封，咱们也容易对付。
　　　　c. 纵然他知道咱们行踪，他也不一定会来得这么快。

例句 a 由命题 XY "他不提往事，范子愚也害怕与他目光相遇"可推导出隐含的对比命题 ~XY "他提往事，范子愚害怕与他目光相遇"，两者之间有语义上的蕴含关系。相比而言，命题 XY 的发生概率更小。因此，条件句 XY 语义比 ~XY 更加极端。例句 b 中，说话人表示 XY "老左奉旨去救开封，咱们也容易对付"。可推知，命题 ~XY "老左没有奉旨去救开封，咱们容易对付"的实现概率更大。命题 XY 发生概率小，语义相对极端。例句 c 中，说话人观点是 XY "他知道咱们的行踪，也不一定来得这么快"，可推知隐含命题 ~XY "他不知道咱们行踪，所以他不一定会来得这么快"。两种情况下，命题 ~XY 的实现概率更大。因此，命题 XY 语义比隐含命题 ~XY 更加极端。

因此，让步句具有极端语义特征。语义的极端性与事件的发生概率大小有关。

二 让步条件句的语义结构

关于"让步"的语义，有几种代表性观点。黎锦熙（[1924]1992：223）认为"说者承认容许从句事实或理由的存在，就像说话时的让步"。其中，"虽然和即使"分别是"事实的容认"和"心理上的推宕"。吕叔湘（[1942]1982）说"所谓让步，是姑且承认之意"。张斌（2008：492-493）认为"让步复句是偏句先退一步说，把无论是真实还是虚假的条件都姑且当成一种事实，说明在这种条件下产生的结果"。无论"承认事实或理由的存在""姑且承认之意"，还是"退一步说"，这些解释都停留在语感上。但语感是母语者的直觉，很难说清楚"让步"的本质。

本节尝试对"让步"做语义结构分析。如图4所示：

```
        A    B    C    D
        ○    ○    ○    ○─────────▶ X
   不理想/不佳              最理想/最佳
```

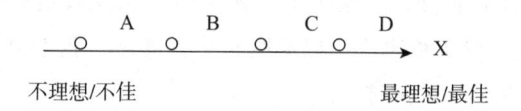

图4 "让步"的语义结构

横轴X（A B C D）代表不同的命题，这些命题表示的内容对说话人来说，由不理想/不佳的结果到最理想/最佳的结果，即从左至右，说话人对命题A到命题D表示期望程度增加。"让步"是说，如果最佳结果D无法满足，则后退选择C，C也无法满足，继续向左选择更不合意的B……所以，说话人在最理想的意愿得不到满足或认定的最佳结果无法实现的情况下，被迫做出退让，向着不理想的、不佳的命题一端妥协。

本节我们对让步条件句的语义结构进行分类描写。通过穷尽性地分析语料，将让步条件句的语义结构分为三类。

第一类：XY可推知隐含命题~XY。从命题前件看，X仅存在一个相反的情形~X，两者构成一个有对比性的复数集合。这两个项对应同一个Y。从实现概率上来说，命题XY比~XY的发生概率更小，因此获得更极端的语义。例句如下：

(117) a. 即使他能挤开条门缝，人也休想进屋。
b. 就是大家公开附和，我也不怕。
c. 就算弄到请柬，也怕走不进那堂堂相府。
d. 纵使有个芝麻绿豆、鸡毛蒜皮的毛病、缺点，你们也不应发牢骚、泄怨气。

例句 a 中前件 X 是"他能挤开条门缝"，对比隐含的 ~X 是"他不能挤开条门缝"。说话人认为两个不同的事件对应同一结果 Y "人休想进屋"。相比较而言，XY "他能挤开条门缝，人也休想进屋"比 ~XY "他不能挤开条门缝，人也休想进屋"的发生概率更小，所以语义相对极端。在说话人的认知中，认定"人也休想进屋"这一事实。

例句 b 中前件 X 是"大家公开附和"，与之对比的是 ~X "大家没有公开附和"。说话人表示两个不同的事件对应同一结果 Y "我不怕"。比较而言，命题 XY "大家公开附和，我也不怕"比 ~XY "大家没有公开附和，我也不怕"语义更极端，发生概率小，以此强化个人态度"我不怕"的事实性。例句 c 和例句 d 也是同样的解读。

第二类：条件句表达的命题由 XY_A 和 $\sim XY_B$ 两个对比命题构成，这两个命题不具有量级语义特征。该类让步句中，说话人倾向的事实是"隐含命题 $\sim XY_B$"。从交际策略来看，说话人姑且承认观点 XY_A 是事实，向对方或者第三方让步。但是，前件不管 X 或 ~X，它们产生的对应结果 Y_A 和 Y_B 具有相同的性质，都是用来表明说话人观点、态度或立场的。例句如下：

(118) a. 就算群众答应了，警察也不答应啊。
b. 就是先生讲点理，太太小姐们也很难伺候。
c. 纵然孙抚台自己不说出来，他的左右也会传出来。

例句 a 前件 X "群众答应了"对应后件 Y_A "警察也不答应"。"Y_A"表示新的情况，隐含的对比命题 $\sim XY_B$ 是"群众不会答应，所以计划不能实现"。可见，Y_A 和 Y_B 指向同样的结果"计划不能实现"。

例句 b 出自《骆驼祥子》，上文语境："文的中，虽然有在大学堂教书的先生，也有在衙门里当好差事的，字当然认识不少了，可是没遇到一个讲理的。"可知，说话人倾向认为事实是 ~X"先生不讲理"，对应隐含的 Y_B"拉车的活计不好做"。说话人姑且承认事实 X"先生讲理"，Y_A 表示"太太小姐们很难伺候"。这一新提出的问题同样表示"拉车的活计不好做"。

例句 c 的上文语境："蠓虫飞过都有影，何况是堂堂圣旨来到，能够瞒住谁？"说话人要表达的观点是"消息总会传出来"。~X 表示"孙抚台自己说出来"，对应结果 Y_B"消息传出来"。前件 X 表示"孙抚台自己不说出来"，说话人姑且承认这一事实，依然有结果 Y_A"左右也传出来"。所以 Y_A 和 Y_B 其实是同样的结果"消息总会传出来"。

综上，第一类与第二类让步句有显著区别，主要表现在命题前后件的关系上。第一类：前件的两个对比命题对应同一个后件 Y，但是 XY 和 ~XY 发生概率大小不同，语义的极端性上有区别。第二类：让步条件句前件 X，对应后件 Y_A，其隐含的对比命题 ~X，对应后件 Y_B。Y_A 是说话人让步之后提出的一个新的结果，与隐含的 Y_B 有相同的性质。命题 XY_A 与 ~XY_B 之间没有量级语义上的关系，没有实现概率的区别，也就没有语义极端性的差别。

第三类：条件句表示的命题触发了一系列隐含的对比命题。这些命题在语义上形成梯级对比。我们将前件标为 X_A，后件标为 Y，让步条件句是 X_AY。在这个序列中，X_BY、X_CY……X_NY 是隐含的对比条件句。前件 X 由 X_A、X_B、X_C……X_N 构成，它们对应同一个结果 Y。从左至右事件 X_AY、X_BY、X_CY……X_NY 的发生概率越来越大。条件句 X_AY 一定是这个序列中最左端的，发生概率最小的条件句，从而获得极端语义。例句如下：

（119）a. 即使<u>一口毒药</u>，那情谊也使他必须吞下去。

b. 就是<u>一根针</u>，我也要从海底捞上来。

c. 哪怕<u>是当了教授的</u>，该丑态百出的时候，也照样丑态百出。

有学者认为以上例句含有主观量，"一口毒药""是当了教授的"是主观大量意义，而"一根针"是主观小量意义。我们认为，语感上的主观量意义是由语境中的极端语义带来的，前件 X"一口毒药""一根针""是当了教授的"本身并没有量性。在让步条件句中，命题 X_AY 触发了一组对比命题 X_BY、X_CY……X_NY，这一系列命题在语义上隐含梯级对比和蕴含关系，其中，条件句"一口毒药，那情谊也使他必须吞下去"的语义最极端，在认知中的发生概率最小。例句b也是同样的解读,"一根针"是极细小的事物,"一根针也要从海底捞上来"的发生概率最小,语义最极端。例句c"当了教授的"公认会有更高的文化知识,因此相较而言,"当了教授还丑态百出"的发生概率是最小的,命题X_AY获得极端语义。

三 让步条件句的反事实能力差异及机制

(一)极端语义与真实性脱节

让步条件句与一般条件句在表示非事实意义时有本质区别。以"如果"为例,它的非事实意义表示说话人对命题前件的实现可能性不确定。让步条件句不同,它的基本语义特点是表示小概率命题,命题在说话人认知中倾向反事实意义。在具体的语境中,如果说话人已知或认定命题的发生概率为0,则该条件句是反事实意义。如果命题的发生概率小,但说话人不能完全排除其发生可能性,则归入非事实条件句。

通过分析语料可以发现,让步条件句的事实性多数可以通过命题前件判断。如果前件的发生概率为0,则条件句是反事实意义。下面对反事实让步句前件语义特点进行归纳。

第一类:说话人"把有说无或把无说有"。例句如下:

(120) a. 即使没有偶然性的"海东青"事件,反抗的风暴还是不可避免地、必然地要到来。
b. 莫说是闹崩了,就是没有闹崩,也不应该让她影响你的前途嘛!

例句a中"'海东青'事件"是说话人已知的已然发生的客观事实。命题前件"没有+客观存在"获得反事实意义。"没有'海东青'事件,反抗的风暴还是必然地要到来"具有极端语义。例句b的上文语境表明,说话人已知"闹崩"是事实,但为了突出主观观点和态度,说话人有意将事实颠倒,使得命题前件具有反事实意义。

第二类:命题前件表达的内容带有比喻、夸张等修辞色彩。在汉民族文化中,表修辞的用词较为稳定。例句如下:

（121）a. 即使钢浇铁铸，恐怕也得磨脱一层皮的。何况十指连心的肉呵！

b. 就是头顶上落刀子，也要和男人一起去挨刀子呀！

c. 哪怕比天还大，还是大不过他的权力欲和从政癖。

例句 a 的命题前件用钢铁的属性"无坚不摧"形容普通人，属于比喻的修辞，说人是钢铁浇铸的性质是反事实的。"头顶上落刀子"的相似表达是"天上下刀子"，锋利的"刀子"如雨滴般落下，比喻极度危险的环境。该命题包含夸张和比喻的修辞，违反了客观事实。我们的文化中，"天"代表着无边际、无穷大的事物，也象征无尽的力量和至高权威。例句 c 称他的权力欲和从政癖比"天"还大是夸张的手法，说话人想强调他的"权力欲和从政癖"已经到了完全不合法的地步。

以上两类让步条件句与真实性脱节的判断依据多来自"对公共知识、上下文语境或对客观规律的违反"。因此，一旦事件极端到了虚妄（完全虚构的极端事件），也会从非事实变为反事实，例句如下：

（122）a. 纵然是天塌下来，也得让阎王略睡片刻！

b. 你纵使有三头六臂，七十二变，也无能为力。

同样是极端语义表达，非事实条件句中，命题前件在特殊的情况下有可操作性或实现的可能性，说话人并不百分之百确定其真实性。例句如下：

（123）a. 哪怕吃枪毙，我劫法场也要把你们劫出来！

b. 纵然刀镬在前，决不后退一步。

c. 今天就是死了，也要找几个垫背的。

例句中命题前件"吃枪毙""刀镬在前""死了"都是指"死亡"。我们的文化中，常常用个人性命立志、许诺或下赌注，表明自己坚决的态度。例句 a "吃枪毙我劫法场也要把你们劫出来"；同样，例句 b "刀镬在前"也是最危险的，在这种情况下"决不后退"表明说话人坚定的态度。以上语境中，说话人并没有否定命题发生的可能性。所以，命题前件可能为真，也可能为假,条件句是非事实条件句。

再比如:

(124) a. 实在扛不住啦,就是<u>克林顿来</u>,我也不等啦。
b. <u>纵然凌迟处死</u>,何足挂齿!
c. <u>哪怕只活一天</u>,这一天是我的。

以上例句与一般非事实条件句相比,命题前件的意义在可能实现的最大范围内倾向极端。理论上来说,越是倾向极端,发生概率越小,语义内容自然会获得凸显或强调,条件句进一步起到了表明态度的功能。

前人研究中往往将这类"实现可能性不大,但仍有可能性"的条件句归入反事实条件句,我们认为不合适,因为它们与一般的反事实条件句表达情感的语用机制截然不同,"即使、就是、纵然、就算、哪怕、纵使"是通过极端语境来表达情感情绪的。在这里,事实性与极端性没有必然的关系,极端的事件完全可以是可能发生的事件,当极端语义与真实性脱节时,反事实意义才确定下来。另外,与"你就是毒龙,我也得扳掉你的角"这类纯粹虚构表达反事实意义的让步条件句相比,该类命题在特别条件下是有可能实现的,只是当下无法判断是真是假,本质上是非事实的,所以我们将其归入"非事实条件句"。

(二)反事实倾向与频率因素的负相关性

在自建的封闭的小说文本中统计 6 个让步连词的使用情况,结果如表 22 所示。

表 22 小说文本中让步连词的反事实比例

连接词	反事实句	总量	反事实比例
即使	10	212	4.7%
纵然	7	111	6.3%
就是	8	119	6.7%
哪怕	9	80	11.3%
就算	18	85	21.2%
纵使	2	9	22.2%

对比科技公文类文本中 6 个让步连词的使用情况,如表 23 所示。

表 23　科技公文类文本中让步连词的反事实比例

连接词	反事实句	总量	反事实比例
即使	0	103	0%
哪怕	0	2	0%
纵然	0	0	
就是	0	0	
就算	0	0	
纵使	0	0	

根据表 22、表 23 中的数据我们进一步研究,造成这些让步连词之间的反事实比例差异的原因是什么?数据统计发现,在近义连接词中,使用频率越高的连词,表示反事实的比例反而越低。例如在小说文本中,"即使"例句 212 个,"纵使"例句 9 个,后者的反事实比例远大于前者;"纵然"的例句数是 111 个,"纵使"例句 9 个,后者的反事实比例远大于前者;"就是"的例句数是 119 个,"就算"例句 85 个,同样,后者的反事实比例比前者大。而且从这几个连接词的统一排序看,反事实比例与使用频率也是成反比的。

另外,对比科技公文类文本,我们看到,科技公文类文本中"纵然""就是""就算""纵使"的使用例句为 0 例。我们认为,这与"让步条件句"命题的极端语义和强烈的情感功能有关。同小说文本的互动交际功能不同,科技公文类文本的特征之一是排斥情感性。因此,部分让步连词无使用例句。

其中,"哪怕"在科技公文类文本中有 2 例,都是非事实条件句,反事实比例是 0%。例句如下:

（125）a. 专制的父母对子女要求过分严厉、有过高的期望、缺少宽容,他们有太多的限制、过分的不允许,哪怕是生活小节,他们也自有一套清规戒律。

b. 内行人管物,即使是一堆砂子、一块废铁,也会让它们发挥应有的作用;外行管物,哪怕是一台昂贵的精密仪器,也会放在高楼大厦发黑、生锈、沾满灰尘,久而久之,自然"老化",变成一堆废铁。

"即使"条件句的语料在两种文本中都是最多的,在科技公文类文本中数量是 103 例,反事实比例是 0%。例句如下:

(126) a. 即使是自己完全正确,在处理这类问题时也不能表现过分的对别人的指责。
b. 未经注册的商标,即使首先使用,也不产生任何权利。
c. 睡得不深,不时惊醒,即使睡眠时间再长,也不能保证休息好。
d. 即使出现了错误,在局部范围内也容易解决。

例句表明,在科技公文类文本中,"即使"条件句的功能是对相关命题进行客观的陈述。

对于该现象,我们认为这与语用上的"钝化"过程有关。原来特殊的强化形式,由于使用频率增加,就像刀用久了会变钝一样,逐步丧失其强化功能,变成正常的、普通的形式。所以,"即使"在小说文本中的使用频率最高,意味着它的钝化快一步,其显著的强情感功能有所弱化,因此在科技公文类文本中出现的频率也是最高的。

第五章 否定特征成分"不是_前件" "没有_前件" "不_前件"

本章以自建的小说文本语料库中的例句为研究对象，重点考察三个否定成分"不是_前件""没有_前件""不_前件"与连接词共现时，条件句反事实能力的变化。首先，对自建的封闭语料库中与"不是_前件""没有_前件""不_前件"无共现例句的连接词进行检索，将检索到的连接词扩大到 CCL 语料库中搜索，对它在 CCL 语料库的使用情况进行客观的描写和分析。然后，对自建的封闭语料库中"不是_前件""没有_前件""不_前件"与连接词的共现情况及反事实比例进行分析。最后，结合否定特征成分在条件句中的使用情况，提出影响三者反事实能力差异的原因——主观性强弱。

第一节 "不是_前件"的反事实表现

一 无共现例句的连接词

在自建的封闭语料库中，我们统计了"不是_前件"与各连接词的共现情况。其中，没有"要不是""早知道""纵使""若是""就是""假使""哪怕""纵然""一旦""只有""倘使"与"不是_前件"共现的例句。这不是说，两个要素绝对不能共现，在 CCL 语料库中可以检索到部分例句。但不能否认，这一结果反映了一个基本的事实，两者之间的共现使用极少。即使扩大语料至 CCL 语料库，我们检索到的例句也极少。其中，"要不是""早知道""若是""就是""一旦""只有"依然无共现例句，"纵使""假使""哪怕""纵然""倘使"与"不是_前件"有共现使用，例句如下：

（127）a. 我们的相叙，纵使不是一份好梦成真的惊喜，也还是精神融洽、温情洋溢的。（梁凤仪《九重恩怨》）

b. 日日夜夜，只盼山峰下传上来一点声音，纵使不是段誉到来，也胜于这般苦挨茫茫白日、漫漫长夜。（金庸《天龙八部》）

以上例句中，"纵使"与"不是前件"的共现例句可以是非事实意义，"是不是一份好梦成真的惊喜""是不是段誉到来"说话人也不能确定。特殊语境中，句子也可以为事实解读，这是条件句的特殊用法。事实上，前件无论是非事实意义还是事实意义，都不会影响后件的主观事实性。例句a说话人认为"我们的相叙是精神融洽、温情洋溢的"，例句b说话人表示"山峰下传上来的一点声音胜于这般苦挨茫茫白日、漫漫长夜"。

与"纵使"意义相似的让步连词有"哪怕""纵然"，例句如下：

（128）a. 哪怕不是单纯的"进化"，时有迂回、倒退，"演化"总归没有问题。（《读书》1996年）

b. 他纵然不是个很伟大的人，但毫无疑问地，他是个很难得，很难得的人。（古龙《圆月弯刀》）

"假使""倘使"与"不是前件"共现时，在事实性表现上有差别。"假使"句在CCL语料库中有27例，反事实用例25例，反事实比例是92.6%；"倘使"例句5例，反事实例句1例，反事实比例是20%。例句如下：

（129）a. 假使不是女佣人不识相地推起吸尘机来，祖斐还不愿起床。（亦舒《异乡人》）

b. 假使你不是蠢才，你便应当知道，人不能同时是男爵又是律师。（雨果著、李丹、方于译《悲惨世界》）

c. 若说为了修行，……倘使不是为了修行，那末非杨即墨，阿巧姐便是另一个了尘。（高阳《红顶商人胡雪岩》）

d. 倘使你不是一根蛛丝、一根羽毛、一阵空气，从这样千仞的悬崖上跌落下来，早就像鸡蛋一样跌成粉碎了。（莎士

比亚著，朱生豪译《李尔王》）

以上例句 a 是反事实条件句，前件事实是"女佣人不识相地推起吸尘机"，后件事实是"祖斐起床了"；例句 b 和例句 c 是非事实条件句，说话人对前件为真为假的情况不能确定；例句 d 是反事实条件句，下文语境"你还在呼吸，你的身体还是好好的"，除了"不是$_{前件}$"，句中还有形式"早……了$_{后件}$"，这些特征成分都强化了反事实意义。

二　有共现例句的连接词及反事实比例

在自建的封闭语料库中，"不是$_{前件}$"与"假如"共现的例句有 7 例，其中反事实条件句 7 例，反事实比例 100%。例句如下：

（130）a. 假如<u>不是对秘书长一片忠心</u>，我也不会这么坦率的，请勿见怪。

b. 她假如<u>不是四姐生的</u>，该多好！

c. 假如<u>不是在这个主席台上</u>，他也许会大发雷霆，把桌子掀翻，把茶杯砸了。

例句 a 说话人表态"自己对秘书长一片忠心，才会这么坦率的"，句中有形式"不是$_{前件}$ + 才$_{后件}$"；例句 b 后件是表无奈的感叹行为，可知"她是四姐生的"；例句 c 说话人认为"因为在这个主席台上，他才没有大发雷霆，把桌子掀翻……"这些例句中，命题前件都不能单独实现反事实意义，必须与后件一起解读。

已知"假如"条件句的反事实比例是 32.1%，前件出现"不是"成分的例句中，反事实比例达到 100%，因此，"不是$_{前件}$"提高了条件句的反事实比例。

在"假如"引导的反事实例句中，命题前件的句法环境如下，见表 24。

表 24　"假如"与"不是$_{前件}$"共现时条件句前件的句法环境分析

句法形式	假如 + 不是 + 主谓短语	假如 + 不是 + 名词/名词短语	假如 +（主语）+ 不是 + 谓词性成分	假如 + 主语 + 不是 + 名词性成分	假如 + 不是 + 介宾短语
数量	2	0	0	4	1

在自建的封闭语料库中,"不是_{前件}"与"要是"共现的例句有2例,反事实例句0例,反事实比例是0%。例句如下:

(131) a. 要是她不是我爱的人,她老子是百万富翁我也不要。
b. 你要是认为我老张不是朋友,你就不用来同咱商量什么今后大计,各人管各人的事好啦。

例句 a 的事实性判断需要借助语境。说话人去参加一场婚礼,发现新娘肥胖丑陋,然后同行伙伴告知"这一对'郎才女貌'的结合,是男方谢乐山的爸爸同女方的父亲合伙做大生意才促成的。女方的父亲艾大伦是中央信托局的副局长。谢乐山的父亲谢元嵩同成都、昆明美军方面挂钩做生意,很发财"。听后,说话人表示了自己的态度,如例句 a 所示,"她"是虚指的,现实中不存在一个特指的对象。因此"她不是我爱的人"是非事实意义。例句 b "是否认为老张是朋友"是听话人的认识,说话人并不确定,因此前件也是非事实意义的。

已知"要是"条件句的反事实比例是 28.7%,前件出现"不是"成分的例句中,反事实比例为 0%,因此,"不是_{前件}"降低了条件句的反事实比例。该情况比较特殊,有可能是数据稀疏造成的。

因为自建的封闭语料库中用例少,反事实比例是 0%,我们考察了 CCL 语料库,在其中找到了不少反事实用例,例句如下:

(132) a. 要是古书不是用方块汉字而是用古代的拼音文字写成的,那么不懂古音的人就一点儿也看不懂。(叶蜚声《语言学纲要》)
b. 要是不是遇见孟真和适之先生……,我也不会认识自己最近性情的学问乃是史学。(《读书》1995 年)
c. 要是我不是明星,那可就糟了。(《读书》1991 年)

以上例句都是反事实条件句,例句 a 前件违反了客观事实,事实是"古书是方块汉字写成的";例句 b 的反事实意义是前后件双否定形式"不是_{前件}+不_{后件}"推导出来的;例句 c 的反事实意义与第一人称有关,关于自己的身份说话人有确定的认识，即"我不是明星"或者事实，或者反事实。结合条件句的语义特征，可推导出反事实意义。

在自建的封闭语料库中，"不是_前件_"与"就算"共现的例句有 2 例，反事实例句 0 例，反事实比例是 0%，例句如下：

（133）a. 梁大牙就算<u>不是个好人</u>，但罪不该杀。
　　　　b. 就算你和胡玉音<u>不是奸夫奸妇的关系</u>，但这经济上、思想上的联系总是存在的吧。

例句 a 是让步条件句，说话人认为不管梁大牙是不是好人，都罪不该杀。至于"梁大牙是不是好人"说话人并不知道。例句 b 中，说话人对"你和胡玉音的关系"也不能确定，命题后件"这经济上、思想上的联系总是存在的"具有主观事实性。让步句的语义重心在后件，且其事实性不受前件的影响。

已知"就算"条件句的反事实比例是 21.2%，前件出现"不是"成分的例句中，反事实比例为 0%，因此，"不是_前件_"降低了条件句的反事实比例。

在自建的封闭语料库中，"不是_前件_"与"假若"共现的例句有 2 例，反事实比例是 100%。例句如下：

（134）a. 假若<u>不是社会主义制度的优越性保障了我的基本生活</u>，非潦倒饿饭不可。
　　　　b. 假若<u>不是将士多病，宋家寨捣鬼</u>，何至如此！

两个例句的反事实意义由命题前后件共同实现，其中，后件的感叹形式起到关键作用。例句 a 的命题后件是说话人表达庆幸之感。"社会主义制度的优越性保障了我的基本生活"具有客观的事实性，"不是＋客观事实"也可以获得反事实意义。例句 b 的后件感叹"何至如此"表明不好的情况已然发生。说话人认为原因是"将士多病，宋家寨捣鬼"。"不是＋主观事实"获得反事实意义。

已知"假若"条件句的反事实比例是 14.7%，前件出现"不是"成分时，反事实比例为 100%，因此，"不是_前件_"提高了条件句的反事实比例。

在"假若"引导的反事实例句中，命题前件的句法环境如下，见表 25。

表 25 "假若"与"不是_前件"共现时条件句前件的句法环境分析

句法形式	假若+不是+主谓短语	假若+不是+名词/名词短语	假若+(主语)+不是+谓词性成分	假若+主语+不是+名词性成分	假若+不是+介宾短语
数量	2	0	0	0	0

在自建的封闭语料库中,"不是_前件"与"如果"共现的例句有 100 例,反事实例句 90 例,反事实比例是 90%。少量的例句是非事实意义的。例句如下:

（135）a. 如果我不是来桂林采访,简直是糊涂着的!
　　　　b. 如果不是对于真理有感情,就不会情愿抛头颅、洒热血了。
　　　　c. 历史经验告诉我们,如果不是一个很好的防御者,也不可能成为一个很好的进攻者。
　　　　d. 如果不是他授意,你要来公开组党,我怕……

例句 a 和 b 是反事实条件句,c 和 d 是非事实条件句。例句 a 中前件"不是"与后件感叹行为共现实现了反事实意义。例句 b 中否定成分"不是"、"不会"以及句末"了"的共现推导出反事实意义。说话人表明"因为对真理有感情,才会情愿抛头颅、洒热血"。如果将"了"字删除,"如果不是对于真理有感情,就不会情愿抛头颅、洒热血"则有反事实和非事实两种解读。至于何种意义,取决于更多的语境信息。例句 c 中,说话人表达一种普遍道理,是泛时的,并不针对具体的一次性事件。该类条件句是非事实条件句。例句 d 中,说话人不能确定"是不是他授意",是非事实意义,命题后件对于"你来公开组党"这一做法表达了担忧之情。

已知"如果"条件句的反事实比例是 19.2%,前件出现"不是"成分的例句中,反事实比例为 90%,因此,"不是_前件"大大提高了条件句的反事实比例。

在"如果"引导的反事实例句中,命题前件的句法环境如下,见表 26。

表 26 "如果"与"不是_前件"共现时条件句前件的句法环境分析

句法形式	如果+不是+主谓短语	如果+不是+名词/名词短语	如果+(主语)+不是+谓词性成分	如果+主语+不是+名词性成分	如果+不是+介宾短语
数量	54	14	9	6	7

在自建的封闭语料库中,"不是_前件"与"倘若"共现的例句有 24 例,其中,反事实例句 23 例,反事实比例是 95.8%。例句如下:

(136) a. 倘若<u>不是亲眼目击金娣的惨死和埋葬</u>,此刻一定以为是金娣复活了。
b. 倘若闯王<u>不是同别人相比气象大不相同,口碑载道</u>,咱们也不会来伏牛山中相投,誓忠拥戴。
c. 倘若<u>不是找上门来</u>,他都尽量不去招惹。

以上例句 a 和 b 是反事实条件句。例句 a 前件省略的主语即说话人,"亲眼"表示事件是说话人亲身经历的,因此对事件的认识具有确定性。在条件句中命题获得反事实意义,而且,命题后件中的成分"以为"是反叙实动词。例句 b 有否定形式"不是""不会",双否定形式以及后件的第一人称"咱们"共现实现反事实意义。例句 c 中说话人表明了"他的处事态度",处事态度是一个人的习惯性行为,我们归入非事实意义。

已知"倘若"条件句的反事实比例是 12.7%,前件出现"不是"成分的例句中,反事实比例为 95.8%,因此,"不是_前件"提高了条件句的反事实比例。

在"倘若"引导的反事实例句中,命题前件的句法环境如下,见表 27。

表 27 "倘若"与"不是_前件"共现时条件句前件的句法环境分析

句法形式	倘若+不是+主谓短语	倘若+不是+名词/名词短语	倘若+(主语)+不是+谓词性成分	倘若+主语+不是+名词性成分	倘若+不是+介宾短语
数量	15	1	6	1	0

在自建的封闭语料库中,"不是_前件"与"即使"共现的例句有 2 例,反事实例句 0 例,反事实比例是 0%。例句如下:

(137) a. 即使<u>事实不是这样</u>,现钱在手里到底比在小折子上强,强得多!
b. 即使<u>不是真心作战</u>,至少也是个"此路不通"的警告。

以上"即使"句有两种解读,一种是事实条件句,命题前件"事实不是这样""不是真心作战"也是主观认可的事实。在此基础上,说话人进一步指出"现钱在手里到底比在小折子上强""至少也是个'此路不通'的警告"这些主观事实。另一种是非事实条件句,指说话人对命题前件的事实性并不确定,但后件依然具有主观上的事实性。让步句中命题前件的真假不会对后件事实性产生影响。说话人的观点和态度在条件句后件。

已知"即使"条件句的反事实比例是4.7%,前件出现"不是"成分的例句中,反事实比例为0%,因此,"不是"降低了条件句的反事实比例。

在自建的封闭语料库中,"不是$_{前件}$"与"只要"共现的例句有7例,反事实例句0例,反事实比例是0%。例句如下:

(138) a. 只要他不是真心投降朝廷,以后携手共事的时候还多着哩。

b. 只要不是特别崎岖难行的山路,他们就在马上打瞌睡,隔会儿在马屁股上加一鞭。

连接词的事实性研究表明,"只要"是完全排斥反事实意义的非事实连词,与任何成分共现都不会影响条件句的非事实意义。

从语义来看,"只要"句中"不是"是否定性的判断动词。命题前件是说话人排除的唯一的不合格的条件。例句a表示"他真心投降朝廷,才会失去携手共事的时候"。例句b表示"只有特别崎岖难行的山路,他们才不会在马上打瞌睡"。

在自建的封闭语料库中,"不是$_{前件}$"与"万一"共现的例句有2例,其中反事实例句0例,反事实比例是0%。例句如下:

(139) a. 万一吉元不是十二分可靠,卖了射虎口,咱们可就要吃大亏啦。

b. 万一不是黄祁和家霆,是季尚铭他们呢?

连接词的事实性研究表明,"万一"在汉语中也是完全排斥反事实意义的非事实连词,与任何成分共现都不会影响条件句的非事实意义。

例句 a 中，说话人认为吉元有可能不靠谱，虽然概率上很小，但不能排除这一可能性。所以命题前件"是否十二分可靠"是不确定的。条件句后件表达说话人的担忧之情。例句 b 的上文语境是"他急步想去开门，忽然又畏惧了"，可知，说话人并不能十分确定对方的身份，因而产生担忧之情。

以上是自建的封闭语料库中特征成分"不是$_{前件}$"与各连接词的共现情况，为了更直观地表明"不是$_{前件}$"对条件句反事实意义的影响，我们制作了表 28。

表 28　各连接词与"不是$_{前件}$"共现时的反事实情况

连接词	反事实句	总量	反事实比例	连接词的反事实比例
假如	7	7	100%	32.1%
要是	0	2	0%	28.7%
就算	0	2	0%	21.2%
假若	2	2	100%	14.7%
如果	90	100	90%	19.2%
倘若	23	24	95.8%	12.7%
即使	0	2	0%	4.7%
只要	0	7	0%	0%
万一	0	2	0%	0%
总量	122	148	82.4%	

由数据可知，除了"要是""就算""即使"三个连词（数据稀少造成），其他的共现情况中，"不是$_{前件}$"这一特征成分使原本的连接词反事实比例大大地提高。因此，我们将"不是$_{前件}$"归入反事实形式。

三　反事实条件句中"不是$_{前件}$"的句法环境

根据前文的分类，我们对语料中"不是$_{前件}$"的句法环境做出统计，如表 29 所示，在 122 个反事实例句中，"连接词＋不是＋主谓短语"的比例最高，占比 59.8%，最少的是"连接词＋不是＋介宾短语"，占比 6.6%。下面对各种句法环境的使用情况进行说明。

表29 条件句中"不是_前件"的句法环境分析

句法形式	连接词+不是+主谓短语	连接词+不是+名词/名词短语	连接词+(主语)+不是+谓词性成分	连接词+主语+不是+名词性成分	连接词+不是+介宾短语
数量	73	15	15	11	8
比例	59.8%	12.3%	12.3%	9.0%	6.6%

（一）"不是+名词/名词短语"

在自建的封闭语料库中，"不是+名词/名词短语"的例句有15例，"如果句"的用例最多。例句如下：

（140）a. 如果不是<u>战争</u>，我的命运也许要好得多。
　　　b. 如果不是<u>仇恨</u>，一支部队不会如此凶猛。
　　　c. 如果不是<u>清明</u>，……说不定见面的机会就错过了。
　　　d. 倘若不是<u>这匹马</u>，我还过不来汉水哩。

在该结构中，句子可以解读成"因为战争，我的命运并不好"；"因为仇恨，一支部队才如此凶猛"；"因为清明，我们没有错过见面机会"；"因为这匹马，我才过了汉水"。句中如果补充"因为"，也完全成立。例如"如果不是因为战争，我的命运也许要好得多"；"如果不是因为仇恨，一支部队不会如此凶猛"。从命题前后件的逻辑关系看，名词性成分为致因，后件为结果。

从焦点信息来看，名词性成分获得语流重音，是焦点信息。根据石毓智（2005b）的观点，这种语境中，"是"不再是判断动词性质，而弱化为焦点标记。焦点的"是"不是句子的主要成分，在肯定形式中可以省略。但是，在否定语境中不可省。

从功能来看，条件句表达了说话人的主观认识和评价。主观性表现在：命题前后件的因果关系并非自然规律或百科知识，而是说话人对某一事件的主观认识。在说话人认定的因果关系中，通过否定自我认定的事实性命题，获得确定的反事实解读。

（二）"不是+介宾短语"

（141）a. 如果不是<u>在狭窄拥挤的坑道里</u>，人们一定会高兴得跳起来。

b. 如果不是在俘房面前，他真会跳起来，翻几个跟斗，才能发泄他那股高兴劲儿。

该结构中，"不是"的否定辖域是后接的整个"介宾短语"。"介宾短语"表示的是后件行为或结果产生的原因。例句 a "因为在狭窄拥挤的坑道里，人们无法跳起来"，说话人表示这是受到坑道里空间狭隘的约束；例句 b "因为在俘房面前，他不能跳起来翻跟斗"，说话人觉得这是"他"碍于场合的原因。从命题前件的事实性来看，"介宾短语"表示的事件正在或者已然发生，具有事实语义特征，"不是"否定客观事实获得反事实意义。

(三)"不是 + 主谓短语"

在语料中，"不是"后接"主谓短语"的例句是最多的，占绝对优势。而且与连接词的共现最不受限制。例句如下：

（142）a. 倘若不是窦玉泉对他采取了软禁措施，他早就在造反派的面前亮相了。
b. 倘若不是慧英和慧梅在左右搀扶，她会打个踉跄引起众人一阵大笑。
c. 如果不是张普景同志坚持原则，说不定二师还蒙在错误的鼓里。

根据石毓智（2005a）的观点，该语境中，"是"不再是判断动词性质，而是强调后接小句命题的事实性，"是"表示强调功能。王春辉（2010）认为，该结构中"不是"的否定辖域是后接的小句，因为后接小句的事件正在或已经发生，命题具有了事实性。例句 a 的谓语动词有体标记"了"，表明事件的已然性。例句 b 副词"在"表示事件正在发生。

从逻辑关系来看，命题前后件之间存在因果关系。例句 a "因为窦玉泉对他采取了软禁措施，他没有在造反派面前亮相"。例句 b "因为慧英和慧梅在左右搀扶，她没有打个踉跄"。例句 c "因为张普景同志坚持原则，二师没有蒙在错误的鼓里"。

(四)"(主语) + 不是 + 谓词性/名词性成分"

语料中，还有大量的例句中"不是"成分位于主语之后，从语义上看，

"不是"只对其后的谓词性或名词性成分起作用,而非管辖整个主谓小句的命题。例句如下:

(143) a. 如果他张迪<u>不是这样一个先知先觉者</u>,怎配在官家面前长久地当这份体面差使而不出差错?
a'. ? 如果<u>不是他张迪这样一个先知先觉者</u>,怎配在官家面前长久地当这份体面差使而不出差错?
b. 如果他<u>不是这样气势汹汹地大叫</u>,他对他自己就失去控制力了。
b'. ? 如果<u>不是他这样气势汹汹地大叫</u>,他对他自己就失去控制力了。
c. 如果你<u>不是坚持反动路线立场</u>,你的性格是很让我欣赏的。
c'. ? 如果<u>不是你坚持反动路线立场</u>,你的性格是很让我欣赏的。

例句 a 前件"他张迪不是这样一个先知先觉者"是对该命题主语张迪身份的否定判断,否定了属性"一个先知先觉者"。在反事实条件句中,"是 NP"具有主客观的事实性,"不是 NP"获得反事实意义。说话人认为"因为他是这样一个先知先觉者,才配在官家面前长久地当这份体面差使而不出差错"。该例句如果转换成 a',将"不是"放在主语之前,句子成立但语义发生了变化。两者的差异在于,例句 a 的前件"他张迪是这样一个先知先觉者"作为原因,是主谓结构;例句 a'"他张迪这样一个先知先觉者"作为原因,是同位语结构。所以,条件句可以是"如果不是他张迪,怎配在官家面前长久地当这份体面差使而不出差错"或"如果不是这样一个先知先觉者,怎配在官家面前长久地当这份体面差使而不出差错"。这样,例句 a 和 a'虽然都表原因,但焦点成分是不同的,前者焦点是对象的属性,后者焦点是对象"张迪",因此条件句的意义不同。

例句 b 中,"不是"同样也表否定判断。"这样气势汹汹地大叫"指命题主语"他"的行为方式,条件句"他是这样气势汹汹地大叫,他对他自己没有失去控制力"在说话人认知中具有事实性。而"不是"否定了前件这一行为方式,因此,命题获得反事实意义。如果将"不是"置于主语"他"之前,条件句的语义几乎没有差别。但实际上 b 和 b'是不同的,前者否定的是"气势汹汹地大叫"这一行为，后者否定的是"他这样气势汹汹地大叫"整个主谓结构。

例句 c 也是同样的情况，"坚持反动路线立场"指的是命题主语"你"的选择和立场，在反事实条件句中，"你坚持反动路线立场"具有事实性，"不是"否定了这一事实命题，从而具有反事实意义。如果将"不是"置于主语"你"之前，虽然句子的语义基本相同，但例句 c′ 否定的是"你坚持反动路线立场"这一事件。

所以，在以上例句中，"不是"位于命题主语之后，是否定性的判断动词，否定管辖的是其后的成分。当"不是"位于主语之前时，句法位置升高，否定管辖整个"主谓短语"的小句。正因为"不是"在主语前后的性质不同，所以并非所有的例句都可以自由调换位置。

四　认识情态层面的否定判断"不是"

通过对反事实条件句前件中"不是"的句法、语义、语用分析，可以得出几点结论。

"不是$_{前件}$"后可以接名词性成分、谓词性成分，还可以是完整的主谓小句形式。在这些形式中，"不是"的否定辖域不同，也就决定了"不是"在句中的性质不同。

其中，"不是 + 主谓短语"，即"不是 + 施事 / 关涉主体 +VP"的句子中，"不是"的句法位置处在外围，右侧的施事或关涉主体处在它的否定辖域内。否定词不再是对命题前件主语某方面的否定，而是说话人对整个条件句前后件因果关系的判断。因此，"不是"是说话人认识层面的否定。在"不是 + 名词 / 名词短语"的结构中，"名词 / 名词短语"前没有或者无法补出命题主语，不存在主语省略的情况。该类型中，"不是"同样是说话人对整个命题前后件的因果关系判断。

从命题前后件的语义关系来看，以上各种形式中，"不是"的后接成分都可解读为后件的致因，命题前后件间具有因果逻辑关系。需要说明的是，表示致因的条件句前件是说话人主观认定的事实，所以，前后件的因果关系不必然是客观的因果。"否定说话人主观认定的事实"必然会推导出反事实意义。

交际中使用的条件句通常会有说话人和命题主语两个视角。如例句"倘若不是慧英和慧梅在左右搀扶,她会打个踉跄引起众人一阵大笑",说话人视角表明了命题前后件间的因果关系和说话人观点。命题前件的主语是施事"慧英和慧梅",做出了"搀扶"的行为,后件的施事"她"做出的可能行为是"打个踉跄引起众人一阵大笑"。有的例句中,"说话人"和"命题主语"重合。例如"要是不是自己选的材料,也不至于这么后怕了""如果不是亲眼见到,怎么能够想象"。

综上所述,"不是"的句法位置高于事件主语(动作行为的施事或关涉者),处在命题前件的外围,管辖了整个命题。它是说话人对命题"因果关系"的判断和认识。表"致因"的前件是说话人认定的事实,具有事实性。当说话人对自己认定的事实进行否定操作时,获得反事实意义,"不是"则是认识情态层面的否定。从语用功能看,说话人的否定操作实际上是为了强调命题前件的重要性。

第二节 "没有$_{前件}$"的反事实表现

一 无共现例句的连接词

在自建的封闭语料库中,我们统计了不同连接词与"没有$_{前件}$"的共现情况。其中,"要不是""早知道""纵使""纵然""就是""一旦""哪怕""倘使""只有"与"没有$_{前件}$"共现例句为 0 例,说明它们共现的能力较差。扩大检索 CCL 语料库,仅能找到少量共现例句,例句如下:

(144) a. 要不是实在没有女孩子问津,谁会静下心来读书。(韩寒《三重门》)

b. 倘使没有这个人来拦阻一下,那天的情形恐将是不堪设想的了。(巴金《桂林的受难》)

c. 你别小题大做,纵使没有你在身边,也不见得我和仿尧此行一定在感情上有所进展。(梁凤仪《九重恩怨》)

d. 一旦没有了生命,钱和名还有什么意义?(星云大师、刘长乐《包容的智慧》)

e. 倘使一个人没有这种作用,那是在他的组织里现在还用它

不着，或者天生没有经验这种感情的资质。（唐韬《化城寺》）

f. 哪怕<u>还没有完成</u>，往前赶一点也好。（《报刊精选》1994年）

以上例句中，a–c是反事实条件句。

汉语中，连接词"要不是"是反事实形式，句首位置词汇化的"要不是"已具有反事实标记功能，与任何成分的共现都不会影响条件句的反事实意义。从语义关系看，例句a中"要不是"命题前后件有因果关系，"因为没有女孩子问津，才会静下心来读书"。例句b的反事实意义由命题后件实现。"那天的情形"表示事件发生在过去，具有确定性，与条件句前件"排斥事实语义"的结合，前件得到反事实意义。事实是"这个人来阻拦了一下"，句子表达了说话人的庆幸之感。例句c的反事实意义由语境推知，"你"参与了此行，并为"我"和仿尧的情感不顺自责，说话人安慰听话人，表示此事与"你在身边"没有关系。所以，前件"没有你在身边"违反了现实中的实际情况，是反事实意义。

例句d–f都是非事实条件句。

例句d中"一旦"是完全排斥反事实意义的非事实形式。前件"没有了生命"中，"了"表示新情况的出现，是将来的不可控的新情况，说话人不能确定其是否实现。例句e中说话人不是针对具体事件。"一个人"是虚指的，"有无这种作用"在不同的情况中具体而论，因此，命题是非事实意义的。例句f是"哪怕"引导的让步条件句，根据上文"关于京九线的建设问题，能不能再提前一些，让它在1995年底就能有所分流"，可知"还没有完成"是指"到1995年底没有如期完成"。对于将来的未然事件，说话人也不能确定是否会实现。因此，命题是非事实意义的。

二　有共现例句的连接词及反事实比例

在自建的封闭语料库中，"没有_{前件}"与"假如"共现的例句有6例，其中反事实条件句4例，反事实比例是66.7%。例句如下：

（145）a. 假如没有红娘子造反，二公子接引红帅前来，城中百姓造反内应，你大公子此刻怎能出狱？

b. 假如<u>哪天事务没有处理清楚</u>，就挑灯夜战。

例句 a 是反事实条件句，例句 b 是非事实条件句。例句 a 的语境表明事件"红娘子造反，二公子接引红帅前来，城中百姓造反内应""你大公子此刻出狱了"在说话时是已然发生的，且是听说双方共有的背景信息。那么，前件"否定+客观事实"获得反事实意义。而且，说话人赋予了两个客观事件之间主观的因果关系。例句 b 的命题前件成分"哪天"指将来不确定的时间，因此，"事务是否处理清楚"在说话人的认知中是不确定的；后件"挑灯夜战"是说话人的态度。

已知"假如"条件句的反事实比例是 32.1%，前件出现"没有"成分的例句中，反事实比例达到 66.7%，因此，"没有$_{前件}$"提高了条件句的反事实比例。

在"假如"引导的反事实例句中，命题前件的句法环境如下，见表 30。

表 30 "假如"与"没有$_{前件}$"共现时条件句前件的句法环境分析

句法形式	假如+没有+主谓短语	假如+没有+名词/名词短语	假如+主语+没有+谓词性成分	假如+（主语）+没有+名词性成分
数量	2	1	1	0

在自建的封闭语料库中，"没有$_{前件}$"与"要是"共现的例句有 28 例，其中反事实条件句 19 例，反事实比例是 67.9%。例句如下：

（146）a. 要是<u>你没有别的话</u>，现在就动身走吧。
　　　　b. 要是<u>没有她的主持，指挥，活跃地在前后场奔走照料</u>，这场婚礼是根本无法进行的。

例句 a 是非事实条件句，例句 b 是反事实条件句。例句 a 的后件是建议和祈使行为，前件"你没有别的话"的事实性不确定，命题是非事实意义的。例句 b 的语境明确了客观事实"她主持，指挥，活跃地在前后场奔走照料"，所以"这场婚礼顺利进行了"。交际中，说话人强调"她"的重要性，一方面表示对婚礼成功进行的庆幸，另一方面表示对"她"的认可和感激。如果删除"是……的"强调结构，在没有语境支持的情况下，条件句还可以是非事实意义的。表达非事实意义时,说话人同样强调"她"的重要性,但因为命题前后件都是未然的,说话人的意图是说服听话人选择"她"来操办婚礼,是建议行为。

已知"要是"条件句的反事实比例是 28:7%,前件出现"没有"的例句中,反事实比例为 67.9%,因此,"没有_前件_"提高了条件句的反事实比例。

在"要是"引导的反事实例句中,命题前件的句法环境如下,见表 31。

表 31 "要是"与"没有_前件_"共现时条件句前件的句法环境分析

句法形式	要是＋没有＋主谓短语	要是＋没有＋名词／名词短语	要是＋主语＋没有＋谓词性成分	要是＋(主语)＋没有＋名词性成分
数量	0	11	8	0

在自建的封闭语料库中,"没有_前件_"与"就算"共现的条件句有 2 例,都是非事实条件句,反事实比例 0%。例句如下:

(147) a. 你急着辩护你自己干什么,就算<u>你没有亲自动手</u>,你们一伙人不是在动手?

b. 一次追了两个月,就算<u>没有功劳</u>,也有苦劳嘛!

"就算"让步条件句的后件不受前件事实性的影响,后件总表达说话人认定的事实。比如,例句 a 说话人认定"你们一伙人在动手",例句 b 说话人表示"是有苦劳的"。在没有更多语境辅助的情况下,句子有两种解读:一是非事实意义,说话人也不确定"你是否亲自动手了""是否有功劳";一是反事实意义,说话人已经认定"你亲自动手""追两个月有功劳"。如果说话人否定自己认定的事实,那么,命题获得反事实意义。

已知"就算"条件句的反事实比例是 21.2%,前件出现"没有"成分的例句中,反事实比例为 0%,因此,"没有_前件_"降低了条件句的反事实比例。

在自建的封闭语料库中,"没有_前件_"与"假若"共现的条件句有 2 例,其中反事实条件句 0 例,反事实比例是 0%。例句如下:

(148) a. 假若我还<u>没有回来</u>,请等候。

b. 假若<u>没有这一切</u>,我就会觉得寂寞和难受。

例句 a 是非事实条件句,说话人也不确定"自己能否回来",但他提醒听话人"请等候"。例句 b 的上文语境:"我已经发现,我在生活中不能缺少你对我的鼓励、安慰、批评和劝导。假若没有这一切,我就会觉得寂寞和难受。可是,可是我觉得你对我的态度发生了变化。也许我的神经有点儿过敏,而你的态度并没有改变。"由此可见,说话人并不确定"这一切"在将来是否继续存在。所以,例句 b 是非事实条件句。

已知"假若"条件句的反事实比例是 14.7%,前件出现"没有"成分的例句中,反事实比例为 0%,因此,"没有$_{前件}$"降低了条件句的反事实比例。

在自建的封闭语料库中,"没有$_{前件}$"与"如果"共现的例句有 63 例,其中反事实条件句 30 例,反事实比例是 47.6%。分析 30 例反事实条件句,可以将其分为两类。一类命题前件是说话人虚构的,违反了自然规律、客观现实、历史事实、百科知识等。该类中,条件句前件的反事实意义是自足的。例如:"如果天上没有星星,那会怎么样呢?""天空没有星星"在说话人的认知世界中也是不真实的,是虚拟条件句。再比如:

(149) a. 如果<u>没有管仲</u>,我们这些人大概就是披散着头发,穿衣服也要左边开襟了。

b. 如果<u>没有《新华日报》</u>,只看《中央日报》简直不知道共产党也在抗日,而且在拼命抗日。

例句 a 是对孔子"微管仲,吾其被发左衽矣"这句话的翻译。对说话人孔子而言,管仲是历史上已然存在的人物,因此,"没有+历史事实"获得反事实意义。例句 b 中,《新华日报》是在说话人生活的现实世界中已然存在的事物,因此否定"已然存在"获得反事实意义。条件句中,说话人意在强调"管仲""《新华日报》"这些事物存在的重要意义。

另一类是命题中多个特征成分共同作用产生反事实意义。例句如下:

(150) a. 如果<u>没有战争</u>,他们现在不正在山中与新培育的茶苗朝夕相处吗?

b. 承伟如果<u>没有上亿元的流动资金</u>,也没能力在父亲的生日上做出这样潇洒的锦绣文章。

例句 a 和 b 都是反事实条件句，仅由前件不能判断条件句的事实性，必须结合后件共同完成。例句 a 在形式上有"没有_前件+反问形式_后件"。反问句往往伴随着说话人强烈的情感，并且有明确的观点态度，是感叹行为。已知感叹命题的事实性是确定的，或者事实，或者反事实。再结合条件句形式，推知"因为有战争，他们无法在山中与新培育的茶苗朝夕相处"。例句 b 中有双否定形式"没有_前件+没_后件"，代词"这样"具有指称性和感叹性。可知命题表达"承伟因为上亿元的流动资金，才有能力在父亲的生日上做出潇洒的锦绣文章"。

除了以上几种反事实情况，"没有_前件"在条件句中还有非事实条件句，例句如下：

（151）a. 如果没有了秦腔，群众文化生活就只有喝酒搓麻将？
b. 如果没有事，我要回去复习物理了。
c. 如果半小时之内没有端上食物，我就得起身离开。

例句 a 中，前件"了"指新情况的出现，表示"秦腔的存在从有到无"。对于未来秦腔是否存在说话人不能确定，因此，句子是非事实意义的。命题后件是追问行为。因追问的内容具有不合理性，该话语实质上有提醒意味。例句 b 说话人对"对方是否有事"是不确定的，命题是非事实意义的。例句 c "半小时"指未来的一段时间，说话人不能确定"半小时内是否能端上食物"。

已知"如果"条件句的反事实比例是 19.2%，前件出现"没有"成分的例句中，反事实比例为 47.6%，因此，"没有_前件"提高了条件句的反事实比例。

在"如果"引导的反事实例句中，命题前件的句法环境如下，见表 32。

表 32　"如果"与"没有_前件"共现时条件句前件的句法环境分析

句法形式	如果+没有+主谓短语	如果+没有+名词/名词短语	如果+主语+没有+谓词性成分	如果+（主语）+没有+名词性成分
数量	4	19	2	5

在自建的封闭语料库中，"没有_前件"与"若是"共现的例句有 3 例，其中反事实条件句 1 例，反事实比例是 33.3%。例句如下：

（152）a. 若是<u>他赤心耿耿保闯王，心中没有丁点儿别的打算</u>，岂肯反过来替你遮掩？

b. 公馆里头若是<u>没有一个主人</u>，变兵跑进来一把火就会把房子烧光的。

例句 a 是反事实条件句，例句 b 是非事实条件句。例句 a 的反事实意义由"没有$_{前件}$＋反问形式$_{后件}$"共同实现。后件反问的语义是"他不会替你遮掩"，但语境中，听说双方已知的事实是"他替你遮掩了"。由命题后件的反事实意义推知命题前件的反事实性。说话人的观点是"他心中一定有别的打算，才肯替你遮掩"。例句 b 表达说话人的认识。在说话时谈及的情况还未发生，因此"有无一个主人留下"并不确定，说话人想通过消极后果做出提醒和警告。

已知"若是"条件句的反事实比例是 17.7%，前件出现"没有"成分的例句中，反事实比例为 33.3%，因此，"没有$_{前件}$"提高了条件句的反事实比例。

在"若是"引导的反事实例句中，命题前件的句法环境如下，见表 33。

表 33 "若是"与"没有$_{前件}$"共现时条件句前件的句法环境分析

句法形式	若是＋没有＋主谓短语	若是＋没有＋名词/名词短语	若是＋主语＋没有＋谓词性成分	若是＋（主语）＋没有＋名词性成分
数量	0	0	0	1

在自建的封闭语料库中，"没有$_{前件}$"与"即使"共现的例句有 5 例，其中，反事实条件句 3 例，反事实比例是 60%。例句如下：

（153）a. 即使<u>没有这些故事</u>，凭借任何一个理由，都可为它高呼干杯。

b. 即使<u>没有这层关系</u>，高家在彰德府北的首富实力和莫家的小农地位，也构成了一道不可逾越的悬殊。

c. 即使<u>没有偶然性的"海东青"事件</u>，反抗的风暴还是不可避免地、必然地要到来。

d. 如果真有那一天，家霆是会这么干的！即使<u>他没有枪</u>，用一把刺刀他也会那么干的！

e. 即使<u>没有工夫</u>，也得扯上几句。

例句中，a-c 是反事实条件句，d 和 e 是非事实条件句。

例句 a 和 b 的命题前件的结构是"没有 + 这 ×"。语境中已知"这些故事""这层关系"已然存在于说话人的现实世界中。因此，否定"已然存在"使得前件获得反事实意义。例句 c 中，"海东青"事件已经在现实世界发生，在否定的环境中，同样也是反事实解读。

例句 d 中，"那一天"指向未来的时间，"是否有那一天""他是否有枪"说话人不能确定。后件表达说话人的决心和态度。例句 e 中，说话人陈述了对象的一种习惯性行为"爱闲扯"。惯常行为中，命题前件"有无工夫"在具体的情境中有不同表现，说话人并不能确定，因此，条件句是非事实条件句。

已知"即使"条件句的反事实比例是 4.7%，前件出现"没有"成分的例句中，反事实比例为 60%，因此，"没有$_{前件}$"提高了条件句的反事实比例。

在"即使"引导的反事实例句中，命题前件的句法环境如下，见表 34。

表 34 "即使"与"没有$_{前件}$"共现时条件句前件的句法环境分析

句法形式	即使 + 没有 + 主谓短语	即使 + 没有 + 名词/名词短语	即使 + 主语 + 没有 + 谓词性成分	即使 +（主语）+ 没有 + 名词性成分
数量	0	3	0	0

在自建的封闭语料库中，"没有$_{前件}$"与"假使"共现的例句有 2 例，其中反事实条件句 1 例，反事实比例是 50%。例句如下：

（154）a. 假使<u>没有女学生报名投考</u>，他就叫他的太太第一个报名。
　　　b. 假使<u>宣托司没有下过这道荒谬的命令</u>……他们仍然也会发生许多意外的伤亡事故。

例句 a 是非事实条件句，例句 b 是反事实条件句。例句 a 的命题后件是说话人的应变行为，该行为是否实施由前件决定。前件"没有女学生报名投考"为真，那么"叫他的太太第一个报名"为真。从说话人的认知看，还不能确定是否有学生报名投考。

例句 b 的前件可以独立实现反事实意义，因为"这道荒谬的命令"具有现实的指称性，"没有 + 客观存在"是反事实的。

已知"假使"条件句的反事实比例是30.8%，前件出现"没有"成分的例句中，反事实比例为50%，因此，"没有$_{前件}$"提高了条件句的反事实比例。

在"假使"引导的反事实例句中，命题前件的句法环境如下，见表35。

表35 "假使"与"没有$_{前件}$"共现时条件句前件的句法环境分析

句法形式	假使+没有+主谓短语	假使+没有+名词/名词短语	假使+主语+没有+谓词性成分	假使+（主语）+没有+名词性成分
数量	0	0	1	0

在自建的封闭语料库中，"没有$_{前件}$"与"倘若"共现的例句有12例，其中反事实条件句6例，反事实比例是50%。例句如下：

（155）a. 倘若没有结果，我们决不回去。

b. 刘邦倘若没有用张良、陈平、萧何这班人尽心辅佐，也不容易建立西汉基业。

例句a是非事实条件句，例句b是反事实条件句。例句a表明说话人的态度和立场"没有结果决不回去"，至于"是否有结果"说话人也不确定。例句b的前件是对历史事实的违反。在历史中，刘邦任用张良、陈平这些人建立西汉基业是事实，所以，前件是反事实意义。

已知"倘若"条件句的反事实比例是12.7%，前件出现"没有"成分的例句中，反事实比例为50%，因此，"没有$_{前件}$"提高了条件句的反事实比例。

在"倘若"引导的反事实例句中，命题前件的句法环境如下，见表36。

表36 "倘若"与"没有$_{前件}$"共现时条件句前件的句法环境分析

句法形式	倘若+没有+主谓短语	倘若+没有+名词/名词短语	倘若+主语+没有+谓词性成分	倘若+（主语）+没有+名词性成分
数量	2	2	1	1

在自建的封闭语料库中，"没有$_{前件}$"与"只要"共现的例句有6例，全都是非事实条件句，反事实比例是0%。例句如下：

（156）a. 只要<u>没有意外枝节</u>，明天夜间就可以攻破洛阳。
　　　　b. 只要<u>您没有什么别的想法</u>，我们这边呢怎么都好说。

以上例句中，"没有"后接的事件是后件为真的前提条件。从事实性看，前件"没有意外枝节""您没有别的想法"在说话人的认知里并不确定。所以条件句是非事实意义的。

在自建的封闭语料库中，"没有_{前件}"与"万一"共现的例句有4例，其中反事实条件句0例，反事实比例是0%。例句如下：

（157）a. 万一<u>奇袭没有成功</u>，后军也要迅速上去接应救援，以最小限度的损失，保证全师撤退。
　　　　b. 万一<u>啥菜都没有</u>，就切一碟子萝卜丝儿。

以上例句都是非事实条件句。例句a具有祈使语力，例句b是建议行为。其针对的是前件"奇袭没有成功""啥菜都没有"为真的情况。在说话时，说话人还不能判断命题前件的事实性，是非事实意义的。

为了更直观地表明"没有_{前件}"的反事实情况，我们制作了表37。

表37　各连接词与"没有_{前件}"共现时的反事实情况

连接词	反事实句	总量	反事实比例	连接词的反事实比例
要是	19	28	67.9%	28.7%
假如	4	6	66.7%	32.1%
即使	3	5	60%	4.7%
倘若	6	12	50%	12.7%
假若	0	2	0%	14.7%
假使	1	2	50%	30.8%
如果	30	63	47.6%	19.2%
若是	1	3	33.3%	17.7%
只要	0	6	0%	0%
万一	0	4	0%	0%
就算	0	2	0%	21.2%
总量	64	133	48.1%	

由数据可知，除了"假若""就算"两个连词，其他的共现情况中，"没有_{前件}"这一特征成分使原本的连接词反事实比例大大地提高。因此，我们将"没有_{前件}"归入反事实形式。

三 反事实条件句中"没有_{前件}"的句法环境

根据前文的分类，我们对语料中"没有_{前件}"的句法环境做出统计，如表38所示，在64个反事实例句中，"连接词+没有+名词/名词短语"的比例最高，占比56.3%。下面对各种句法环境的使用情况进行说明。

表38 反事实条件句中"没有_{前件}"的句法环境分析

句法形式	连接词+没有+主谓短语	连接词+没有+名词/名词短语	连接词+主语+没有+谓词性成分	连接词+（主语）+没有+名词性成分
数量	8	36	13	7
比例	12.5%	56.3%	20.3%	10.9%

（一）"没有+名词/名词短语"

在自建的封闭语料库中，"没有+名词/名词短语"的条件句有36例，占比最多。例句如下：

(158) a. 如果<u>没有</u>他，我同家霆是没法办的。
 b. 要是<u>没有</u>你，我十成的劲也当一成使。
 c. 要是<u>没有</u>战争，这里不是桃花源又是什么？
 d. 如果<u>没有</u>这场病，爹肯定要和丈夫、公爹一样都到前线作战去了。

例句a中，"他"是对话双方都认识的人，并且与听说双方存在于同一现实世界。所以，"他"是客观存在的。例句b中"你"即听话人，同样也与说话人存在于同一客观世界。这两个例句的前件可以独立实现反事实解读，"没有"否定的是客观存在的事物。例句c在句法上有"否定_{前件}+反问形式_{后件}"，该形式具有很强的反事实意义。再结合前文语境"此时的军队已进至同古以南前沿阵地鄂克温，而日军也已经尾追于此，双方都做好了决战准备"，可知"战争"是客观存在的。例句d中，说话人陈述已知的客观事实"因为这场病，爹没有到前线作战"，"这场病"是客观发生的。例句 a–d，通过否定"客观存在"，实现反事实意义。

以上例句中，反事实意义产生的原因是"存在否定'没有'+客观存在的事物"。从语义上看，说话人强调了前件的重要性，因为"名词/名词短语"表达的事物的存在，所以产生了命题后件的结果，这一因果关系表达说话人的观点和认识。

在该形式中，否定词"没有"可以与"不是"进行替换。句子成立且语义不发生变化。例句如下：

（159）a. 如果<u>不是</u>他，我同家霆是没法办的。
b. 要<u>是不是</u>你，我十成的劲也当一成使。
c. 要是<u>不是</u>战争，这里不是桃花源又是什么？
d. 如果<u>不是</u>这场病，爹肯定要和丈夫、公爹一样都到前线作战去了。

以上例句中，例句 b 和例句 c 可以进一步用"要不是"条件句表达，"要不是你，我十成的劲也当一成使""要不是战争，这里不是桃花源又是什么"。

（二）"主语+没有+谓词性成分"

（160）a. 要是我范某人<u>没有结婚</u>，你求还求我不上。
b. 刘邦倘若<u>没有用张良、陈平、萧何这班人尽心辅佐</u>，也不容易建立西汉基业。
c. 如果他那只左手<u>没有扔在战场上</u>，也可能好一点，能够抬起来挡一挡。

以上反事实条件句中，"没有"后接表示事件的谓词性成分。句中的事件都是已然事实。例句 a 中，关于"我"的婚姻情况，我自己是确定的，因此，在条件句前件的位置，命题只能是反事实意义。例句 b 的事实依据是历史知识。历史上"刘邦用了张良等人尽心辅佐"，这是不可改变的历史事实。例句 c 可由命题前后件推导出反事实意义，事实是"他的那只左手已经扔在战场上"。说话人表达遗憾的心情。在该形式中，"没有"管辖的是主语后的谓语部分。"没有"否定后接谓词性成分,但并不能否定句中主语。因为谓词性成分表达的事件是已然存在的事实,"存在否定'没有'+已然的事实",产生了命题的反事实意义。

例句中,个别的"没有"可以与"不"替换。比如"刘邦倘若不用张良、陈平、萧何这班人尽心辅佐,也不容易建立西汉基业"。如果没有历史语境作为背景,替换为否定词"不"以后,条件句倾向非事实意义。

(三)"没有+主谓短语"

(161) a. 如果<u>没有她们在旁摇旗呐喊、呼五吆六</u>,婚礼就不可能进行得这样喜气洋洋、笑趣横生了。
b. 要是<u>没有你老婆支撑着</u>,我们这个家早就散了!
c. 假如<u>没有那些毫无资格的评论家用他们的奇特的幻想来代替已经确定了的概念</u>,那么我的这个抗议就是多余的了。

以上例句都是反事实条件句,例句 a 的事实是"因为她们在旁摇旗呐喊、呼五吆六,婚礼才可能进行得喜气洋洋、笑趣横生"。例句 b "因为你老婆支撑着,这个家才没有散"。例句 c "因为毫无资格的评论家用他们的奇特的幻想来代替已经确定了的概念,我的抗议并不多余"。

该形式中,"没有"否定的是整个"主谓短语"的小句,处在比命题主语更高的句法位置。它在功能上接近"不是$_{前件}$",否定词替换后句子依然成立。例句如下:

(162) a. 如果<u>不是她们在旁摇旗呐喊、呼五吆六</u>,婚礼就不可能进行得这样喜气洋洋、笑趣横生了。
b. 要是<u>不是你老婆支撑着</u>,我们这个家早就散了!
c. 假如<u>不是那些毫无资格的评论家用他们的奇特的幻想来代替已经确定了的概念</u>,那么我的这个抗议就是多余的了。

与之相比,"主语+没有+谓词性成分"形式中并不总能替换,例句如下:

(163) a. *要是<u>我范某人不是结婚</u>,你求还求我不上。

b.？如果他那只左手不是扔在战场上，也可能好一点，能够抬起来挡一挡。

c. 刘邦倘若不是用张良、陈平、萧何这班人尽心辅佐，也不容易建立西汉基业。

例句 a 不能替换，例句 b 替换后接受度不高，例句 c 可以接受。如果要句子合格，则例句 b 改为"如果不是他那只左手扔在战场上，也可能好一点，能够抬起来挡一挡"。替换法表明，"没有"在不同句式中否定辖域不同，句法位置高低也不同。它在"主语＋没有＋谓词性成分"中的句法位置低于"没有＋主谓短语"。

（四）"（主语）＋没有＋名词性成分"

(164) a. 如果她的肉体里没有爱欲的魔鬼，大难临头之时，她或许还可以对父亲有所慰藉。

b. 倘若大人没有玛瑙山之捷，此"平贼将军"印怕已经保不住了。

例句 a 的反事实意义是命题前后件共同实现的。说话人认为"她的肉体里有爱欲的魔鬼"，所以"在大难临头之时没能对父亲有所慰藉"。例句 b 中事件"玛瑙山之捷"是听说双方共享的知识，具有客观的事实性，因此仅从前件也可以推导出反事实意义。说话人强调了"玛瑙山之捷"对于命题后件的重要意义。

同时，分析一下"没有"在非事实条件句中的使用情况。例句如下：

(165) a. 如果没有三倍于敌人的炮兵和装甲兵，对敌人是根本顶不住的。

b. 要是没有照我的话办，我来惩办他们！

例句 a 在脱离语境的情况下有两种解读。当表达说话人的庆幸心理时，条件句是反事实意义。事实是"我们有三倍于敌人的装备，顶住了敌人的进攻"。当表示警告意义时，是非事实条件句。说话人并不能确定是否有三倍于敌人的装备，后件"是否能够顶住敌人"也是不确定的。例句 b 前件"是否照我的话办"还不能确定,说话人对事件的态度和举措"我来惩办他们"亦不确定。

四 命题层面的存在否定"没有"

语料考察表明,在非事实条件句中,前件如果是"主语+没有+谓词性成分"的句法结构,"没有"都是命题层面的否定,"命题主语"是谓词的施事、受事或系事。如以上例句中"要是没有照我的话办,我来惩办他们",句子省略了施事主语"他们"。在反事实条件句中,"主语+没有+谓词性成分"的句法结构中,"没有"也是命题层面的否定。例如"要是我范某人没有结婚,你求还求我不上","我范某人"是结婚事件的系事。例句"刘邦倘若没有用张良、陈平、萧何这班人尽心辅佐……"中,"刘邦"是命题前件的施事。

另外,在"(主语)+没有+名词性成分"的形式中,也存在命题层面的"没有"。例句"人如果没有记忆和感情的干扰,也许会舒适悠闲得多"。作为命题层面的否定词,主语成分并不受到否定词"没有"的管辖。

五 认识情态层面的存在否定"没有"

"没有$_{前件}$"后可以接名词或名词短语,还可以是完整的主谓小句形式。在这两种句法环境中,否定词"没有"不存在句法上的主语,也不能补出主语。"没有"的句法层次高,否定辖域是后接的整个成分。因为条件句表达说话人对命题的认识,因而具有很强的主观性。作为认识情态层面的否定,"没有+主谓短语"和"没有+名词/名词短语"这两种形式中,"没有"也可以与"不是"自由替换。

从命题前后件的语义关系来看,以上形式中"没有"的后接成分都可解读为后件结果的致因。需要注意,前后件的因果关系不是客观的因果,而是说话人赋予前后件的关联性,是个人观点的表达,具有很强的主观性。

第三节 "不$_{前件}$"的反事实表现

一 无共现例句的连接词

在自建的封闭语料库中,"要不是""早知道""纵使""假如""假使""就算""只有""倘使""假若"没有与"不$_{前件}$"共现的例句。但这不是说两者完全不能共现，扩大检索 CCL 语料库，存在不少共现的例句。例句如下：

（166）a. 她突然又怒不可遏，要不是<u>不愿意在身上</u>的被单滑落，她会立刻离开床铺。（苗蜜亚《不可能的婚礼》）
b. 早知道她<u>不那么贵重</u>，也该有我一份的。（严歌苓《花儿与少年》）
c. 她纵使<u>不在战乱和贫困中被人卖掉</u>，也决不能守着一个必定出嫁的女儿过一辈子。（《读书》1993 年）
d. 球总要有个落点，假使它<u>不掉在这里</u>，就会掉在别的地方。（《读者》1985 年）
e. 就算你<u>不同意</u>，凭咱们两家世代交好的面子，总也不该让我下不来台吧！（朱小平、吴金良《蒋氏家族全传》）
f. 只有<u>不惧承担</u>、<u>不畏牺牲</u>，最后取得的成功才是激动人心的。（星云大师、刘长乐《包容的智慧》）
g. 你倘使<u>不愿意</u>，我也不坚持。（茅盾《蚀》）
h. 假若<u>不跟这个家伙走</u>，马上可能出岔子。（老舍《火葬》）

以上例句中，a 和 b 由"要不是""早知道"引导的条件句是反事实条件句。例句 c-h 都是非事实条件句，说话人对命题前件的实现与否并不确定。

二　有共现例句的连接词及反事实比例

在自建的封闭语料库中，"不_{前件}"与"要是"共现的例句有 97 例，其中反事实条件句 14 例，反事实比例是 14.4%。例句如下：

（167）a. 我要是<u>不回去</u>，我就将方字倒转来姓！
b. 他要是<u>不关系到我们自己的命运</u>，我也没有必要做这样的缺德事了！
c. 他们要是<u>不靠贪赃枉法</u>，能盖比我还大还讲究的花园洋房？

例句 a 中命题后件"将方字倒转来姓"是一种发誓行为，该行为表明了说话人的决心，即在说话人的认知中，"我回去"一定将成为事实，所以前件具有了反事实意义。

例句 b 中有双否定形式"不_{前件}+没有_{后件}",同时代词"这样"与句末语气词"了"结合具有很强的感叹性,感叹命题具有确定性。可知后件是反事实的,命题前件也获得反事实意义。例句 c 在形式上有"不_{前件}+反问形式_{后件}"。条件句后件的反问句实质是感叹表达,感叹的命题具有确定性,可知客观事实是"他们盖成了比我还大还讲究的花园洋房",由此推导出前件"他们靠贪赃枉法"的手段。

根据反事实比例,多数例句是非事实条件句。句子主要用来表达个人的观点和态度,还可以表示威胁、疑问、建议等言语行为。例句如下:

(168) a. 要是不让敌人伤心,就该我们伤心。
b. 你今天要是不跟我走,你就永世不得翻身!
c. 要是他们不听约束,仍旧抢劫奸淫呢?
d. 你要是不同意,可以在党委会上提出来。

以上例句的前件都具有未然性,且命题的实现取决于主语,说话人不能判断其事实性。所以,以上例句是非事实意义的。例句 a 是说话人的认识;例句 b 是说话人的咒骂和威胁;例句 c 是疑问行为;例句 d 是给对方提出的建议。

已知"要是"条件句的反事实比例是 28.7%,前件出现"不"成分的例句中,反事实比例为 14.4%,因此,"不_{前件}"降低了条件句的反事实比例。

在"要是"引导的反事实例句中,命题前件的句法环境如下,见表 39。

表 39 "要是"与"不_{前件}"共现时条件句前件的句法环境分析

句法形式	要是+不+主谓短语	要是+不+名词/名词短语	要是+(主语)+不+谓词性成分	要是+(主语)+不+名词性成分
数量	0	0	14	0

在自建的封闭语料库中,"不_{前件}"与"如果"共现的例句有 122 例,其中反事实条件句 14 例,反事实比例是 11.5%。例句如下:

(169) a. 你如果不嫌弃,就认我做你的妹妹罢。

b. 如果<u>不分摊</u>，这碑子就不竖了！
c. 如果<u>我不拿你换你的哥哥</u>，你就不再吃我送来的药了？

例句中前件的内容在说话人的认知中都是不确定的。例句 a 是说话人的请求，至于是否被嫌弃，取决于听话人。例句 b 中，说话人用威胁行为要求对方分摊，但"是否分摊"结果取决于听话人。例句 c 较为特别，前件行为的施事是说话人"我"，按道理来说，"我"的选择行为有自主性，命题的事实性是确定的，但是后件中说话人做出追问行为，表示犹豫不决。因为说话人在意听话人的态度，需要得到听话人的回答后才能做决定。

语料中，表达反事实意义的例句一般共现其他特征成分。例句如下：

（170）a. 如果<u>不滑那一下</u>，就没有脑壳再戴你们的高帽子了。
b. 如果<u>他不那么连续地咽气</u>，他会冲上去咬他们一口的。
c. 如果<u>你不搞那个市场</u>，也恐怕清风街走的人更多！

例句 a 和 b 的命题前件含有指示代词"那"，"那一下""那么"在现实世界中分别指向已然的行为"滑了一下"和正在发生的行为"连续咽气"。"不+已然/正在行为"获得了反事实意义。例句 c 不同，需要结合上文语境和后件推导出反事实意义。例句 c 的上文是"如果没这个酒楼，我和丁霸槽恐怕早也出外了"。可知事实是"你搞了那个市场"，所以"清风街上的人没有走更多"。

已知"如果"条件句的反事实比例是 19.2%，前件出现"不"成分的例句中，反事实比例为 11.5%，因此，"不$_{前件}$"降低了条件句的反事实比例。

在"如果"引导的反事实例句中，命题前件的句法环境如下，见表 40。

表 40 "如果"与"不$_{前件}$"共现时条件句前件的句法环境分析

句法形式	如果+不+主谓短语	如果+不+名词/名词短语	如果+（主语）+不+谓词性成分	如果+（主语）+不+名词性成分
数量	0	0	14	0

在自建的封闭语料库中，"不$_{前件}$"与"若是"共现的例句有 9 例，其中反事实条件句 0 例，反事实比例是 0%。例句如下：

（171）a. 大哥若是<u>不理睬我了</u>，那才是真正的大事不好了。
b. 你若是<u>不吃他们的饭</u>，<u>不去叶县</u>，我都可以跟韦鲁斋打招呼。

例句 a 的前件"大哥不理睬我"是未然事件，前件成分"了"表示新情况的出现。说话人由于不确定前件是否成真，所以表示担忧。例句 b 中关于"你"的选择"是否吃他们的饭，是否去叶县"说话人不确定，命题后件是说话人对听话人的承诺。

已知"若是"条件句的反事实比例是 17.7%，前件出现"不"成分的例句中，反事实比例为 0%，因此，"不$_{前件}$"降低了条件句的反事实比例。

在自建的封闭语料库中，"不$_{前件}$"与"倘若"共现的例句有 45 例，其中反事实条件句 2 例，反事实比例 4.4%。例句如下：

（172）a. 倘若<u>不遭到石姓家族那几个家伙的暗算</u>，自己在部队说不定也不比这些人差多少。
b. 倘若<u>他母亲不死</u>，也许不会有这种事情。

例句 a 的反事实意义由命题前后件共同实现，在形式上有双否定"不$_{前件}$+不$_{后件}$"。说话人认为前件"遭到石姓家族那几个家伙的暗算"是后件"自己在部队比这些人差"的致因。所以，前后件都是反事实的。例句 b 中说话人认为命题前后件是因果关系，"他母亲的去世导致了这种事情"，表达了说话人的无奈和遗憾之情。在形式上，句中有双否定词"不$_{前件}$+不$_{后件}$"以及代词"这种"，它们共同实现了句子的反事实意义。

除了以上两例反事实条件句，"倘若"与"不$_{前件}$"共现的例句多是非事实条件句。例句如下：

（173）a. 倘若<u>李哥不肯受招安</u>，我们同李哥仍是朋友。
b. 倘若<u>不善保御体</u>，如何能处分国事？
c. 倘若<u>我不能去</u>，派谁去呢？

例句 a 表达说话人的主观态度和立场"李哥不接受招安，我们仍是朋友"。例句 b 是说话人的认识,"不善保御体就不能处分国事",句子有劝说、建议功能,但是否能被对方采纳,说话人不能确定。例句 c 是说话人的疑问行为,前件"我能否去"现在还不确定。

已知"倘若"条件句的反事实比例是 12.7%,前件出现"不"成分的例句中,反事实比例为 4.4%,因此,"不_前件_"降低了条件句的反事实比例。

在"倘若"引导的反事实例句中,命题前件的句法环境如下,见表 41。

表 41 "倘若"与"不_前件_"共现时条件句前件的句法环境分析

句法形式	倘若 + 不 + 主谓短语	倘若 + 不 + 名词/名词短语	倘若 + (主语) + 不 + 谓词性成分	倘若 + (主语) + 不 + 名词性成分
数量	0	0	2	0

在自建的封闭语料库中,"不_前件_"与"就是"共现的例句有 7 例,反事实条件句 0 例,反事实比例是 0%。例句如下:

(174) a. 就是<u>敌人不来消灭我们</u>,我们也完蛋了。
　　　 b. 养儿育女是本能,就是<u>一世不生育</u>,也不能去丢一次人。

从事实性来看,例句 a "敌人不来消灭我们",例句 b "一世不生育"都具有实现的可能性,但当下说话人对其事实性不能确定。因此,句子是非事实解读。

已知"就是"条件句的反事实比例是 6.7%,前件出现"不"成分的例句中,反事实比例为 0%,因此,"不_前件_"降低了条件句的反事实比例。

在自建的封闭语料库中,"不_前件_"与"纵然"共现的例句有 10 例,结合语境信息,这些例句都是非事实条件句,反事实比例是 0%。例句如下:

(175) a. 纵然他们<u>不投官军</u>,官军也会趁机来攻。
　　　 b. 朝廷的困难,朕的苦衷,纵然卿等<u>不知</u>,祖宗也会尽知。
　　　 c. 此是辇毂之下,纵然<u>不说违背良心的话</u>,也要小心会因一时言语不慎惹出祸来。

例句 a 的上文交代"他们是否会给官军勾引去,我不知道",表明"他们

是否投官军"说话人也不能确定,句子是非事实条件句。例句 b 的语境提供的信息较为模糊,如下:

>巩永固又说:"皇上圣明,此事既出自乾断,臣等自然不应多言。但想着孝定太后……"崇祯用鼻孔轻轻冷笑一声,说:"朕就知道你要提孝定太后!这江山不惟是朕的江山,也是孝定太后的江山,祖宗的江山。朝廷的困难,朕的苦衷,纵然卿等不知,祖宗也会尽知。若非万不得已,朕何忍向戚畹借助?"刘文炳壮着胆子说:"陛下为国苦心,臣等知之甚悉。"

根据上下文信息,可排除例句 b 的反事实意义。如果句子倾向非事实意义,听话人的回应"臣等知之甚悉",用以消除说话人对此问题的不确定性。如果命题前件是事实,则"臣等知之甚悉"具有反驳意味。我们认为,从交际双方的关系看,说话人没有对前件做出确定性判断。

例句 c 的上文是听话人的话:"弟在人前一不求官,二不求名,三不求利,何必违背自己良心,说些假话?"条件句是说话人的回应,具有建议和劝告功能。与例句 b 不同,例句 c 的命题前件"不说违背良心的话"是复述他人已经说过的全部或部分内容,并姑且承认其事实性,进一步表达个人的观点和态度。说话人对该命题前件的认识倾向不确定。

在自建的封闭语料库中,"纵然"条件句的反事实比例是 6.3%,前件出现"不"成分的例句中,反事实比例为 0%,因此,"不$_{前件}$"降低了条件句的反事实比例。

在自建的封闭语料库中,"不$_{前件}$"与"即使"共现的例句有 15 例,其中反事实条件句 0 例,反事实比例为 0%。例句如下:

(176) a. 即使不能把梁大牙毙了,他江古碑也会感到由衷的高兴。
　　　b. 即使不跑,也不可能如此贪心恋战了。
　　　c. 即使上头不谅解,也有理由与他辩论辩论正确的大方向应该是什么。

以上例句的事实性判断需要结合上文语境,例句 a 的上文:"他是多么希望她能够强有力地支持自己啊,如果此时她能站出来,公开发表看法——梁大牙是个投机分子,……我拥护江古碑副书记和张普景主任的提议,为杜绝后患,把梁大牙毙了!"可知,这些都是说话人希望实现的,具有未然性。"她是否支持自己的提议把梁大牙毙了"说话人也不能确定。

例句 b 的上文语境是:"进攻之敌来势汹涌,这就不能不引起陈墨涵的警觉,如果真是敌人的辎重部队,一旦遭到伏击,第一个反应应该是调头就跑。"可知,"即使"句的上文还有"如果""一旦"引导的两个条件句,这三个条件句的内容是说话人对进攻之敌的势力、采用策略情况的分析。在说话人的认知中,"是不是敌人的辎重部队""是否遭到伏击""是否调头逃跑"都是不确定的。

例句 c 的上文语境是:"他认为,造反派要想不垮台,必须紧紧把握住革命的大方向,只要大方向始终正确,有一些错误也可以得到谅解。"该段内容是说话人对造反派的态度"有些错误可以谅解,或者与他进行辩论",关于"上头是否谅解造反派的错误"说话人不得而知。因此,命题前件是非事实的。

已知"即使"条件句的反事实比例是 4.7%,前件出现"不"成分的例句中,反事实比例为 0%,因此,"不$_{前件}$"降低了条件句的反事实比例。

在自建的封闭语料库中,"不$_{前件}$"与"只要"共现的例句有 59 例,其中反事实条件句 0 例,反事实比例为 0%。例句如下:

(177) a. 只要<u>你不招惹他</u>,他就不会做对革命不利的事。
b. 只要<u>不撤我的职</u>,我就要当好这个头羊。
c. 我只要<u>不躺倒</u>,病就撂不倒我。

以上例句 a 和 b 的命题前件"不招惹他""不撤我的职"在说话人的认知里不确定,可能是事实,可能是反事实。如果是事实,后件"他不会做对革命不利的事""当好这个头羊"是事实;如果是反事实,后件倾向反事实。例句 c 命题前件的主语是说话人"我",虽然是关于"我"的事情,但事件"生病"是不可控的,说话人也不能确定"自己是否会躺倒"。

在自建的封闭语料库中,"不$_{前件}$"与"万一"共现的例句有 19 例,都是非事实条件句,反事实比例为 0%。例句如下:

(178) a. 万一不胜，岂不是孤注一掷？
b. 万一大帅不听我的劝告，怎么好？
c. 万一张敬轩不讲义气，后悔无及！

例句 a 表达说话人的观点"不胜利就是孤注一掷"；例句 b 是说话人的疑问行为；例句 c 是说话人对听话人的警告行为。

在自建的封闭语料库中，"不$_{前件}$"与"哪怕"共现的例句有 1 例，是非事实条件句，反事实比例为 0%。例句如下：

(179) 哪怕不要工钱，我都不舔碗。

例句表达说话人的决心和态度"坚决不舔碗"，命题具有极端语义。

在自建的封闭语料库中，"不$_{前件}$"与"一旦"共现的例句有 1 例，是非事实条件句，反事实比例为 0%，例句如下：

(180) 不娶本地女人，讨个老家娘儿们，一旦不合适，好留个退步，起码不在本地方造成不良影响。

例句表达了说话人的观点。命题前件"不合适"是未然的情况，在说话人的认知里不能确定其事实性。

为了更直观地表明"不$_{前件}$"的反事实情况，我们制作了表 42。

表 42　各连接词与"不$_{前件}$"共现时的反事实情况

连接词	反事实句	总量	反事实比例	连接词的反事实比例
要是	14	97	14.4%	28.7%
如果	14	122	11.5%	19.2%
倘若	2	45	4.4%	12.7%
只要	0	59	0%	0%
万一	0	19	0%	0%
即使	0	15	0%	4.7%
纵然	0	10	0%	6.3%

续表

	反事实	总量	比例	连接词比例
若是	0	9	0%	17.7%
就是	0	7	0%	6.7%
哪怕	0	1	0%	11.3%
一旦	0	1	0%	0%
总量	30	385	7.8%	

由数据可知,"不_{前件}"这一特征成分使原本的连接词的反事实比例大大地降低了。因此,我们将"不_{前件}"归入非事实形式。

三 反事实条件句中"不_{前件}"的句法环境

在反事实例句中,命题前件的句法环境如下,见表43。

表43 反事实条件句中"不_{前件}"的句法环境分析

句法形式	连接词+不+主谓短语	连接词+不+名词/名词短语	连接词+(主语)+不+谓词性成分	连接词+(主语)+不+名词性成分
数量	0	0	30	0

可见,否定词"不"在命题前件中的句法环境最单一,仅有"连接词+(主语)+不+谓词性成分"一种情况。

从语料来看,在条件句前件这一句法位置,"不"否定的成分都是谓词性的。比如后接形容词短语(例句a)、光杆动词(例句b)、状中结构的谓词性成分(例句c)、动宾结构的谓词性成分(例句d)。例句如下:

(181) a. 如果我不那么吵闹,跳珠就不会死。
b. 倘若他母亲不死,也许不会有这种事情。
c. 那天要是<u>不跟他闹翻了</u>,决走不出来。
d. 如果你<u>不搞那个市场</u>,也恐怕清风街走的人更多!

例句a–c在句法上有双否定形式"不_{前件}+不_{后件}"。例句d有语境的辅助

"我服了你能建个农贸市场",可知"你不搞那个市场"是反事实意义,命题后件的感叹形式也强化了反事实表达。

例句中,命题前件"我吵闹""母亲死了""那天跟他闹翻了""你搞那个市场"是已然发生的事实。例句 a 说话人认为"我太吵闹,跳珠才会死";例句 b "因为母亲死了,才会出现这种事情";例句 c "因为那天跟他闹翻了,才能走出来";例句 d "你搞那个市场,清风街没走那么多人"。说话人在命题前后件之间赋予了因果关系,这种关系是主观认定的事实。

因为"不$_{前件}$"的后接命题具有已然的现实性。以上例句中否定词"不$_{前件}$"可以替换为"没有"。替换后,句子的意义和命题前后件的事实性不变。例句如下:

(182) a. 如果我没有那么吵闹,跳珠就不会死。
b. 倘若他母亲没有死,也许不会有这种事情。
c. 那天要是没有跟他闹翻了,决走不出来。
d. 如果你没有搞那个市场,也恐怕清风街走的人更多!

语料中,"不$_{前件}$"大多是用在非事实条件句中。非事实例句中,"不$_{前件}$"同样后接谓词性成分,例如动宾短语、状中短语、形容词、光杆动词等。在这些例句中说话人并不能确定命题前件的事实性,可能是事实,也可能是反事实的。例句如下:

(183) a. 你要是不认黑娃,我就不认你了……
b. 倘若朝政不认真改弦易辙,这风雨飘摇的江山还能够撑持多久?
c. 即使你真不想干,虚虚实实也可以嘛!
d. 如果姑妈不肯走,我们暂时也不好抛下她走。

在"主语+不+谓词性成分"的句法结构中,"不"否定的是主语的意愿。比如,例句 a 中"是否认黑娃"是主语"你"的意愿;例句 b 中"是否认真改弦易辙"是"朝政"的意愿,这里"朝政"借指掌管朝政的人;例句 c 中"是否想干"是主语"你"的意愿;例句 d 中"是否肯走"是主语"姑妈"的意愿。

因为意愿的发出主体是命题的主语,说话人视角并不能够确定命题的事实性。

将以上非事实条件句中的"不_{前件}"和"没有_{前件}"进行替换,例句如下:

(184) a.* 你要是没有认黑娃,我就不认你了……
b.* 倘若朝政没有认真改弦易辙,这风雨飘摇的江山还能够撑持多久?
c.* 即使你真没有想干,虚虚实实也可以嘛!
d.* 如果姑妈没有肯走,我们暂时也不好抛下她走。

可见,以上非事实条件句中,"不_{前件}"并不能替换为"没有_{前件}"。

在语义上,"不_{前件}"可以否定命题主语的意愿。还有另一类情况:"不_{前件}"后的谓词性成分是非自主、非可控的事件,命题主语也不能确定有关事件的事实性情况。例句如下:

(185) a. 他权衡了很久,讨个老家娘儿们,一旦不合适,好留个退步,起码不在本地方造成不良影响。
b. 万一不胜,亦以此刀自裁!
c. 纵然不能一鼓荡平,也可以使献贼不能与曹贼合股。
d. 如果他们不能督促协助完成任务,也是一律停发工资。

以上例句中,"不"后接事件能否实现并不是由说话人的意愿决定的,而是由事件自己的发展状况(例句a)或主体的能力(例句b、c、d)决定。对说话人和命题主语来说,前件"是否合适""能否胜利""能否一鼓荡平""能否督促协助完成任务"这些事件还涉及其他的参与者,因为不了解各参与者的情况,命题的事实性不确定。

将以上非事实条件句的"不_{前件}"和"没_{前件}"进行替换,可得:

(186) a.* 他权衡了很久,讨个老家娘儿们,一旦没合适,好留个退步,起码不在本地方造成不良影响。
b. 万一没胜,亦以此刀自裁!
c. 纵然没能一鼓荡平,也可以使献贼不能与曹贼合股。

d. 如果他们没能督促协助完成任务，也是一律停发工资。

由此可见，在条件句的前件位置，否定词"没_{前件}"也可以后接未然事件，与"不"的功能相近。

对例句进行"不_{前件}"和"没_{前件}"的替换后，可以发现："不"在反事实条件句以及后接非自主、非可控的事件中，可以与存在否定词"没有_{前件}"或"没_{前件}"替换。在反事实条件句中，"不"后接的事件具有现实性特征，句子是说话人对已然事件的评价；在非事实条件句中，"不"有两种句法环境，一是表示命题主语的否定意愿，一是表达说话人对可能结果的认识、态度、立场。这两种情况下，条件句是非事实意义的。

四 命题层面的基础否定"不"

在前件含有"不"的条件句中，"不"的句法位置固定，都位于命题主语之后，后接谓词性成分。它与认识情态层面的否定"不是_{前件}""没有_{前件}"不同，"不 ×"是命题层面的否定，否定命题主语的行为、意愿、认识或情感。事实表明，说话人的情感与条件句的反事实意义有密切的关系。说话人的情感性越强，反事实倾向越强。但约束于命题内部的认识或情感与说话人的情感性无关。因此，"不 ×"并不能强化条件句的反事实意义。也就是说，说话人并不确定命题主语"是 ×"还是"不 ×"，命题倾向非事实意义。"不 ×"在条件句前件反而推进了非事实意义解读，也就解释了"不 ×"低于总量基准的现象。

第四节 否定特征成分的反事实能力差异及机制

一 "不是_{前件}、没有_{前件}、不_{前件}"的反事实表现

前文的语料统计得出，条件句中的"不是_{前件}""没有_{前件}""不_{前件}"三个否定特征成分在反事实能力上有显著的区别，如表 44 所示。

表 44 条件句中"不是_{前件}""没有_{前件}""不_{前件}"的反事实情况

特征成分	总量	反事实句	反事实比例
不是_{前件}	148	122	82.4%

续表

特征成分	总量	反事实句	反事实比例
没有_{前件}	133	64	48.1%
不_{前件}	385	30	7.8%

以小说文本为例，在表达反事实的能力上，不是_{前件}（82.4%）>没有_{前件}（48.1%）>总量基准（17.9%）>不_{前件}（7.8%）。也就是说，"不是_{前件}"和"没有_{前件}"使得条件句倾向反事实意义，相反，"不_{前件}"的出现使得条件句倾向非事实意义。

另外列举一组数据说明：在小说文本中，非事实形式"只有""只要""万一""一旦"与"不是_{前件}""没有_{前件}""不_{前件}"的共现情况。见表45。

表45 非事实形式与"不是_{前件}""没有_{前件}""不_{前件}"的共现情况

连接词	不是_{前件}	没有_{前件}	不_{前件}
只有	0	0	0
只要	7	6	59
万一	2	4	19
一旦	0	0	1
总量	9	10	79

前文研究已表明，"只有""只要""万一""一旦"是典型的非事实形式，它们完全排斥反事实意义。表45中"只要"与"不是_{前件}""没有_{前件}"共现的数量分别是7和6，但是同"不_{前件}"共现的数量达到59。同样，"万一"与"不是_{前件}"和"没有_{前件}"共现的数量分别是2和4，但与"不_{前件}"共现的数量是19。这侧面说明"不_{前件}"排斥反事实意义，或者说，对反事实意义有消解作用。

此外，我们专门考察了在科技公文类文本中三个否定成分的使用总量及反事实比例，如表46所示。

表46 科技公文类文本中"不是_{前件}""没有_{前件}""不_{前件}"的反事实情况

特征成分	非事实句	反事实句	总量	反事实比例
不是_{前件}	13	0	13	0%

续表

特征成分	非事实句	反事实句	总量	反事实比例
没有_{前件}	46	0	46	0%
不_{前件}	67	0	67	0%

可见，与小说文本比较，科技公文类文本中的反事实比例为0%，例句都是非事实条件句。这是由科技公文类文本的特点决定的。我们认为，科技公文类文本和小说文本最大的区别在说话人的主观性认知和情感性上。科技公文类文本具有科学性、严谨性的特点，是专业性较强的书面表达，因此排斥个人主观认知和情感。从否定特征成分的使用数量来看，不_{前件}＞没有_{前件}＞不是_{前件}侧面表明，三者的非事实能力由强到弱，相反，反事实能力则由弱到强。

以上证据都表明，在反事实能力上：不是_{前件}＞没有_{前件}＞不_{前件}。或许还存在这样一个疑问：句中除了否定成分，往往还共现了其他特征成分，那么能否说明是否定要素的能力差异？语料调查发现：如果一个特征成分具有强反事实性，往往会高频率地与其他特征成分搭配，通过吸引其他特征成分共同实现反事实意义推理。同理，非事实条件句中，则很少出现或不会出现其他的特征成分。我们认为，与其他反事实特征共现的能力，也证实了某特征成分的反事实能力。

二 "不是_{前件}、没有_{前件}、不_{前件}"的反事实机制

调查结果与已有研究结论相似：在反事实能力上，不是_{前件}（82.4%）＞没有_{前件}（48.1%）＞不_{前件}（7.8%）。但因为总量基准数据（17.9%）的存在，还可以得到结论"不是_{前件}"和"没有_{前件}"使得条件句倾向反事实意义，相反，"不_{前件}"的出现使得条件句倾向非事实意义。因此，我们把"不是_{前件}""没有_{前件}"归入反事实形式，把"不_{前件}"归入非事实形式。

语料表明，例句中"不是_{前件}"多数共现了其他的反事实形式，比如"否定_{后件}"、"早×_{后件}"、反问形式等。"不_{前件}"正相反，它在句法上排斥其他反事实特征成分。

那么，它们反事实能力存在差异的根本原因是什么？我们认为，"情感的强弱差异"导致了三者反事实能力的不同。这需要特别强调"意愿性"、"主

观性"和"情感性"的关系。命题包含的主体"意愿"不等于"主观性"强。而强"主观性"与强"情感"成正比关系。具体来说,"主观性"是说话人态度和观点的表达,"意愿性"是行为主体发出的倾向性选择。一个条件句的"情感性"与说话人的主观性直接相关,而与命题主语的"意愿性"无关。由语料可知,"不是$_{前件}$"和"没有$_{前件}$"在反事实条件句中表达"主观性""情感性"十分强烈。而"不"作为命题层面的否定词,是说话人言说的有关主体的意愿,不是说话人的态度和认识。

综上,对"不是$_{前件}$""没有$_{前件}$""不$_{前件}$"的句法位置和语义进行分析,可知"不是$_{前件}$"在条件句中的句法位置高于命题主语(动作行为的施事或关涉者),它处在整个条件命题的外围,管辖整个命题,是说话人对前后件因果关系的判断和认识。前件"致因"的性质是说话人认定的,所以,当说话人对自己认定的事实进行否定操作,条件句获得反事实意义。

与之相比,"不$_{前件}$"的句法位置固定,在命题主语之后,后接谓词性成分。条件句中,"不 ×"是命题层面的否定,否定的是命题主语的行为、认识或情感,这种命题内部的认识或情感与整个条件句说话人的情感性无关。说话人因为不确定命题主语的行为、认识"是 ×"还是"不 ×",命题表达非事实意义。

"没有$_{前件}$"用法相对复杂,在非事实条件句中,前件如果是"主语 + 没有 + 谓词性成分"的句法结构,"没有"在句中都是命题层面的否定,句子主语可能是谓词的施事、受事或系事。"没有"后也可以接"名词 / 名词短语",前面没有主语成分,也不能补出主语。此外,"没有"后还可以接完整的主谓短语。在"没有 + 名词 / 名词短语"和"没有 + 主谓短语"这两种句法环境中,"没有$_{前件}$"处在整个条件命题的外围,是说话人的判断和认识。

因此,条件句中"没有$_{前件}$"的功能具有延伸性,既可以向上替代,也可以向下替代。"向上替代"是指"没有"与认识情态层面的"不是"功能相似,可以互相替代。"向下替代"是指"没有"在命题层面的否定功能。"没有"的性质有认识情态的否定和命题层面的否定两种。

主观性越强,句子的情感性越强。"不是"和部分"没有"例句在条件句中是说话人的主观性表达,情感性十分强烈。而"不"作为命题层面的否定词,是说话人言说的主体的意愿,并不影响条件句的情感性。最终,"主观性"和"情感性"的强弱差异导致三者反事实能力的不同。

第六章 特征成分"时间词"

在汉语的反事实条件句研究中，时间词是重要的影响因素之一。本章借鉴已有的研究成果，在自建的封闭语料库中考察了汉语条件句中一组常用的时间指示词，以及时间副词"早"的使用情况，统计它们与不同连接词共现时的反事实比例，并对各个时间要素的反事实差异做出解释。首先，对自建的封闭语料库中与时间词无共现例句的连接词进行检索，根据需要，将检索到的连接词扩大到 CCL 语料库中搜索，对它在 CCL 语料库中的使用情况进行客观的描写和分析。然后，对自建的封闭语料库中时间词与连接词的共现情况及反事实比例进行分析和解释。

第一节 时间指示词

本节考察的时间指示词主要包括两类：过去时间词包含"当初、当时、那时、昨天、刚才"；现在时间词包含"今天、现在、平时"。本书在考察时间指示词对条件句事实性的影响时，把出现在命题前后件的时间成分都作为研究对象。数据表明，在自建的封闭语料库中时间指示词和连接词无共现的情况，在 CCL 语料库中共现数量也极少。这侧面证明了自建的封闭语料库数据的可信性。

一 无共现例句的连接词

在自建的封闭语料库中，我们统计了不同连接词与时间指示词的共现情况。其中，"要不是""早知道""纵使""假若""假使""一旦""只要""只有""倘使"与时间指示词的共现例句是 0 例。这并不是说，这些连接词与该成分排斥，只是自建的封闭语料库中例句数量有限，又因为本身两者共现数量少，所以没有出现使用例句。

特别说明，因涉及的时间指示词数量多，很难展示 CCL 语料库中全部例句的情况，因此本节仅举少数典型例句说明其共现情况。

经统计得出，在 CCL 语料库中，"要不是"与"刚才"共现的例句 4 例，反事实条件句 4 例；与"昨天"共现的例句 7 例，反事实条件句 7 例；与"那时"共现的例句 2 例，反事实条件句 2 例；与"当时"共现的例句 22 例，反事实条件句 22 例；与"现在""今天"共现例句均超过 20 例。因为句首"要不是"是反事实形式，所以任何要素与其共现，条件句的反事实意义都不会发生变化。

在 CCL 语料库中，"早知道"与"刚才"共现的例句 4 例，反事实条件句 4 例；与"昨天"共现的例句 2 例，反事实条件句 2 例；与"那时"共现的例句 2 例，反事实条件句 2 例；与"当时"共现的例句 3 例，反事实条件句 3 例；与"现在"共现的例句 5 例，反事实条件句 5 例；与"今天"共现的例句 15 例，反事实条件句 15 例。同样，句首"早知道"作为反事实形式，条件句总是反事实意义。在"要不是"和"早知道"条件句中，时间指示词的反事实能力无法得到证明。

我们把两个连接词中时间指示词的使用情况各举一例：

(187) a. 要不是咱们今天搞到这几口袋小米，你们的行军锅就要挂起来当钟敲哩！（杜鹏程《保卫延安》）

b. 早知道今天要穿墙入室，把那套一楼的给他就好了！（六六《蜗居》）。

不管是过去还是现在的时间词，与"要不是""早知道"共现的要素都不会影响反事实意义的解读。即使将来的时间也不例外，例如："要不是将来还打算指望他，早就跟他摊牌了""要不是过几天就放寒假，我会疯掉的"。这一现象的原因是，"事实性"本质上是"主观认定的事实"。只要是说话人主观认定会发生的事件，便具有事实性语义。

在 CCL 语料库中，"纵使"与"现在"共现的例句 4 例，反事实条件句 0 例；与"今天"共现的例句 2 例，反事实条件句 0 例；与"昨天"共现的例句 1 例，反事实条件句 0 例。例句如下：

（188）a. 就这样袖手旁观好吗？纵使杨元帅现在并没有想要造反的企图，不过如果长久被监视怀疑的话，也只怕不得不叛乱了。
（蔡美娟《银河英雄传说》）
b. 进化论的社会观纵使在过去合乎实情，今天已不再适用。
（伯特兰·罗素著，何兆武、李约瑟译《西方哲学史》）
c. 纵使再不去想昨天曾有过的焦虑，英嘉成还是觉得很惭愧。
（梁凤仪《激情三百日》）

"纵使"条件句是让步条件句。例句 a 可有两种解读，非事实条件句或事实条件句。非事实条件句中，命题前件"当下的时间杨元帅是否有造反的企图"说话人不能确定，但说话人认定"在长久的监视怀疑下杨元帅会叛乱"。如果是事实条件句，则表示说话人承认"杨元帅现在没有想要造反的企图"，在前件为事实的情况下，说话人进一步提出个人观点"长久被监视怀疑之下杨元帅会叛乱"。例句中时间词"现在"作为时间状语，限定前件事件的时间。

例句 b 也有两种解读。非事实条件句中，说话人对"进化论的社会观在过去是否合乎实情"并不能判断，但说话人坚信"今天进化论已不再适用"。事实性条件句中，说话人也认可命题前件的事实性，进一步指出问题"在今天进化论已经不适用"。例句 b 中有时间指示词"过去"，如果是发生在过去的事情，一定有确定性。但是，"合乎实情"是一种评价，评价与事件不同，它会随着时间、地点、对象等要素的变化而有不同的主观评价结果。其事实性是复杂的，不确定的。

例句 c 中，"昨天"作为定语成分修饰中心语"焦虑"，尽管是过去时间词，但并不会影响事件的时态。因此，说话人并不确知第三方"英嘉成是否会想曾有过的焦虑"。说话人确定的是命题后件"英嘉成觉得很惭愧"。

在 CCL 语料库中，"假若"与"刚才"共现例句 2 例，其中反事实条件句 0 例；与"昨天"共现例句 2 例，其中反事实条件句 2 例；与"那时"共现例句 4 例，其中反事实条件句 4 例；与"当时"共现例句 8 例，其中反事实条件句 8 例；与"当初"共现例句 7 例，其中反事实条件句 6 例，有 1 个例句"当初"位于后件，是非事实条件句；与"现在"共现例句 15 例，其中反事实条件句 12 例；与"今天"共现例句 9 例，其中反事实条件句 6 例。例句如下：

（189）a. 瘦子的笑容更扩大了，假若刚才还带有不放心的意思，现在仿佛是已把心放下去。(老舍《四世同堂》)

b. 假若他也有后悔的时候，他是后悔当初他干嘛那么要强，那么谨慎，那么老实。(老舍《骆驼祥子》)

例句 a 是非事实条件句，时间指示词"刚才"虽然指向过去，但是，事件"带有不放心的意思"是主语"瘦子"的心态，说话人并不能确定。例句 b 也是非事实条件句，"当初"管辖的事件"他要强、谨慎、老实"是事实，是"后悔"的宾语，在命题后件的宾语中包含过去时间成分并不影响整个命题的时态。所以，说话人并不确定"他是否有后悔的时候"。

如果将条件句改为"假若他也有后悔的时候，当初他干嘛那么要强，那么谨慎，那么老实"，这时"当初"管辖的是整个命题后件，表达说话人认定的主观事实，并伴随强烈的感慨。这时，命题前件倾向反事实意义。说话人认定"这个人没有后悔的时候，才会那么要强、谨慎、老实"。

在 CCL 语料库中，"假使"与"刚才"共现的例句 2 例，其中反事实条件句 0 例；与"那时"共现的例句 9 例，其中反事实条件句 4 例；与"当时"共现的例句 10 例，其中反事实条件句 10 例；与"当初"共现的例句 5 例，其中反事实条件句 5 例；与"现在"共现的例句 11 例，其中反事实条件句 1 例；与"今天"共现的例句 5 例，其中反事实条件句 3 句。例句如下：

（190）a. 夫人，假使我现在还像从前那样爱着你，那我决不敢把这回事告诉你，叫你难受。(卜伽丘著，方平、王科一译《十日谈》)

b. 假若当时工厂少兑现些合同，多卖些市场价，那效益真是不可估量。(《报刊精选》1994 年)

例句 a 是反事实条件句，前件主语是第一人称"我"，"我是否爱着你"说话人自己是确定的。因此，在条件句前件获得了反事实意义。如果改为第三人称"假使他现在还像从前那样爱着你，那决不敢把这回事告诉你"，当说话人和句子主语不一致时，说话人并不能确定第三者的想法，条件句是非事实意义的。因此，例句 a 中"第一人称代词"对反事实意义起到决定性作用。例句 b 中时间指示词"当时"管辖整个命题，表明命题前件发生在过去，是已然的确定的事件。所以，在条件前件获得反事实意义。

在 CCL 语料库中，"一旦"与"刚才"共现的例句 2 例，其中反事实条件句 0 例。"刚才"在条件句的后件位置，且在句中作定语成分，定语成分不影响整个命题的时态。与"那时"共现的例句超过 20 例，其中反事实条件句 0 例，"那时"用在后件的句首位置，都表未来的时间"到那时"的意思。因此，句子都是非事实条件句。与"当初"共现的例句 2 例，其中反事实条件句 0 例，这 2 例中"当初"都处在条件句后件位置作定语成分，不会影响句子命题的时态；与"平时"共现的用法也相同，"平时"在句中都是处在定语位置，不影响句子命题的时态。与"现在"共现的例句 7 例，其中反事实条件句 0 例。"现在"在句子中作定语成分，都处在条件句的后件位置。与"今天"共现的例句 5 例，都是非事实条件句。例句如下：

（191）a. 一旦发现目标，就停止了刚才的嘻嘻哈哈，变得肃穆起来。（《报刊精选》1994 年）

b. 一旦在我国被普遍掌握，那时我国的经济就似骏马插上了翅膀。（《报刊精选》1994 年）

c. 一旦时过境迁，往往就把当初的誓言置诸脑后，与义兄盟弟反目成仇。（朱小平、吴金良《蒋氏家族全传》）

d. 一旦看见这种现象，平时和蔼可亲的朱江洪也会大发脾气。（《报刊精选》1994 年）

e. 一旦想通了这一点，也就想通了现在的许多事儿。（梁晓声《钳工王》）

前文研究已证实：汉语中连词"一旦"完全排斥反事实意义，是典型的非事实形式。非事实命题多是将来时间里的未然事件，在与"时间指示词"搭配时，命题时间指向现在、将来是容易理解的。例句中的现在时间词"现在、平时"多处在后件的定语位置。"刚才、当初"等过去时间词处在定语位置，且多处在条件后件，这一句法位置并不影响整个命题的时态。因此，条件句前件"发现目标""时过境迁"等都是未然的行为，具有不确定性。"一旦"与表将来的"那时"共现例句超过 20 例，比"现在"的共现频率高。例句中，"那时"在命题后件表示将来时间"到那时"，比如例句 b。

在 CCL 语料库中,"只要"与"刚才"共现的例句 3 例,其中反事实例句 0 例;与"那时"共现的例句 3 例,其中反事实例句 0 例;与"当时"共现的例句 13 例,其中反事实例句 0 例;与"当初"共现的例句 4 例,其中反事实例句 0 例;与"平时"共现的例句 25 例,其中反事实例句 0 例;与"现在"共现的例句超过 25 例,其中反事实例句 0 例;与"今天"共现的例句超过 25 例,其中反事实例句 0 例。例句如下:

(192) a. 只要认识到这一点,我们当初因为看到聪明人倾向于成为社会主义者而生出的诧异也就会烟消云散了。(冯克利、胡晋华《致命的自负》)
b. 只要你不割舍那份当初对生命的誓言,那每一个细微的日子里,便有它所能给我们的无限爱意。(《读者》1993 年)
c. 只要我一想当时的"现场",我几乎都会立即回到"坐立不安"的反思中……(网络语料)
d. 只要你今天把蛋糕吃得一干二净,就算请十天假,我都答应。(于晴《红苹果之恋》)
e. 只要平时注意多喝水,多吃水果,保持水分就可以,不要过于担心。(网络语料)

前文研究已证实,连词"只要"完全排斥反事实意义,是典型的非事实形式。在语义上,命题前件表示充分条件,后件表示满足条件下的可能结果,或者是说话人某种具体的言语行为。例句 a 中,"当初"处在条件句后件位置,是修饰中心语"诧异"的定语成分。"当初的诧异"是命题的主语,是客观存在的。但这一句法位置并不会影响条件句整个命题的时态,即"是否认识到这一点"是不确定的语义。例句 b 中"当初"是命题前件宾语成分的修饰语,该短语结构表明"那份对生命的誓言"是发生在过去、客观存在的。但命题前件"割舍"行为是未然的,是否发生并不能确定。例句 c 和例句 b 是一样的表达,"当时"处在定语位置,是宾语成分的修饰语。由此可见,定语位置的过去时间词不影响条件句命题的时态。

在 CCL 语料库中,"只有"与"那时"共现的例句超过 20 例,都是非事实条件句。同样,"那时"在语境中指向未来的时间,是"在那时""到那时"

的意思。"只有"与"平时"共现的例句9例,都是非事实条件句;与"现在"共现的例句2例,都是非事实条件句。例句如下:

(193) a. 只有那时,我们才会知道它们喜欢我们的程度。(《人民日报》1996年)
b. 只有平时在复杂气象下敢飞、会飞,战时才能充分利用天时敢打、打赢!(网络语料)
c. 只有现在减少一分破坏,才可能为将来建设增添一份力量。(罗广斌、杨益言《红岩》)

例句a中,"那时"是未来的某个时间,说话人表示"现在还并不确定它们喜欢我们的程度"。条件句b和c表达说话人的观点,"平时在复杂气象下敢飞、会飞"是"战时利用天时敢打、打赢"的必要前提,"现在减少一分破坏"是"将来建设会增添一份力量"的必要条件。我们把表达一般认识的条件句归入非事实条件句。

在自建的封闭语料库和CCL语料库中都没有出现"只有"和"过去时间"共现的例句。

在CCL语料库中,"倘使"与"当时""当初"共现的例句各1例,都是反事实条件句;与"平时""现在"共现的例句各1例,都是非事实条件句;与"今天"共现的例句2例,是非事实条件句。例句如下:

(194) a. 倘使当时他真的再求,你会不会把两枚丹药都给他?(金庸《神雕侠侣》)
b. 倘使当初我的生活里没有他们,那么我今天必然一无所有。(《作家文摘》1994年)
c. 倘使批评家的心平时别有所闹,而在观文时虚静不闹,则"横说"就会大大减少,此亦幸甚。(《读书》1989年)

例句a"当时"管辖的命题前件事件指向过去,是已然的,在前件位置获得反事实意义;后件是说话人的疑问行为,表明说话人对后件没有确定的认识。例句b是同样的情况,"当初"后接事件发生在过去,具有确定性,因此，条件前件"我的生活里没有他们"获得反事实意义。例句 c 表达说话人的认识，命题前件是对批评家行事风格的假设，后件是对其结果的猜测。命题前后件都是非事实意义的。

根据 CCL 语料库中时间指示词与各连接词的共现情况，本书将有共现例句的情况用"√"标注，无共现例句的情况用"×"标注，见表 47。

表 47　CCL 语料库中连接词与各时间指示词的共现情况

	今天	现在	平时	当初	当时	那时	昨天	刚才
要不是	√	√	×	×	√	√	√	√
早知道	√	√	×	√	√	√	√	√
纵使	√	√	×	×	×	√	√	×
假若	√	√	×	√	√	√	√	√
假使	√	√	×	√	√	√	×	√
一旦	√	√	√	√	√	√	√	√
只要	√	√	√	√	√	√	√	√
只有	×	√	√	√	√	√	√	√
倘使	√	√	√	√	√	×	√	×

以上条件句表明，时间指示词对条件句反事实意义的影响与句法位置有密切的关系。"时间指示词"只有管辖主句或者从句的谓语动词，对事件的时间起限定作用时，过去时间词才会对句子的反事实意义产生决定性影响。如果过去时间词在命题前后件中做了主语或宾语的定语成分，则不会对命题的时态产生影响，也不会对条件句的反事实意义有影响。

二　有共现例句的连接词及反事实比例

在自建的封闭语料库中，时间指示词与"假如"共现的例句 3 例，都是反事实条件句，反事实比例是 100%。例句如下：

（195）a. 假如令尊大人在走向朝鲜战场之前还没有结婚，今天在这里坐着的就不会是你切斯特顿少将了。

b. 假如你那时多卖点案子，你手里有的是钞票和黄金，谁能不巴结你？

例句 a 中，删除时间词"今天"并不会影响句子的事实性。所以，这里的时间词不是影响事实性的决定因素。由条件句可知，说话的当下切斯特顿少将正坐在这里，"不会……了"是对该事实命题的否定，因此命题后件具有了反事实意义。时间指示词"今天"从语用功能上来看，是与前件事件发生的过去时间形成鲜明对比，强化说话人的情感表达。例句 b 的反事实意义由"过去时间词$_{前件}$＋反问形式$_{后件}$"共同实现。事实是"你那时没有多卖点案子，没有钞票和黄金，所以没有人巴结你"。过去时间词"那时"对反事实意义起决定作用。删除后，句子"假如你多卖点案子，你手里有的是钞票和黄金，谁能不巴结你"倾向非事实意义。这时，前件表示说话人的建议，后件是建议实施后会产生的结果"谁都会巴结你"。

由以上例句可知，时间指示词在句中的功能是不同的，需要结合具体的语境和句法环境来判断其对反事实意义的影响。

在自建的封闭语料库中，时间指示词与"要是"共现的例句有 42 例，其中反事实条件句 28 例，反事实比例是 66.7%。例句如下：

（196）a. 要是那三篇通讯当初交给姗姗大姐拿去发了，就没这些事了。
b. 当时我要是听补之他们的话不亲自来一趟，敬轩就不会有决心明年麦收之后起事。
c. 要是你生母现在还活着，该多好啊！
d. 要是那样，陈文洪现在也就没有这么痛苦了。

例句 a 和 b 中的过去时间词"当初""当时"在条件句前件，管辖了整个谓语部分，表明事件的已然性和现实性，命题获得了反事实意义。如果两个例句中删除过去时间词"当初"和"当时"，句子的反事实意义并不会改变，这表明，过去时间词在该句中只是明示作用，句中还有其他反事实意义的机制。比如，例句 a 的命题后件"否定＋已然存在的事物"具有反事实意义，例句 b 的命题后件"否定＋已然事实"具有反事实意义。

例句 c 的反事实意义与时间指示词"现在"没有直接关系,而与后件感叹行为有关。"你生母现在是否还活着"对共享这个信息的人来说是确定的事情,用其反事实意义可以抒发说话人强烈的悲伤、惋惜之情。例句 d 的反事实意义与时间指示词"现在"无直接联系,删除之后,反事实意义依然成立。反事实的原因是命题后件中"这么"有很强的感叹性,而感叹行为的前提是说话人对命题的确定性。因此,命题后件获得了反事实意义,进而得出前件事实"并非那样"。我们可以用删除法去旁证"这么"的感叹性。例如,把句子改写成"要是那样,陈文洪现在也就没有痛苦了"。这一条件句有反事实和非事实解读两种可能性。

在时间指示词与"要是"共现的 14 例非事实条件句中,只有 1 例与过去时间词"刚才"共现。例句如下:

(197) a. 你要是放了我,刚才算是闹了一场误会。
b. 你要是现在不跟我去,你完蛋,我也得完蛋。

例句 a 中,"刚才"处在条件句后件的位置,表示确实发生了一些事情,被认为"一场误会"。但位于后件的过去时间并不影响前件的时态。在例句 b 中,说话人用消极的事件极力说服听话人"现在跟我去",该建议是否被接受由听话人决定,说话人不能确定。因此,条件句是非事实意义的。

在自建的封闭语料库中,时间指示词与"就算"共现的例句 3 例,其中反事实例句 2 例,反事实比例是 66.7%。例句如下:

(198) a. 就算我现在见到马克思,我也毫无愧色。
b. 就算现在窦玉泉当了军区的副参谋长,同梁必达地位相当了,梁必达也大可不必如此兴师动众诚惶诚恐地迎接。
c. 就算是梁必达当时处置不当,他张普景作为一个政工首长,也断没有为一个叛徒翻案的必要。

以上例句 a 和 b 是"就算"引导的是反事实条件句。句中时间词"现在"对反事实解读有重要作用。以例句 a 为例,"见到马克思"在语境中的含义是"死亡","现在"指"对话的当下",说话人把情况推向极端,那么命题就脱离了真实性，倾向反事实解读。例句 b 的反事实意义由语境获得，上文语境表明，"窦玉泉在对话的当下并不是军区的副参谋长"，所以，说话人对"梁必达兴师动众诚惶诚恐地迎接"的行为感到不满。如果删除"现在"，则命题前件与现实情况并不冲突，且在未来时间里具有可实现性，条件句获得非事实意义。

例句 c 比较特别，过去时间词"当时"管辖谓词性成分，理应对事件的时间产生影响，但是因为后接成分"处置不当"是一种评价行为，评价行为具有主观性，说话人也不能判断该评价是否合理。因此，事件"梁必达当时处置不当"可能是事实，也可能是反事实的。条件句倾向非事实意义。

由以上例句可知，"现在"的"对话的当下"语义使得命题多表达极端情况，因为与真实性脱节而倾向反事实意义。

在自建的封闭语料库中，时间指示词与"如果"共现的例句有 58 例，其中，反事实条件句 42 例，反事实比例是 72.4%。例句如下：

（199）a. 如果<u>当时他碰于莲一指头</u>，老林嫂真敢泼出命去跟他打架的！
　　　 b. 如果<u>当初对你做过一些什么出圈儿的事儿</u>，我可以对你表示反省。
　　　 c. 如果<u>梁大牙现在就是一个既具有顽强战斗作风，又具有高度政治觉悟的人</u>，那么我们还要开这个会干什么呢？
　　　 d. 如果<u>现在还有牺牲的必要</u>，那么就让他们来做一次牺牲品吧。
　　　 e. 如果<u>明天早上他们将一起去死</u>，他们依然会在今天晚上把脚洗得干干净净。

以上例句中，例句 a 和例句 c 是反事实条件句。例句 a 的过去时间词"当时"管辖后接整个主谓小句，表明事件的已然性和确定性。因此，在条件句前件位置获得反事实意义。如果删除时间词"当时"，句子的反事实意义将被取消，条件句表达说话人的认识"他碰于莲一指头，老林嫂敢泼出命去跟他打架"。通过表明老林嫂不好惹，对"他"有劝阻意味。

例句 b 中，前件里"当初"是过去时间词，修饰后接的整个命题。理论上来讲，发生在过去的事件是确定的，但是后接"做过一些什么出圈儿的事儿"是主观的评价行为，说话人不能确定自己的已然行为在"你"看来是不是"出圈儿的事儿"。因此，命题前件获得了非事实意义。

例句 c 中，时间指示词"现在"对句子的事实性并不起决定作用。句子的反事实意义来自后件的反问形式。反问句是无疑而问，表达说话人确定的态度，从而命题在后件中获得反事实意义。从语用来看，时间指示词"现在"将命题限定在当下，使命题的真实性降低，因而倾向反事实解读。

例句 d 和例句 e 中时间词"现在""明天"等管辖的命题是未然的，说话人无法确定其是否会发生，因此两个例句都是非事实条件句。

在自建的封闭语料库中，时间指示词与"若是"共现的例句有 2 例，其中反事实条件句 1 例，反事实比例是 50%。例句如下：

（200）a. 我若是在赵家多住一两年，恐怕现在也见不到你了。
b. 若是按照因果循环的唯心主义哲学，是什么时候，什么人种下的恶果，才会有今天自相残杀的报应啊？

例句 a 是反事实条件句，句中"现在"指"当下对话的时间"，可知"我见到你"是已然的事实。由后件的反事实意义推知前件"我没有在赵家多住一两年"。如果删除时间词"现在"，句子变为"我若是在赵家多住一两年，恐怕见不到你了"，那么，在特定的语境中，前件可以表示说话人未然的计划，后件表示某种可能结果"我见不到你了"。这样，句子的反事实意义就被取消。

在自建的封闭语料库中，时间指示词与"倘若"共现的例句有 8 例，其中反事实条件句 4 例，反事实比例是 50%。例句如下：

（201）a. 倘若当时孙抚台一直向东追杀，则闯贼岂能逃脱？
b. 倘若不是他当时赞同向李国瑞头上开刀，另外想一个筹饷办法，何至于今日进退两难！
c. 倘若郑崇俭进剿顺利，今天应该有奏捷的文书到了。

以上例句中，例句 a 和 b 是反事实条件句，但反事实意义并不是"当时"

决定的。所以，删除"当时"后条件句的事实性不变。例句 a 中，命题后件表达说话人对"闯贼逃脱"的愤怒和追责行为，可知"闯贼逃脱"是客观事实，由此推知前件致因"孙抚台没有一直向东追杀"。例句 b 在句法表现上有形式"不是_{前件}+反问形式_{后件}"，这一组合有很强的反事实能力。所以，删除过去时间词"当时"依然可以实现反事实意义。尽管例句 a 和 b 中过去时间词不影响反事实意义，但它可以帮助听话人缩短反事实意义的解读时间。例句 c 是非事实条件句。说话的当下"今天"还没有过去，因此说话人并不能确定"郑崇俭进剿是否顺利"。

在自建的封闭语料库中，时间指示词与"就是"共现的例句有 4 例，其中，反事实条件句 1 例，反事实比例是 25%。例句如下：

（202）a. 就是娘活到今天，也办不到，我自己做自己的主。
b. 你现在就是打死我，我也动不了了。
c. 今天就是死了，也要找几个垫背的。

例句 a 是反事实条件句。句中说话人"我"与谈论对象"娘"是母女关系，所以说话人对"娘是否活到今天"有确定的认识。说话人违背了已知的"客观事实"，目的是强化后件的主观态度。例句 b 和 c 的命题前件"打死我""死了"本身具有非常规的语义特征，而时间词"现在""今天"强化了这种语义的极端性。语义越极端，真实性越低，事件发生的概率也越小。但是，从例句 b 和 c 来看，说话人并没有完全否定命题发生的可能。因此，我们认为例句是非事实条件句。

在自建的封闭语料库中，时间指示词与"哪怕"共现的例句有 1 例，是非事实条件句，反事实比例为 0%。例句如下：

（203）怎么能那样粗暴地伤害忠心耿耿的老同志呢？凭什么对多年来任劳任怨的老战士大张挞伐呢？……即使在战场上，抓住敌人，哪怕刚才还拼死搏斗过，也得捺住满腔仇火，按照党的政策，优待俘虏。

例句中，说话人用"战场上对待俘虏"的态度来批评"粗暴地伤害老同志"的行为。命题前件是说话人假想的、虚构的场景，句中"刚才"并不指向现实世界的过去。在说话人打开的可能世界中,"刚才拼死搏斗过"并不具有确定性。

在自建的封闭语料库中,时间指示词与"纵然"共现的例句有1例,是非事实条件句,反事实比例为0%。例句如下:

(204)纵然我们今天为国战死,也使敌人不敢再轻视我们,并使千万志士闻风兴起,弟兄们,随我前进!

例句中,命题前件"今天为国战死"是未然事件,说话人还不确定结果如何。因此,句子是非事实意义的。

在自建的封闭语料库中,时间指示词与"即使"共现的例句有2例,其中反事实条件句1例,反事实比例为50%。例句如下:

(205)a. 即使今天买上明天就丢了,他也得去买。
　　　b. 当时即使不是他,换位别的同志,他也会尽力量招待自己队伍上的人。

例句a是非事实条件句,"今天买上明天就丢了"是说话人假设的极端情景。正常情况下这一情况的发生概率是极小的,用以表达说话人坚定的态度。但是虽然语义极端又不能排除在将来时间内发生的可能性。我们将其归入非事实条件句。例句b中,过去时间词"当时"表明命题前件的已然性,在条件句前件位置,可获得"当时不是他"的反事实意义。

在自建的封闭语料库中,时间指示词与"万一"共现的例句有1例,是非事实条件句,反事实比例是0%。"那时"是"到那时候"的意思,表示未来的时间,命题是非事实意义的。例句如下:

(206)万一真的打几仗,给了西军立功的机会,那时种师道就更跋扈难制了。

本节所探讨的各连接词与时间指示词的共现能力以及反事实情况如表48所示。

表 48 各连接词与时间指示词共现时的反事实情况

连接词	反事实句	总量	反事实比例	连接词的反事实比例
假如	3	3	100%	32.1%
如果	42	58	72.4%	19.2%
要是	28	42	66.7%	28.7%
就算	2	3	66.7%	21.2%
倘若	4	8	50%	12.7%
若是	1	2	50%	17.7%
即使	1	2	50%	4.7%
就是	1	4	25%	6.7%
哪怕	0	1	0%	11.3%
万一	0	1	0%	0%
纵然	0	1	0%	6.3%
总量	82	125	65.6%	

根据以上调查结果可知，完全排斥反事实意义的一组连词"只有、只要、一旦"与过去时间词共现的例句是 0 例，"万一"有 1 例是与表将来的时间"那时"共现。但是在 CCL 语料库中，我们发现大量过去时间词与"一旦""只要""只有"共现。在这些例句中，过去时间词基本位于后件中，且都作为定语成分修饰主语或宾语，这一句法位置并不会对整个命题的时态产生影响。因此，它们可以自由地与排斥反事实意义的连词共现。

由数据可知，除了"哪怕、万一、纵然"三个连接词，时间指示词这一组特征成分，使原本的连接词反事实比例显著地提高。因此，我们将时间指示词归入反事实形式。

通过对 CCL 语料库和自建的封闭语料库中的时间指示词进行考察可知，发生在过去的事情具有确定性和现实性，与条件句的语义结合，获得反事实条件句。而将来的时间表示事件具有未然性、不确定性，与条件句语义结合，倾向非事实意义。此外，正在进行的事情也具有客观现实性和确定性，与条件句的语义结合，获得反事实条件句。不管是表过去还是现在的时间词，只有位于条件句前件位置，且对命题的谓词成分起修饰和限定作用时，才会影响到条件句的事实性和条件句类型。

所以，过去时间词是否对条件句的反事实意义起决定作用？答案是否定的。时间指示词对句子反事实性的影响并不是决定性的，语料表明，过去时间词在句中大多可以删除而反事实意义不变，这是因为句中还共现了其他反事实要素。例如"如果我当时细心一些，也不至如此呀"。该例句中，"当时"的有无不改变条件句的事实性，第一人称代词"我"，以及后件感叹行为对反事实意义起决定作用。再比如"倘若当时孙抚台一直向东追杀，则闯贼岂能逃脱"。该例句中，过去时间词起到明示作用，使听话人更容易理解反事实意义。

有的例句中，时间指示词是反事实解读的关键要素。例如"如果她那时听了几个亲兵的话稍有动摇，老营就要瓦解了"。如果删除"那时"，条件句的前件是未然的，后件表达说话人的认识，句子倾向非事实意义。

由以上事实可知，在绝大多数情况下，过去时间词仅仅起到明示的作用，删除后，条件句的事实性不变。还有少数例句中，过去时间词会决定条件句的事实性，这时，往往会有其他特征成分与时间指示词共现实现反事实意义。

同样的，现在时间词对条件句事实性的影响也因句法环境而定。比如有的条件句中"现在"后接的命题本身可以独立实现反事实意义，删除"现在"并不影响句子的事实性。例句"要是你生母现在还活着，该多好啊""要是那样，陈文洪现在也就没有这么痛苦了"。在有些让步条件句中，时间指示词"现在"会影响句子的事实性。比如"就算我现在见到马克思，我也毫无愧色"。因为"现在"这一时间限定，条件句倾向反事实意义。

此外，条件句前件有一种特定表达，"连接词＋某人现在／今天还活着""连接词＋某人活到今天／现在"，该结构普遍具有反事实意义，表达说话人强烈的情感。

三　时间指示词的反事实能力差异及机制

本节，我们对自建的封闭语料库中的过去时间词"当初、当时、那时"和现在时间词"平时、现在、今天"等分别研究，考察两类时间词对反事实意义影响的差异及机制。

在自建的封闭语料库中，没有"假如"与"过去时间词""平时""今天"共现的例句。"假如"与"现在"共现的例句1例，是反事实条件句。例句如下：

（207）假如他不是抱着殷切的期望回乡，恐怕也不会像现在这样思绪万千，心潮起伏了。

该例句中，时间词"现在"并不是起决定作用的要素，删除后无影响。句中有更强的反事实形式"不是_前件_＋否定_后件_"，此外，还有代词"这样"指称现实世界中已然的行为"思绪万千心潮起伏"。命题后件"否定＋已然事实"也可实现反事实意义。

在自建的封闭语料库中，"要是"与"平时"共现例句 2 例，都是反事实条件句，反事实比例 100%；与"过去时间词"共现的例句 9 例，反事实条件句 9 例，反事实比例是 100%。例句中，过去时间词常与现在时间词共现，形成鲜明的对比。例句如下：

（208）a. 当初我要是不想那么多，也就不会有现在这些苦恼了。
　　　　b. 要是当初母亲知道她的心事，现在她也不会落在这种凄凉、孤寂的境地里面。
　　　　c. 要是当时有人给我副部长的美梦来个当头棒喝，那么，莲莲今天肯定又是一副样子了。

例句 a 中，除了时间词"当初""现在"，还有反事实形式"否定_前件_＋否定_后件_"以及"这""了_2_"等要素，删除"当初"并不影响条件句的反事实意义。例句 b 的后件表达了说话人的遗憾、惋惜之情，是感叹行为。句法上有形式"否定_后件_＋指示代词'这'"。时间词"当初"并不是影响条件句事实性的决定要素。例句 c 则不同，时间词"当时"和"今天"的对比对句子的反事实意义起决定影响。如果删除，条件句"要是有人给我副部长的美梦来个当头棒喝，那么，莲莲肯定又是一副样子了"获得非事实解读。说话人并不能确定是否有人"给我副部长的美梦来个当头棒喝"，而后件也只是说话人的观点，命题具有不确定性。

以上例句表明，过去时间词对条件句反事实意义的作用受句子环境影响。或者是明示作用，可以删除；或者起决定作用，不可删除。

在自建的封闭语料库中，"要是"与"今天"共现的例句有 12 例，其中，反事实条件句 7 例，反事实比例是 58.3%。例句如下：

(209) a. 他呢，也够认死理的，又是个不会撒谎的人。要是<u>有一点点说瞎话的本领</u>，也许今天就相安无事了！
　　　b. 彭四保要是<u>能活到今天</u>，他的性子可能跟胡连生差不多。
　　　c. 要是<u>在三十里铺那次听了我的</u>，也不至于有今天的千难万难。

例句 a 的反事实意义是语境赋予的，也与后件表示遗憾的感叹行为密切相关。在反事实语境中，"今天"的事件已然发生。例句 b 事件"某人活到今天"在条件句前件位置固定地表达反事实意义。例句 c 中，"今天"是定语，修饰宾语成分。命题前件中"那次"表示过去的已然事件，有确定性；命题后件是感叹行为，两者共同实现了句子的反事实意义。

以下是时间指示词"今天"在非事实条件句中的使用情况：

(210) a. 你今天要是<u>不跟我走</u>，你就永世不得翻身！
　　　b. 今天要是<u>被方丽清知道了</u>，岂不要闹上加闹？
　　　c. 今天要是<u>走不进城去</u>，祥子便算完了。

在非事实语境中，说话的当下"今天"还没有结束，后接事件是未然的。说话人也不能确定命题能否实现。例句 a 是说话人的威胁、诅咒行为。例句 b 是说话人的主观认识"方丽清知道后，一定会闹上加闹"。例句 c 也是说话人的主观认识"今天走不进城去，祥子便算完了"。例句中"今天"都处在条件前件的位置，管辖的是整个前件事件的时态，指向将来的时间，表示未然的事件，而且句中也没有出现其他反事实能力强的特征成分。

由语料可知，"今天"在反事实条件句中多出现在条件后件中，反事实意义由其他要素实现；在非事实条件句中，多位于条件前件的位置，决定整个命题的时态。非事实条件句中的"今天"在语义上表示的是一个时段，后接的事件在该时段内还未实现，具有未然性。

在自建的封闭语料库中，没有连词"就算"与"过去时间词"以及"平时"共现的例句。"就算"与"现在"共现的例句 2 例，反事实例句 2 例，反事实比例是 100%；与"今天"共现的例句 1 例，反事实例句 1 例，反事实比例是 100%。例句如下：

（211）a. 就算我现在见到马克思，我也毫无愧色。
b. 就算现在窦玉泉当了军区的副参谋长，同梁必达地位相当了，梁必达也大可不必如此兴师动众诚惶诚恐地迎接。
c. 今天就算玉皇大帝求我，也不行！

例句 a 和 b 中，"现在"限制了后接命题的实现时间，使得命题语义具有极端性，发生概率极小，因此句子倾向了反事实解读。例句 c 不同，它的反事实意义是由命题本身"玉皇大帝求我"的虚构性决定的，该命题在说话人的认知世界中始终是反事实意义，与时间指示词"今天"无关。

在自建的封闭语料库中，"如果"与"过去时间词"共现例句 21 例，反事实例句 19 例，反事实比例是 90.5%。例句如下：

（212）a. 如果宴会中没有刚才那一番热情叙旧，这个放肆的建议确是大大冒犯天使了。
b. 如果当时不是团长和郭祥他们挽救了危局，那造成的会是什么局面哪！
c. 如果接受，那当初我们为什么要打？

例句 a 是反事实条件句，其反事实意义由"没有_前件_+已然存在"推导而来，句中"刚才那一番热情叙旧"是动词"没有"的宾语成分，时间指示词"刚才"表明了"一番热情叙旧"的已然存在，否定已然存在获得了反事实意义。如果删除"刚才"，句子的事实性不变，因为前件里指示代词"那"也具有现实指称性。

例句 b 是反事实条件句，"不是_前件_+反问形式_后件_"有极强的反事实能力。过去时间词只是明示事件发生在过去，删除后并不影响反事实意义。语料中，"当初_前件_""当时_前件_"管辖命题的谓语成分时，条件句都是反事实的。语料中有 1 例"当初_后件_"表示非事实意义。如例句 c 所示，"当初"在后件位置，表明事件"打仗"的已然性。但是，命题前件"是否接受"是当下讨论的问题，说话人还不能确定。

还有 1 例非事实条件句包含时间指示词"那时"：

（213）如果那时有人看见，一定以为那包谷杆里有着两头拱食的猪。

例句中，"那时"指向过去的时间，表明"看见"后的宾语所指的事件已然存在，但说话人并不知道过去的这件事是否有人看见，前件是非事实意义的。

在自建的封闭语料库中，"如果"与"平时"共现的例句2例，都是反事实条件句，反事实比例是100%；"如果"与"现在"共现的例句有7例，反事实例句5例，反事实比例是71.4%。例句如下：

（214）a. 如果是在平时，在郭祥情感平静的时辰，这条路该引起他多少回忆呀！
　　　 b. 如果在平时，慧梅一定赶快用几句话就可以对她讲明了道理，甚至亲自射一次，做个样子让她看看。
　　　 c. 如果不是张普景这不冷不热的态度，梁大牙的那缕冤魂现在恐怕早就游荡在阴曹地府里了。
　　　 d. 如果您现在是一个人，那我爸有没有希望？
　　　 e. 如果现在不平了它，洋人回来了，我们就会死。

例句a和b是反事实条件句，句子都表达说话人的遗憾、惋惜之情。由条件句语义可知，当下的事件情况特殊，与"平时"不一样，因此形成鲜明对比。

例句c和d是反事实条件句，例句e是非事实条件句。由例句可见，时间指示词"现在"对条件句事实性的影响是不同的。例句c中，成分"不是$_{前件}$"以及感叹形式"早……了"，这两者共现具有很强的反事实能力，删除后件的"现在"并不影响句子的事实性。例句d则不同，成分"现在"具有决定影响。"现在"指当下的一段时间，对后接事件"是一个人"的事实性起到限制作用。由语境可知，说话人对"您现在是否单身"的情况是确定的，这在条件句前件中得到反事实解读。一旦撤销时间限制"现在"，并不能确定"您是不是一个人"，条件句就倾向非事实解读。

例句e表达了说话人的观点，后件结果对听话人有警示、劝说作用。事件"平了它"还是未然的，说话人不能确定是否可以实现，因此是非事实命题。在语义上,"现在"强调时间的紧迫性,对听话人有催促意味。

在自建的封闭语料库中,"若是"与现在时间词"今天""现在"共现的例句各1例。前者是非事实条件句,反事实比例为0%;后者是反事实条件句,反事实比例为100%。例句如下:

(215) a. 若是按照因果循环的唯心主义哲学,是什么时候什么人种下的恶果才会有今天自相残杀的报应啊?
b. 我若是在赵家多住一两年,恐怕现在也见不到你了。

例句a的命题前件表示分析角度,后件是说话人的疑问行为。例句b后件的"现在"对反事实解读有重要作用,"现在"即听说双方当下的对话时间,"见到你了"是客观事实,否定客观事实具有反事实意义。

在自建的封闭语料库中,"倘若"与"过去时间词"共现例句2例,反事实例句2例,反事实比例是100%;与"平时"共现的例句2例,都是反事实条件句,反事实比例是100%;与"现在"共现的例句有2例,与"今天"共现的例句1例,都是非事实条件句,反事实比例都是0%。例句如下:

(216) a. 倘若不是他当时赞同向李国瑞头上开刀,何至于今日进退两难!
b. 倘若在平时,他会大跳大叫地进行反抗和报复。但现在他把头一缩,伸伸舌头,规规矩矩地退后两步。
c. 倘若郑崇俭进剿顺利,今天应该有奏捷的文书到了。
d. 倘若你们想拉杆子祸害百姓,现在就从我的眼前拉出石门寨。

例句a中除了过去时间词"当时",还有反事实形式"不是_{前件}+反问形式_{后件}",这都决定了条件句的反事实意义。句中的"当时"与"今日"形成鲜明的对比,以强化说话人情感。例句b的下文语境表明他并没有大跳大叫进行反抗和报复,句子是反事实意义。例句c和d是非事实条件句,时间词处在条件后件位置,删除后不影响句子的事实性。

在自建的封闭语料库中,没有连词"就是""纵然""即使"与过去时间词、现在时间词"平时"共现的例句;"就是"与"现在""今天"共现的例句有 5 例,反事实例句 1 例,反事实比例是 20%。例句如下:

(217) a. 就是<u>娘活到今天</u>,也办不到,我自己做自己的主。
　　　 b. 就是<u>你有空</u>,现在也来不及了。

例句 a 是反事实条件句。说话人对"娘是否活到今天"的事件有确定的认识,因此命题前件获得反事实意义。例句 b 中,时间指示词"现在"在命题后件,不影响整个命题的时态。前件"你是否有空"在说话人的认知中不具有确定性,是非事实条件句。

对以上统计数据进行整理,如表 49 所示。

表 49　各连接词与具体时间指示词共现时的反事实情况

连接词	平时 数量	平时 反事实比例	当初/当时/那时/昨天/刚才 数量	当初/当时/那时/昨天/刚才 反事实比例	现在 数量	现在 反事实比例	今天 数量	今天 反事实比例
假如	0		0		1/1	100%	0	
要是	2/2	100%	9/9	100%	19/29	65.5%	7/12	58.3%
就算	0		0		2/2	100%	1/1	100%
如果	2/2	100%	19/21	90.5%	5/7	71.4%	0	
若是	0		0		1/1	100%	0/1	0%
倘若	2/2	100%	2/2	100%	0/2	0%	0/1	0%
就是	0		0		0/3	0%	1/2	50%
纵然	0		0		0/1	0%	0/1	0%
即使	0		0		0/1	0%	0/1	0%
万一	0		0		0		0	
哪怕	0		0		0		0	
总量	6/6	100%	30/32	93.8%	28/46	60.9%	9/19	47.4%

注:"/"前数字表示连接词与时间指示词共现的反事实例句数,"/"后数字表示连接词与时间指示词共现的例句总数。

由以上数据可见,条件句中时间指示词的反事实能力:平时 > 过去时间词＞现在＞今天。"平时"的例句不多，且都是"连接词+（在）平时"的形式，稳定表达反事实意义。从语义上看，"平时"出现在前件时，强调"这次的特殊性"。"平时"后接的命题具有确定性，在条件句中获得反事实解读。例如"倘若在平时行军，遇着这样的好地方，应该命人马停下来休息打尖""要是平时，杨雪一定会悄悄地扑上去给他开个玩笑"。

以上研究显示，过去时间词的反事实比例达到93.8%，时间词"现在"的反事实能力也很强，反事实比例是60.9%。为什么会产生这一结果？比较容易理解，"当初""当时"等时间指示词是说话人对过去事件的追溯，过去事件具有现实性。现实性也就意味着确定性，或者是事实，或者是反事实，而极少可能是非事实。已知条件句的基本性质是"非事实"或"反事实"。于是有以下逻辑"合取"操作：

现实性 & 条件句→（事实∨反事实）&（非事实∨反事实）→反事实

在极少的例句中，"过去时间词"位于条件句后件，充当定语成分，该句法位置不会对条件句的事实性产生影响。因此，过去时间词的反事实能力并不是100%。

那么，为什么"现在""今天"也有很强的反事实倾向？而且，"现在"的反事实能力比"今天"更强。从例句来看，主要是"现在"的语用环境决定的。

用法之一："现在"多位于条件句的后件，用在与"过去"对比的语境中，例如"如果当初她也到市集去讴歌求侣，那么现在她的命运就大不相同了"。鲜明的对比用以表达说话人的强烈情感，所以例句中，现在时间词多与过去时间词共现，过去时间词具有现实性，倾向反事实意义，在句法上会吸引更强的反事实形式，这使得句子获得反事实意义。

在对比的语境中，"现在"往往强调"当下的遗憾"，遗憾、悔恨等情感表现在条件句的后件中，形式上多是表达强情感的"反问形式""早……了"等。因此，条件句具有了反事实意义。例如："如果要是那样的话，我们国家现在何至于进口小汽车嘛""如果不是方丽清，何至于陷入今天这种危险、难堪、可怜的境地"。

用法之二：在让步条件句中，"现在"多用在谓词短语之前，用来限定事件的实现时间，"当下时间即刻实现某一命题"往往具有极端语义，与真实性脱节，从而使得命题倾向反事实语义。例如"即使现在他就成领导干部了,也没必要这么恭维着",因此,时间词"现在"在语用中获得很强的反事实能力。

时间词"今天"与"现在"相比,反事实比例降低,也就是说,"今天"比"现在"的反事实能力弱。由语料可知,这与两者的语义和常用环境有关。"现在"指谈话的当下,是一个时间点。"今天"则是比"现在"更长的一个时间段。在反事实让步条件句中,时间词用"现在"进行修饰,而不用"今天"。"今天"多位于条件句前件位置,后接未然的事件,表达非事实意义;而"现在"多位于条件句后件位置,与前件的过去时间形成对比。

第二节 时间副词"早"

在自建的封闭语料库中,除了"早知道"这一词汇化形式,时间副词"早"在命题前件中经常与其他谓词性成分共现,我们用"早×"表示。与词汇化的"早知道"不同,"早×"并不总是表达反事实意义,而且,"早"和"×"之间可以插入"(一)些、(一)点儿"等成分。在情感上,"早×"出现在条件句中既可以是遗憾之情,还可以表达说话人的庆幸、满足之情。"早"还经常用在后件中,后接谓词性成分,句尾多共现语气词"了"。

下面我们将对汉语条件句中"早×前件"和"早×后件"分别进行研究。

一 早×前件

(一)无共现例句的连接词

在自建的封闭语料库中,我们统计了不同连接词与"早×前件"的共现情况。其中,没有"要不是""早知道""纵使""就算""假若""倘若""若是""假使""就是""哪怕""纵然""即使""只要""万一""一旦""只有""倘使"与"早×前件"共现的例句。但是,这并不是说它们不能共现,扩大检索的范围,在CCL语料库中可以找到共现的例句。

在CCL语料库中,"早×前件"与"若是"共现的例句有10例,都是反事实条件句。例句如下:

(218) a. 出事的那天下午,小金金若是<u>早一会儿回家</u>,后果不堪设想。(《人民日报》1996年)

b. 杨过若是早到片刻，便能救得此厄。但天道不测，世事难言，一切岂能尽如人意？（金庸《神雕侠侣》）

例句 a 中"出事那天下午"说明事情已然发生，是确定的事件。结合条件句前件的"非事实/反事实"的语义，只能获得反事实解读"小金金没有早回家"。例句 b 的下文语境中"但"表示语义的转折，表达说话人的无奈之感。可知条件句前件是反事实意义"杨过没有早到片刻"。

以上例句如果没有语境的辅助，也可以解读为非事实条件句。这时例句 a 表示说话人的劝阻行为，警告"小金金不要早回家"；例句 b 是说话人的建议行为，希望"杨过早到片刻"。

此外，我们在 CCL 语料库中还找到"只有""哪怕""只要""倘若"与"早×$_{前件}$"共现的例句，但是，例句是稀少的，均不超过 8 例。例句如下：

（219）a. 我们只有早动手，抢占科技制高点，才能避免落伍的危险。（《人民日报》1996 年）

b. 我现在觉得睡觉就是浪费生命，我哪怕早点儿起床陪我妈多待会儿，也不愿意睡懒觉了。（网络语料）

c. 我厌恶战争，谁战败都可以。只要早点儿结束，什么圣战，还不如不神圣的和平。（文美惠《当代世界文学名著鉴赏词典》）

d. 倘若早些年采取果断措施，强化体能训练的要求，何至如此？（《人民日报》1994 年）

以上例句中，例句 a 表达说话人的观点，也是建议行为。说话人强调"早动手，抢占科技制高点"这一行为的必要性和重要意义。该建议可能实现，也可能无法实现，是非事实条件句。例句 b 说话人想表达"起床陪我妈多待会儿"可能也没什么意思，尽管如此，"也不愿意睡懒觉"，以此说明自己的态度转变"我现在觉得睡觉就是浪费生命"。例句 c "只要"条件前件表示唯一要求，"早点儿结束"也是说话人的唯一愿望。但因为事件不具有自主性和可控性，说话人并不能确定命题前件的愿望能否实现。例句 d 是反事实条件句，表达说话人的遗憾和不满情绪。命题后件的反问形式表达感叹行为，表明事件的已然性。由此推出前件的反事实意义,说话人认为"因为没有早些年采取果断措施,强化体能训练的要求",因此导致了消极后果。例句可见,"早 ×_{前件}"因为条件句语境和语法功能的不同,其事实性表现不同。

(二)有共现例句的连接词及反事实比例

在自建的封闭语料库中,"早 ×_{前件}"与"假如"共现的例句有 1 例,是反事实例句,反事实比例100%。例句如下:

(220)假如你早就像笑话孔明一样地指名笑话我,或劝告我,难道我还会在"夕阳西下"的时间和"水向东流"的地点去和土匪打仗吗?

例句中,"早 ×_{前件} + 反问形式_{后件}"共同实现了条件句的反事实意义。说话人表达了对听话人的埋怨,因为"你没有早就像笑话孔明一样地指名笑话我,或劝告我,我才在不合适的时间和地点去和土匪打仗"。

在自建的封闭语料库中,"早 ×_{前件}"与"要是"共现的例句有 12 例,其中反事实例句 12 例,反事实比例100%。例句如下:

(221)a. 他要是早一点打个招呼,妹妹决然不会死。
b. 要是韩秋云早几年跟我在一起,那我能放过她吗?
c. 要是早点请示江部长就好了!

例句 a 表达了说话人对"他"的责备,对妹妹死去的悲伤之情。说话人认为"他没有早一点打个招呼"是导致后件结果"妹妹死去"的原因。句中共现的特征成分是"早 ×_{前件} + 否定_{后件}"。例句 b 表达说话人的态度"韩秋云早几年跟我在一起,我不会放过她"。因为命题前件谈及的是说话人自己的情况,所以说话人有确定的认识,从而获得命题的反事实意义。例句 b 中,有特征成分"早 ×_{前件} + 反问形式_{后件}"共现。例句 c 表达说话人强烈的后悔之情,此感叹行为表明命题是反事实的。句中有反事实特征成分"早……就好了"。

在自建的封闭语料库中,"早 ×_{前件}"与"如果"共现的例句有 9 例,其中反事实例句 5 例,反事实比例是 55.6%。例句如下:

（222）a. 如果我早几天就参加对小直布罗陀的攻击，那也许就没有我们之间现在这次谈话了。

b. 如果早几个月办了，岂不是现在早已离开上海到了香港甚至已经去重庆了吗？

例句 a 中，说话人认为"因为没有早几天参加对小直布罗陀的攻击，才有现在的谈话"；例句 b 由于"没有早几个月办理，导致现在没有离开上海"。例句的命题前后件之间是说话人主观认定的因果关系。从语义来看，说话人对该因果关系的必然性也有不同程度的认识。例句 a 副词"也许"表示关系不确定；例句 b 反问形式则是极为肯定前后件之间的"致因 - 结果"关系。

在自建的封闭语料库中，"早 ×$_{前件}$"与"如果"共现的例句中还有 4 例非事实条件句，例句如下：

（223）a. 如果能让他早些出来，这风险我愿意担！

b. 如果想早点休息，那么，我们明天一早就先坐汽车到吴江县太湖边上看湖田，看完湖田游太湖，吃船菜……

例句 a 的前件表示说话人的愿望"让他早些出来"，祈愿行为是未然的，说话人不能确定是否可以实现；后件是说话人为了实现前件而做出的承诺行为。例句 b 中"早点休息"是心理活动动词"想"的宾语，"想"是主体"你们"的意愿，说话人不能确定对方的意愿。后件是说话人给出的建议。

为了更直观地表明"早 ×$_{前件}$"的反事实情况，我们制作了表 50：

表 50 各连接词与"早 ×$_{前件}$"共现时的反事实情况

连接词	反事实句	总量	反事实比例	连接词的反事实比例
假如	1	1	100%	32.1%
要是	12	12	100%	28.7%
如果	5	9	55.6%	19.2%
总量	18	22	81.8%	

由数据可知，以"早 ×$_{前件}$"为代表的一组特征成分，使原本的连接词反

事实比例大大提高了。因此，我们将"早×_前件"归入反事实形式。

对以上反事实例句进行总结，可以发现："早×_前件"在表达反事实意义的条件句中多与"反问形式_后件"、否定形式"不_后件、没有_后件""……就好了_后件"等高频共现，共同实现反事实意义。

在自建的封闭语料库中，只有"假如""要是""如果"与"早×_前件"有共现例句。当扩大到 CCL 语料库时，会发现自建的封闭语料库中无共现例句的连词，CCL 中用例也极少。在这些例句中，可以总结出命题前件中"早×_前件"的几种用法。

1."早+VP"

吕叔湘（[1980]1999：650）解释"早"可以直接用在动词前，表示假设，含有"现在太晚了"的意思。

我们通过语料调查得出：除了完全排斥反事实意义的连词"只要、只有"等，其他连词引导的条件句中，如果"早"后面紧跟着谓词性成分，则该条件句是反事实条件句，表达说话人的消极情感和情绪。例句如下：

（224）a. 如果<u>早听老父一句忠言</u>，岂能有这次风险呢！（窦应泰《李嘉诚家族传》）

b. 假如<u>早遇到王老师两年</u>，我的作文水平不会是现在这样。（网络语料）

c. 要是思想<u>早解放几年</u>，何必为此付出如此代价！（《报刊精选》1994 年）

以上例句都是反事实条件句，例句 a 和 c 有反事实形式"早×_前件+反问形式_后件"，例句 b 有反事实形式"早×_前件+否定_后件"。例句 a 中"风险已经发生"，说话人因为"没有听老父的忠言"而表示悔恨；例句 b 因为"没有早遇到王老师，我的作文水平是现在这样"，说话人表示遗憾；例句 c "因为思想没有早点解放，已经付出了如此代价"，说话人表示惋惜。例句的命题前后件之间可以解读出因果关系。

该类条件句中，前件 VP 是积极事件，"早+VP"在条件句前件位置具有隐性否定功能，使得命题转向消极语义，进而导致后件的消极后果，表达说话人的悔恨、遗憾之情。

在"只有""只要""万一"引导的非事实条件句中，条件句前件是未然的，"早"表达"动作行为提前"的意义。例句如下：

（225）a. 只有<u>早抓</u>才能<u>早行动</u>，真抓才能见实效。（《人民日报》1998年）

b. 只要<u>早发现、早治疗</u>，绝大多数的患者都能终生保持有用的视功能。（《新华社》2001年）

c. 万一<u>我决定早走一步</u>，他们会受不了。（《读者》1988年）

例句 a 和 b 表达说话人的观点和认识。该例句中，"说话人"不是普通的个体，而是政府部门或者医疗机构；所表达的观点也不是一次性的具体命题，而是基本达成共识的普遍道理。所以前件是非事实意义的。例句 c 中，虽然主语"我"对"是否决定早走一步"有自主性和可控性，但说话人已表明"我"由于顾虑到他们还未确定，因此，命题前件也是非事实意义的。

2. "早 + 时间数量词 +VP"

吕叔湘（[1980]1999：650）解释"早"后可以有时间数量词。在条件句前件的句法位置，有"早 + 时间数量词 +VP"的句法形式。例句如下：

（226）a. 如果<u>早十分钟</u>，不，<u>早五分钟</u>，甚至<u>早一分钟</u>出来，就不会出事了！（琼瑶《青青河边草》）

b. 如果他们再<u>早几十秒</u>，很可能会遭遇到红旗车一样的命运。（张平《十面埋伏》）

c. 若是<u>早五十年</u>出生的话，就可以跟随高祖打天下成为大诸侯了。（郭淑娟《中国武将列传》）

d. 要是我<u>早几年</u>就理解了他这个特点，我想他一定跟我结婚了。（米切尔著，戴侃、李野光、庄绎传译《飘》）

以上例句都是反事实条件句。例句 a 有反事实形式"早 × 前件 + 感叹形式 后件"共现，句末的"了$_2$"表示感叹语气，感叹行为表示说话人对相关命题有确定的认识，这决定了条件句的反事实意义。如果删除例句 a 中的"了$_2$"，条件句也可以是非事实意义的。

例句 b 中，副词"再"是在已知事件时间的基础上进行假设，因此，"再"对于命题前件的反事实解读有重要作用。例句 c 的反事实意义可由前件独立获得，句中说话人也是句子主语"我"。关于"我的出生时间问题"，说话人是确定的，因此条件句前件获得反事实意义。例句 d 的反事实意义同样可由命题前件获得，说话人对自己的认识过程是确定的，在前件位置得到反事实解读。

从情感性看，例句 a、c 和 d 表达说话人的消极情感，而例句 b 是积极的情感，表达说话人的庆幸心理。在语料中，消极情感占绝对优势。

在 CCL 语料库中，"早 + 时间数量词 +VP"的情况里有 4 例非事实条件句。例句如下：

（227）a. 当有自然灾害时，如果<u>早 3~5 天</u>得到预报，采取措施后一般可减少损失达 30%~40%。(《人民日报》1998 年)
  b. 如果能<u>早一天</u>理顺你和她的关系，我就能早一天看到你发自内心的快乐。(卫慧《上海宝贝》)
  c. 我们的救援物资，哪怕能够<u>早一分钟</u>送到他们手上，也是对他们的一种巨大慰藉。(《新华社》2004 年)
  d. 只要能<u>早一天</u>把新型战舰交给部队，我就是少活几年又算得了什么呢。(《人民日报》2001 年)

例句 a 不是个人主观的表达，也不是针对一次性具体事件而言的，它是经过科学证实的客观道理。这种表达一般道理的条件句是非事实条件句。例句 b 是说话人的愿望，"早一天看到你发自内心的快乐"是说话人希望的结果。说话人认为该结果的前提是"早一天理顺你和她的关系"。因为前件具有未然性和不确定性，所以该条件句是非事实条件句。其中数量词"一天"是虚指的时间，表示"尽早"的意思，数量词不能换成"两天""三天"等。例句 c 表达说话人的个人观点。命题前件是说话人期待的事情，但说话人对其实现情况不具有可控性，因此，并不能确定命题的事实性。例句 d 中"一天"是虚指的时间词。前件表示说话人愿望，是尚未实现的命题。所以，条件句是非事实意义的。

此外，在 CCL 语料库中，不存在非事实形式"只有""万一""一旦"后接"时间数量词"的例句。

3. "早+（一）点（儿）/（一）会儿/（一）些"

在 CCL 语料库中，还有一类常见的搭配，"早（一）点（儿）""早（一）会儿""早（一）些"出现在条件句前件位置，对条件句的事实性有重要影响，例句如下：

(228) a. 如果<u>早一点儿</u>认清自己的内心，结局就会完全不同了吧？（网络语料）

b. 如果他们<u>早一些</u>受到各方面的监督、批评和处分，其行为就不一定发展到后来那么严重。（《人民日报》1993 年）

c. 要是<u>早点</u>施行一单通，我妈妈看病能省下不少钱。家住天津市河西区的袁先生不无遗憾。（《人民日报》2006 年）

d. 倘若<u>车子早一点儿坏在爆区</u>，后果便不堪设想。（《报刊精选》1994 年）

以上例句都是反事实条件句，例句 a 除了特征成分"早"，关于"认清自己的内心"这一事件，说话人有确定的认识。因此，在条件句前件中获得反事实解读。例句 b "后来那么严重"指向过去的已然事实，否定已然事实获得反事实意义，由后件可推知前件是反事实的，例句 c 的反事实意义是结合语境实现的，后文的"袁先生不无遗憾"表明命题的反事实性。例句 d 表达说话人对已然事件的庆幸和侥幸心理，可知命题前后件都是反事实意义。如果删除"早一点儿"，"倘若车子坏在爆区，后果便不堪设想"可以表达说话人的观点和警告行为。这时，命题前件的事实性并不确定，是非事实条件句。从情感性看，例句 a、b 和 c 表达消极的情感，例句 d 是积极的情感，表达说话人的庆幸心理。在语料中，消极情感还是占绝对优势。

同时，我们在"如果"和"只要"条件句中，也找到少量的非事实条件句。例句如下：

(229) a. 如果我们能<u>早一点</u>结婚，那就最好不过了。（岑凯伦《合家欢》）

b. 只要<u>早点</u>出发的话，跟黑妖精之间的距离便会确实地拉近。

（水野良《罗德岛战记》）

c. 现在找工作这么难，如果<u>不早点行动</u>，好岗位恐怕都被人抢走了吧。（网络语料）

d. 不过事情已经发生了，如果<u>不早点想法子</u>，传扬开去，也不能增加我们脸上的光彩。（周而复《上海的早晨》）

例句 a 表达说话人的愿望，命题前件是未然的，具有不确定性。例句 b 表达说话人的观点，命题前件是说话人的建议，建议的内容是未然的，条件句前件是非事实意义的。例句 c 和 d 也表达说话人的观点，不同的是，它们在形式上有否定词"不_前件_"。前文研究已证实，"不_前件_"是非事实形式，使得原有条件句倾向非事实解读。在"不 + 早（一）点（儿）+VP"的格式中，"早（一）点（儿）+VP"是未然的，命题具有非事实意义。

二 早 ×_后件_

（一）无共现例句的连接词

在自建的封闭语料库中，我们统计了不同连接词与"早 ×_后件_"的共现情况。其中，没有"纵使""就算""若是""假使""就是""纵然""只要""一旦""只有""倘使"与"早 ×_后件_"共现的例句。为了进一步证实"早 ×_后件_"的使用情况，我们扩大检索了 CCL 语料库，发现少量共现例句。

在 CCL 语料库中，"早 ×_后件_"与"纵使"共现的例句有 2 例，都是非事实条件句。例句如下：

（230）a. 如今时间已过去一个多世纪了，<u>纵使他再神秘</u>，也早就白骨一堆。（《作家文摘》1997 年）

b. <u>纵使几十年风霜没有损伤了当年的佳人</u>，也早该白发萧萧，见了面也不再相认了。（柯灵《苏州拾梦记》）

"纵使"是让步条件句，让步条件句的语义特征是：命题后件具有主观的事实性，并且命题前件的事实性不影响后件的结果。因此，例句中"早就白骨一堆""早该白发萧萧，见了面也不再相认"在说话人的认知中是主观事实。对于命题前件，说话人并没有证实过，也就没有确定的认识，因此，该类条件句是非事实条件句。

在 CCL 语料库中,"早×_后件"与"就算"共现的例句有 8 例,都是非事实条件句。例句如下:

(231) a. 就算有任何的生还者,也早该逃走了。(魏斯、西克曼著,朱学恒译《龙枪编年史》)
b. 就算那蓝绿色的光芒还在她脑里,控制它的恶魔也早就死了。(网络语料)

同"纵使"句相同,"就算"条件句的后件也具有主观事实性。说话人认为,"生还者早逃走了""控制它的恶魔也早就死了"是事实。

让步条件句前件的事实性对语境的依赖性很强,在不同的语境中会倾向不同的理解。如果例句 a 中说话人认为"没有生还者",例句 b 中,说话人认为"蓝绿色的光芒不在她脑里了",该观点中,说话人通过承认与自己的主观认识相反的命题,旨在强调命题后件的事实性。这时,句子前件倾向反事实意义。还有一种可能,说话人对前件事实性并不确定,姑且承认事实语义,也不会影响后件的事实性,但条件句倾向非事实条件句。

在 CCL 语料库中,"早×_后件"与"若是"共现的例句有 45 例,都是反事实条件句。例句如下:

(232) a. 若是他下的毒,他早就跑了,还在这里瞧什么热闹?(古龙《多情剑客无情剑》)
b. 若是人人都像你这么样喝酒,卖酒的早就都发财了。(古龙《多情剑客无情剑》)

例句 a 的后件是感叹行为,形式"早……了"带有强烈的情感,表明说话人对命题事件有确定的认识。后件"他早就跑了"获得反事实意义,推知前件"他没有下毒"。例句 b 中说话人对对象"你"是批评态度,呵斥他喝酒太多,意在进行劝阻。后件"早……了"带有强烈的情绪,是感叹行为。由后件"卖酒的都发财"的反事实意义,推知前件事实"并不是人人像你这么样喝酒"。语料显示,在 45 个例句中,条件后件几乎全部都有很强的感叹性。

在 CCL 语料库中,"早 ×_后件"与"假使"共现的例句有 2 例,都是反事实条件句。例句如下:

(233) a. 假使他是一个和我同样年纪的人,我早已把他打翻在地上不止二十次了。(柯南·道尔著,李家云等译《福尔摩斯探案集》)
b. 假使周秦诸子不依托开国之君,恐怕他们的学说早已消灭,岂能传到今日?(李宗吾《厚黑学》)

例句 a 的反事实意义由后件推导而来,后件是"我"的行为,对说话人来说具有确定性。由后件的反事实意义推导出前件的事实是"他是一个和我不同年纪的人"。例句 b 的反事实意义来自对客观事实的违反。我们知道,诸子学说一直保留到今天,影响着当代人。后件反问形式表达的意义是"他们的学说已消灭,不能传到今日",显然违反客观事实。

在 CCL 语料库中,"早 ×_后件"与"只要"共现的例句有 9 例,其中非事实条件句 6 例,反事实条件句 3 例。在前文的研究中,我们基于自建的封闭语料库得出结论,汉语中连词"只要"完全排斥反事实意义,此处讨论的这几例"只要"的反事实用法,我们认为是语用修辞现象,不放在统计数据里。例句如下:

(234) a. 人不能为钱活着,要想发财,只要我调出五团或者转业到地方工作,早就不是现在的这个样子了。(《人民日报》1996 年)
a'. 人不能为钱活着,只想发财,要是我调出五团或者转业到地方工作,早就不是现在的这个样子了。
b. 不是没有机会和条件,只要他点点头或开开口,户口和工作早就解决了。(《人民日报》1998 年)
b'. 不是没有机会和条件,如果他点点头或开开口,户口和工作早就解决了。
c. 我是为了保护你,看你还是个解放军,才没有对红卫兵小将们讲,只要我说一声,他们早就来揪你的人,烧你的书了!(《作家文摘》1995 年)

c′. 我是为了保护你，看你还是个解放军，才没有对红卫兵小将们讲，假如<u>我说一声</u>，他们早就来揪你的人，烧你的书了！

以上例句的后件都有"早……了"感叹形式。感叹命题表达的是说话人确定的认识，条件句后件获得反事实意义。可知，例句 a 的事实是"我没有调出五团或转业到地方工作"；例句 b "他没有点头或开口，所以户口和工作没有解决"；例句 c 说话人强调"我并没有说一声，他们才没有揪你的人，烧你的书"。如果用"要是""如果""假如"等连词替换，条件句的反事实意义不变，但是在情感色彩上存在明显不同。"只要"连词本身含有"主观小量"的语义，表明命题前件对主语是极简单、易实现的事情。按照常理来说，对应的后件结果原本可以实现，然而后件的反事实意义表明结果正相反。这一语义特点使得前提和现实结果的对比明显，强化了说话人的情感表达。替换为"如果、假如"等，并没有明示命题前件的难易程度。

在 CCL 语料库中，"早 ×_{后件}"与"一旦"共现的例句有 7 例，反事实条件句为 0 例，且条件句语用环境一致，都是用在医疗方面。例句如下：

（235）<u>一旦出现病例</u>，应做到早发现、早报告、早隔离和早治疗。（《新华社》2004 年）

（二）有共现例句的连接词及反事实比例

在自建的封闭语料库中，"早 ×_{后件}"与连接词"早知道"共现例句有 2 例，都是反事实条件句，反事实比例是 100%。例句如下：

（236）a. 早知道这么容易，我早就做了，还等今儿。
b. 早知道<u>您好喝会儿</u>，我应该早吩咐小张把凉菜给您端上去。

我们认为，句首"早知道"在汉语中已经语法化为反事实标记，任何要素与它共现反事实比例都是 100%。例句 a 的事实是"我不知道这么容易，没有早点做"；例句 b 的事实是"不知道您好喝会儿，没有早吩咐小张把凉菜给您端上去"。

在自建的封闭语料库中,"早×_后件"与"要不是"共现例句有2例,都是反事实条件句,反事实比例是100%。例句如下:

(237) a. 要不是姑妈来玩,我们早吃过饭了。
　　　 b. 要不是有个老母亲拖住腿,他早就不是这样了。

我们认为,句首"要不是"在汉语中已经语法化为反事实标记,任何要素与它共现反事实比例都是100%。说话人认为命题前后件是"致因-结果"的语义关系,可以理解为"因为姑妈来玩,我们没有吃饭""因为有个老母亲拖住腿,他才是现在这个样子"。

在自建的封闭语料库中,"早×_后件"与"假如"共现的例句有2例,都是反事实条件句,反事实比例是100%。例句如下:

(238) a. 他拥护他那漆了不知多少遍的棺材,假如不是那寿器赘着,早三年就离开石湖了。
　　　 b. 假如所有的军队都同我们一样,土匪早已完全消灭了。

例句a和b表达了说话人的主观认识,例句a说话人认为"因为那寿器赘着,没能早三年离开石湖",例句b"不是所有的军队都同我们一样,所以土匪没有消灭完"。说话人通过对事件的消极评价,强调命题前件的"致因"。两个例句的后件都是"早……了"形式,表达说话人确定的认识。例句a中有特征成分"不是_前件+早……了_后件"的共现。例句b由命题后件的反事实意义可推知前件的反事实性。

在自建的封闭语料库中,"早×_后件"与"要是"共现的例句有17例,其中反事实条件句15例,反事实比例是88.2%。例句如下:

(239) a. 这要是搁在俺们农村啊,早就把她给休了!
　　　 b. 要是听了你的指示,他早就没命了。
　　　 c. 要是我们旅馆便宜,不早把墙壁都挤破了吗?
　　　 d. 我要是留在家里做庄稼,我同我妈怕早就饿死啦!

以上例句都是反事实条件句，从形式上看，例句 a 和 b 后件有形式"早……了"，例句 c 后件的"早……了"出现在反问形式中，例句 d 有形式"早……啦"。以上形式都是感叹表达，抒发说话人强烈的情感。例句 a "这件事情并不是发生在农村，所以并没有休了她"。同样，例句 b "因为他没有听你的指示，所以留了一条命"，例句 c "我们旅馆不便宜，所以墙壁没挤破"，例句 d "我没有留在家里做庄稼，我同我妈才没饿死"。

对以上例句进行删除操作，去掉成分"早"，例句如下：

（240）a. 这要是搁在俺们农村啊，就把她给休了！
b. 要是听了你的指示，他就没命了。
c. 要是我们旅馆便宜，不把墙壁都挤破了吗？
d. 我要是留在家里做庄稼，我同我妈怕就饿死啦！

在删除"早"之后，条件句依然成立，且表达说话人很强的情感。但是，以上例句的反事实意义被消解，获得非事实意义。例句 a 表示说话人对有关事件的态度"应该休了她"，但实际上"是否休她"说话人不能确定。例句 b 认为"听你的指示他会没了命"，表明说话人对"听你的指示"持反对态度，但命题前件的最终结果说话人并不能确定。例句 c 的语义变化较大，说话人表达观点"旅馆便宜，顾客一定会很多（把墙壁都挤破）"。因此，说话人其实不赞同将旅馆的价格降低。例句 d 说话人认为"留在家里做庄稼，我同我妈会饿死"，同样表明说话人不打算在家里做庄稼。

对以上两组例句比较可知：后件形式"早……了/啦"对条件句的反事实意义起决定作用。如果删除成分"早"，后件的强情感性仍在，但条件句的语义语用功能发生变化。

在自建的封闭语料库中，条件句中出现"早 × $_{后件}$"时，还有非事实条件句，例句如下：

（241）a. 要是你还想用我，那你早点对我说一声。
b. 要是听医生的，早就被吓破了胆。不听，酒都不能喝了，要命鸟用。

例句 a 的后件是说话人的祈使行为，命题前件"你是否还想用我"由"你"决定，说话人不能确定。例句 b 表达的是说话人的认识，对说话人来讲，"是否听医生的"，都会有消极结果，表现说话人的不满情绪。因为主语是泛指的，所以前件是非事实意义的。

在自建的封闭语料库中，"早×_{后件}"与"假若"共现的例句有 2 例，都是反事实条件句，反事实比例是 100%。例句如下：

（242）a. 假若我不为老婆孩子着想，我也早跟着他们溜了。
　　　 b. 假若我是个须眉丈夫，就不会有一点顾虑，早八百年造反啦！

以上例句中，命题后件有句法形式"早……了""早……啦"。该感叹形式可以稳定地表示反事实意义。此外以上例句的前件主语是"我"，关于"我自己"的问题，说话人有确定的认识。即说话人对事件"我是否为老婆孩子着想""我是不是须眉丈夫"有确定的答案，所以，条件句前件可以获得反事实意义。

在自建的封闭语料库中，"早×_{后件}"与"如果"共现的例句有 16 例，其中反事实条件句 14 例，反事实比例是 87.5%。例句如下：

（243）a. 如果此刻只有他和她，他一定早就冲上去拥抱她了。
　　　 b. 如果张令是容易杀死的，你早就在柯家坪将他杀了。
　　　 c. 如果要去香港，势必要早去。
　　　 d. 如果一个连发现情况有利，报到营，再报到团，敌机早跑了！

例句 a 和 b 都是反事实条件句，后件有感叹形式"早……了"，事实是"此刻有其他人在场，他并没有冲上去拥抱她"，"张令并不容易杀死，在柯家坪你没有将他杀了"。

例句 c 和 d 是非事实条件句。例句 c 后件是建议行为，前件"去香港"是未然的，说话人也不能确定能否实现；例句 d 很特殊，它有表现形式"早……了"，但是句子是非事实条件句，前件是说话人表述的一种作战策略，在非具体的事件中，其事实性是不确定的，后件表明说话人的观点"这种战略造成的结果是让敌机早跑了"。从交际意图来看，说话人通过指出消极后果，劝说听话人不要采取该策略。

在自建的封闭语料库中，"早×$_{后件}$"与"倘若"共现的例句有5例，其中反事实条件句5例，反事实比例是100%。例句如下：

（244）a. 倘若刘汉英本人能够作主，他早就把他们枪毙一百次了。
　　　　b. 倘若武将们如同棋子一样听话，依照他的方略"剿贼"，张献忠和李自成等早该扫荡净尽了。

以上例句都是反事实条件句，条件后件有感叹形式"早……了"。例句a和b的前件事实是"刘汉英本人无法作主""武将们并非棋子，没有照他的方略执行"，后件都表达了说话人的无奈和遗憾之情。

在自建的封闭语料库中，"早×$_{后件}$"与"哪怕"共现的例句只有1例，是反事实条件句，反事实比例是100%。例句如下：

（245）我哪怕有你那一半儿，我早就混出来了，我还等今儿个！

说话人要表达的观点是"我没有你那一半儿，所以至今还没有混出来"。

在自建的封闭语料库中，"早×$_{后件}$"与"即使"共现的例句有3例，都是非事实条件句，反事实比例是0%。例句如下：

（246）a. 即使真在铁轨上，他也早就分身几段了，你把他找到又有什么用？
　　　　b. 即使离开宦途，归隐湖滨，也早有了经济基础，不愁无处落脚，更不愁寄人篱下。

"即使"引导的条件句是让步条件句，该类条件句中命题前件的事实性不会影响后件的主观事实性。从语境来看，例句a中，说话人对"他是否在铁轨上"并不确定；例句b中，"离开宦途，归隐湖滨"是未然事件，说话人对其事实性还不能确定。所以，条件句都是非事实条件句。

在自建的封闭语料库中,"早×_后件"与"万一"共现的例句有 1 例,是非事实条件句,反事实比例是 0%。例句如下:

(247)万一<u>非在城里蹲</u>,也要早点儿到"难民区"去!

"万一"是表非事实意义的条件连词,命题前件"非在城里蹲"是否成为现实说话人并不确定,后件是说话人的建议和祈使行为,表示"提前做某事"的意思。

为了更直观地表明"早×_后件"在条件句中的反事实情况,我们制作了表51。

表51 各连接词与"早×_后件"共现时的反事实情况

连接词	反事实句	总量	反事实比例	连接词的反事实比例
早知道	2	2	100%	100%
要不是	2	2	100%	100%
哪怕	1	1	100%	11.3%
假如	2	2	100%	32.1%
倘若	5	5	100%	12.7%
假若	2	2	100%	14.7%
要是	15	17	88.2%	28.7%
如果	14	16	87.5%	19.2%
即使	0	3	0%	4.7%
万一	0	1	0%	0%
总量	43	51	84.3%	

由数据可知,以"早×_后件"为代表的一组特征成分,使原本的连接词反事实比例大大地提高。因此,我们将"早×_后件"归入反事实形式。

三 时间副词"早"的反事实机制

对特征成分"早×_前件"的语料调查发现,"早×_前件"的反事实比例达81.8%,也存在少量的非事实用法。反事实和非事实意义两种用法的区别在于是否表达感叹。反事实例句中,说话人对已然事件表达强烈的遗憾、后悔或者欣喜、庆幸之感。在非事实条件句中，命题是未然的，表明说话人的认识、建议等。从条件句的表现形式看，"早×$_{前件}$"在表达反事实意义时多与"反问形式$_{后件}$"、否定形式"不、没有""……就好了$_{后件}$"等高频共现，共同实现反事实意义。

对特征成分"早×$_{后件}$"的语料调查发现："早×"出现在后件时，反事实比例达到84.3%。"早"与句末"了""啦"共现几乎都表达反事实意义。在条件句后件位置，它最常见的表现形式就是"早……了"，另外，还有"早……啦"和含有"早×"的反问形式。这些形式普遍含有说话人强烈的情感，是感叹命题。感叹命题中，说话人对相关的事件有确定的认识，或者事实，或者反事实，与条件句的语义特征相结合，获得反事实意义。

在极少的非事实用例中，"早"不与"了$_2$/啦"共现，条件句的功能是表达"提前做某事"的建议或期望。因此，时间副词"早"表达反事实意义的机制与时间指示词完全不同，前者与"说话人的感叹行为"有关，后者与"事件的现实性"相关。

总结得出，时间副词"早"在条件句前件或后件表达反事实意义时，起到的功能是强化感叹。符合原则：

感叹 & 条件句→（事实∨反事实）&（非事实∨反事实）→反事实

第七章　特征成分"情感强化形式"

汉语条件句中，有一组常用的特征成分，它们的共同之处是加强说话人的情感情绪，我们统称为"情感强化形式"，主要包括"就好了 / 该多好 / 多好啊 / 多么好_{后件}""了 2_{后件}""反问形式_{后件}""真 / 真的_{前件}""的话_{前件}"。虽然这些形式的基本功能相同，即加强交际中说话人的情感表达，但是在条件句中，它们的反事实能力具有很大的差异，而且反事实的形成原因不同。本章首先检索自建的封闭语料库中与"情感强化形式"无共现例句的连接词，根据需要，扩大到 CCL 语料库中进行搜索，对"情感强化形式"在 CCL 语料库中的使用情况进行客观的描写。然后，对自建的封闭语料库中有共现例句的情况进行分析和解释。

第一节　就好了 / 该多好 / 多好啊 / 多么好_{后件}

一　无共现例句的连接词

在自建的封闭语料库中，我们统计了不同连接词与"就好了 / 该多好 / 多好啊 / 多么好_{后件}"等的共现情况。后文为方便阐释，该组特征成分用"就好了_{后件}"代表。其中，没有"早知道""若是""只要""要不是""纵使""就算""就是""哪怕""纵然""即使""万一""一旦""只有""倘使"与"就好了_{后件}"的共现例句。这并不是说它们绝对不能共现，只是在我们自建的封闭语料库中例句有限。然而语料统计也发现，即使在 CCL 语料库中，这些共现例句也是极少的。

检索 CCL 语料库，其中"早知道"与"就好了_{后件}"共现的例句有 3 例，例句如下：

（248）a. 早知道东尼这样，当初不带他来就好了。（朱邦复《东尼！东尼！》）

b. 早知道今天要穿墙入室，把那套一楼的给他就好了！（六六《蜗居》）

c. 早知道老婆孩子金贵就好了！（戴厚英《流泪的淮河》）

以上例句都是反事实条件句。研究已表明，"早知道"是绝对的反事实形式，与其共现的特征成分也有很强的反事实性。条件句表达了说话人的遗憾、后悔之情。

其次是"若是"与"就好了_后件_"的共现，这在日常口语交际中是常用的。检索CCL语料库例句有不少，两者的共现已经倾向构式"若是……就好了"。例句如下：

（249）a. 人若是能倒着活就好了！（《作家文摘》1997年）

b. 我害怕那所房子、那个男人、那个女人、那些仆人、甚至那个孩子，他们一个个都使我感到害怕。我若是能够领你们到那里去，那就好了。（柯南·道尔著，陈羽纶等译《福尔摩斯探案集》）

c. 国王若是看了我的请愿书，并批准我入伍就好了！次日，他收到了回复信，拆信时"双手发抖"。（郭伟强《从乞丐到元首》）

以上例句的命题前件事实性不同。例句a"人倒着活"是说"人从老年走向年轻"，这是违反自然规律的，命题获得反事实意义。例句b"领你们到那里去"是说话人的愿望，但根据前文语境"害怕那所房子、那个男人……他们一个个都使我感到害怕"，可知说话人无法实现该命题，因此命题是反事实的。例句c则不同，条件句前件表示说话人的祈愿。在"收到回复信"前，"国王看了我的请愿书，并批准我入伍"在说话人认知里是不确定的，可能实现，也可能无法实现。因此，例句a、b都是反事实条件句，而例句c是非事实条件句。

在CCL语料库中，非事实形式的连词"只要"与"就好了_后件_"存在共现例句。要注意的是，有一些例句中后件"就好了"并不是有反事实功能的特征成分。例如"就算发点小脾气,睡一觉就好了""即使偶感风寒,吃点药就好了"这两个例句中,"好"有实在的形容词意义,分别指心情变好,身体恢复好。条件句中特征成分"就好了$_{后件}$"表达说话人对命题的主观态度,是认识层面。例句如下:

(250) a. 我不要漂亮,只要<u>能跟你在一起</u>就好了!(琼瑶《青青河边草》)
b. 他们为什么要打听大队活动的地方呢?一定是大队突围了!好啊!只要<u>同志们活着</u>,那就好了。(李晓明《平原枪声》)
c. 只要<u>鸿渐觉得她柔顺</u>,就好了。唉,现在的媳妇,你还希望对你孝顺么?(钱钟书《围城》)

以上例句都是非事实条件句。条件句中前件的"能跟你在一起""同志们活着""鸿渐觉得她柔顺"是说话人期待的事情。祈愿的事情是未然的,说话人并不能确定其能否如愿实现,因此前件是非事实意义的。

综合以上例句,特征成分"就好了$_{后件}$"有两种常见语境:命题前件是未然的,不确定的,用于说话人的祈愿;命题前件是反事实意义的,则表达说话人的遗憾、无奈等情感。

二 有共现例句的连接词及反事实比例

下面是自建的封闭语料库中连接词与特征成分"就好了/该多好/多好啊/多么好$_{后件}$"等共现的例句。同样,为了方便阐释,该组特征成分用"就好了$_{后件}$"代表。

在自建的封闭语料库中,"假如"与"就好了$_{后件}$"等共现的例句有3例,其中反事实的例句3例,反事实比例是100%。例句如下:

(251) a. 假如<u>妈妈还活着</u>,该多好啊!
b. 她假如<u>不是四姐生的</u>,该多好!

以上例句中,条件句前件"妈妈还活着""她不是四姐生的"是说话人希望为真的事情,但是语境表明说话人已确知这些命题为假,无法实现。条件句前件获得反事实意义。因为希望的事情无法达成，表达了说话人强烈的遗憾、悲伤情绪。

显然，以上的反事实例句还共现了其他的特征成分。例句 a 前件表达"某人还活着"具有稳定的反事实意义；例句 b 前件有否定词"不是"。

在自建的封闭语料库中，"要是"与"就好了_{后件}"等共现的例句有 43 例，其中反事实例句 40 例，反事实比例为 93%。例句如下：

（252）a. 突然一阵难过，韩秋云要是<u>能够亲眼瞅着老子拼鬼子</u>就好了！

b. 要是<u>城里那位千金有她的模样，或者她有城里那位千金的身价</u>，该多好。

c. 我要是<u>浑身上下都长上嘴巴</u>，那该多好啊。

以上例句都是反事实条件句，句中有些特别的成分会加强反事实解读，譬如例句 a 中的"亲眼"，"亲眼"是说主体亲身参与了事件，强调事件发生时主体的在场性。由上文语境"一阵难过"可推知，韩秋云并不在场，无法亲眼见证。例句 b "千金有她的模样，或者她有城里那位千金的身价"是说话人认知中不能实现的奢望。说话人用反事实事件突出遗憾之情。例句 c 是夸张修辞，命题"浑身上下都长上嘴巴"违反客观事实。

以上例句都是用"说话人已知理想或期待的事情无法实现"表达消极情感。

除此以外，在自建的封闭语料库中，"要是"与"就好了_{后件}"等共现有非事实条件句 3 例。例句如下：

（253）a. "要是<u>常常有这样的聚会</u>就好了！"觉慧兴奋地对觉民说，他几乎欢喜到落泪了。

b. 小叔要是<u>哪一天平安回来</u>就好了！

例句 a "常常有这样的聚会"是说话人觉慧的愿望，未来的愿望是不确定的，说话人强烈希望愿望变成现实，但并不能够确定是否真的会实现。例句 b 也是说话人的愿望，成分"哪一天"指向未来，命题"小叔能否平安回来"说话人当下不能确定。

在自建的封闭语料库中,"假若"与"就好了_后件"等共现的例句只有1例,是反事实条件句,反事实比例是100%。例句如下:

(254)卢象升走出军帐,四面一听,知道已经被敌人四面包围。他非常镇静,好像这结局早在他的意料之内,只是仍不免在心中遗憾,他说:"高起潜的关宁铁骑离这儿只有五十里,<u>假若能够赶来给敌人一个内外夹击</u>,该多好啊!"

在没有上文语境的情况下,该例句可用来表达说话人的一种祈愿,前件命题是未然的,具有非事实意义。但在该语境中,说话人在追悔已无法改变的结局。因此,"能够赶来给敌人一个内外夹击"是反事实的。

在自建的封闭语料库中,"如果"与"就好了_后件"等共现的例句有19例,其中反事实条件句16例,反事实比例是84.2%。例句如下:

(255)a.<u>如果能闭着眼睛蜷成一团蹲在火边睡一觉</u>多好啊!
　　　 b.<u>如果能像鱼儿一样在水中自由自在地游东游西</u>,多么好呀!
　　　 c.<u>如果欧阳素心真在重庆</u>,该多好呀!他深深思念着她……她在陷落了的香港,现在怎样了呢?

以上例句中,条件句的命题前件都是反事实意义。"闭着眼睛蜷成一团蹲在火边睡一觉""像鱼儿一样在水中自由自在地游东游西""欧阳素心真在重庆"是说话人希望实现的事情。但是,语境表明当下并不具备实现这些愿望的可能,因此表达了说话人的遗憾和惋惜之情。除了"多好啊_后件""多么好_后件""该多好_后件",例句a和b的命题前件是说话人"我自己"的情况,事件能否实现,说话人有较为明确的认知。例句c的前件有副词"真",该成分同样具有加强说话人情感的作用。后文的语境明确了条件句的反事实意义,表明说话人的认识中"她在重庆"为假。

同样,"如果"与"多好啊_后件""该多好_后件""多么好_后件"共现的非事实条件句也表达说话人的祈愿。例句如下:

(256)a. 听说舅舅也有可能要走,家霆十分高兴,眼里流着火样的热情，说："舅舅，您如果同我们一起走，多好啊！"
b. 唉，如果能见到他，同他谈谈多么好啊！他是个有能耐的人，对什么事都有主见。

例句中命题前件是说话人的祈愿，因为说话人当下还不确定愿望的实现情况，所以该类条件句是非事实条件句。

在自建的封闭语料库中，"假使"与"就好了_{后件}"等共现的例句只有 1 例，是反事实条件句，反事实比例是 100%。例句如下：

（257）"假使我的命跟小姐们的一样多好！"于是她就沉溺在幻想里，想象着自己穿上漂亮的衣服，享受着父母的宠爱，受到少爷们的崇拜。

例句中，命题主语"我"即说话人，说话人对"自己的命"有确定的认识，因此，句子倾向反事实意义。又结合下文语境，可知"小姐们的待遇"是说话人自己想象的，想象的内容与现实形成强烈对比，强化了说话人的消极情感。

在自建的封闭语料库中，"倘若"与"就好了_{后件}"等共现的例句只有 2 例，其中反事实例句 1 例，反事实比例是 50%。例句如下：

（258）a. 倘若有朝一日，天下太平，我能够解甲归田，自耕自食，得遂平生之愿，那就好了！
b. 啊！一切的回忆都甜蜜、隽永又辛酸。此刻，倘若在这里迎面忽然看见欧阳该多好！……可是，没有，只有失望接着失望。

例句 a "有朝一日，天下太平，我能够解甲归田……"是说话人的祈愿，"有朝一日"表明时间的未来性，说话人不能确定这一愿望能否实现。因此句子是非事实命题。例句 b 是反事实条件句，副词"忽然"表示意外，表示命题实现的可能性很小。借助后文语境确知命题具有反事实意义，强化了说话人的无奈、悲伤之情。

为了更直观地表明"就好了 / 该多好 / 多好啊 / 多么好_{后件}"的反事实情

况，我们制作了表52。

表52 各连接词与"就好了/该多好/多好啊/多么好_后件"共现时的反事实情况

连接词	反事实句	总量	反事实比例	连接词的反事实比例
假如	3	3	100%	32.1%
假若	1	1	100%	14.7%
假使	1	1	100%	30.8%
要是	40	43	93%	28.7%
如果	16	19	84.2%	19.2%
倘若	1	2	50%	12.7%
总量	62	69	89.9%	

由数据可知，以"就好了_后件"为代表的一组特征成分，使原本的连接词反事实比例大大提高了。因此，我们将"就好了_后件"等归入反事实形式。

在自建的封闭语料库中，特征成分"就好了/该多好/多好啊/多么好_后件"与典型的非事实连词"万一、一旦、只要、只有"共现的数量为0，说明该特征成分的反事实能力强，因此与非事实形式的连词很少共现。

"就好了/该多好/多好啊/多么好"用在条件句后件的句尾，伴随着说话人强烈的情感。我们认为，该类条件句表达说话人的感叹行为。那么，作为情感强化形式，它们在条件句中的作用是什么？从数据来看，该形式极大地增强了条件句的反事实比例。但是，CCL语料库中存在少量与"只要"共现的例句。而且，该形式与"要是""如果""倘若"共现时反事实比例也不是100%，这都说明，"就好了/该多好/多好啊/多么好_后件"等并不是反事实标记。在反事实例句中，该形式常与其他特征成分，比如"否定形式""第一人称代词"等共现，共同实现句子的反事实意义。还有些例句的事实性是结合语境确定下来。从功能来看，"就好了/该多好/多好啊/多么好_后件"所在的条件句功能有两类，当表达说话人祈愿时，命题前件是未然的、不确定的，是非事实条件句；当表达消极的感叹时，是反事实条件句。在反事实条件句中，命题前件也是说话人的愿望，但已知该愿望无法实现，说话人因此表示遗憾、惋惜之情。为什么说话人的情感都是消极的，这与成分"……就好了"等自身的积极语义有关。

第二节 了$_{2后件}$

我们在包含"了$_{2后件}$"的条件句中,排除"……就好了"中的"了"。另外,在统计时,所有命题后件小句句尾用"了"的都算在内,并不分辨是不是"了$_1$+了$_2$"的问题。

在自建的封闭语料库中,我们统计了不同连接词与"了$_{2后件}$"的共现情况。其中,没有"只有""倘使""纵然""纵使"与"了$_{2后件}$"的共现情况。这并不是说它们绝对不能共现,只是在自建的封闭语料库中例句数量有限。因为本节"了$_{2后件}$"在封闭语料库中共现的连接词用例丰富,可以很好地论证"了$_{2后件}$"的使用情况,此处不再借助 CCL 语料库。

在自建的封闭语料库中,连接词"要不是"与"了$_{2后件}$"共现的例句有 61 例,都是反事实条件句,反事实比例是 100%。其中"早……了$_{后件}$"有 18 例。"早"的出现,强制要求"了"共现,因此,"早……了$_{后件}$"倾向是一种固定结构。例句如下:

(259) a. 要不是我还有个小锁,我早跳井死了。
b. 要不是我病倒,早就与他一同去了日本了。

条件句前件的"要不是"是反事实标记,后件有"早……了"形式。句子的前后件是因果关系,说话人表示"因为有小锁,所以我没有跳井""因为我病倒了,所以没有与他一起去日本"。

很多例句中,"了"也强制要求出现,否则不能完句。例句如下:

(260) a. 我要不是在车站碰到你呀,一个亲人都没有了。
b. 要不是碰到公子,就失之交臂了!
c. 要不是留下了信,可麻烦了!
d. 要不是挺出了肚子,该说是变得年轻了。

以上例句中,"了"与副词"都""就""可""该"等共现时不可省。这些语气副词表示主观量,带有强情感,与句末语气词"了"共现才具有完句性。例句 a、b 和 c 表达了说话人的庆幸或侥幸心理。例句 d 不同,后件

"了"表达可惜的语气。

有些例句中,"了"可以删除,且并不影响条件句的事实性,但完句的前提是句子的韵律需要改变,后件的语气要加强。例句如下:

(261) a. 要不是犟,我也不会搞革命了。
　　　 b. 要不是那位老夫子求人将救济粮捎回来,刚才那场雷阵雨,也落不到王惠平头上了。

例句的命题前后件是因果关系,命题是说话人主观认定的事实。如果删除句末"了$_2$",例句 a 可以在句末加感叹语调;例句 b 在名词"王惠平"上加特别重音。这两种操作同样可以使句子完句。

在自建的封闭语料库中,"早知道"与"了$_{2后件}$"共现的例句有 3 例,都是反事实条件句,反事实比例 100%。例句如下:

(262) a. 我早知道英雄无用武之地,我就不那么下功夫练了。
　　　 b. 早知道这样,我当初就不和日本人打交道了。
　　　 c. 我早知道这些话会使你痛苦,我就不说了。

条件句前件"早知道"是反事实标记,句子必然获得反事实解读。事实是,说话人并不知道前件表示的内容,因此,后件表达了说话人强烈的遗憾、后悔等情感。

在自建的封闭语料库中,"假如"与"了$_{2后件}$"共现的例句 5 例,其中反事实条件句 4 例,反事实比例是 80%。例句如下:

(263) a. 假如他是一个普通的工人或农民,那么谁也不需要来巴结他,湘湘也就不会碰到骗子了。
　　　 b. 假如所有的军队都同我们一样,土匪早已完全消灭了。
　　　 c. 假如在南方上海发生战事,就难办了。

例句 a 从语境中可知,说话人对"他"的身份和职业是确定的,前件是反事实意义,后件带有指责意味,说话人表示"湘湘碰到骗子"已然发生,并且与"他的身份和职业"有关系。删除句末"了"后,加强句子的语气,条件句依然成立。例句 b 后件是"早……了"形式。该感叹形式表示说话人对命题有确定的认识。在该条件句中,前后件都是反事实的。例句 c 不同,命题前件"在南方上海发生战事"是未然的,说话人并不能确定其事实性。命题后件是说话人对未然事件的担忧、不安和焦虑等。句子是非事实意义的。

在自建的封闭语料库中,"要是"与"了$_{2后件}$"共现的例句有 142 例,其中反事实条件句 30 例,反事实比例是 21.1%。在反事实的条件句,出现"早……了"的例句有 13 例。例句如下:

(264) a. 我还是下不了手啊,要是<u>听了你的指示</u>,他早就没命了。
　　　b. 要是<u>身上有枪</u>,我早就对后面开枪了。

例句中,说话人传达的信息是"我没有听你的指示,他才留住了性命","我身上没有枪,才没有对后面开枪"。

还有 15 例反事实条件句的反事实意义由多种特征成分共同实现。例句如下:

(265) a. 要是<u>他的心思我能全猜透</u>,他就不是"曹操"了。
　　　b. 我要是<u>记仇的人</u>,就不会找上你来讲话了。
　　　c. 要是你预先知道,就不会是这样了。
　　　d. 我儿子要是<u>还活着</u>,也该是娶媳妇的年纪了。
　　　e. 我要是<u>有夏凤那笔头子</u>,我的女人就是白雪了!

语料表明,在反事实例句中,条件句后件"否定+了$_2$"的共现用例多,譬如例句 a-c。例句 a 和 b 的命题前件本身也可以解读出反事实意义,因为命题是关于第一人称的心理和认知,说话人对命题必然有确定的认识。例句 a "他的心思我能否全猜透",对于该问题说话人有确定的认识,因此,该命题在条件前件获得反事实意义。例句 b 是同样的反事实机制。例句 c 的反事实意义由命题后件实现,其中,成分"这样"具有现实指称性,表明事件已然发生。"否定+已然事件"获得反事实意义。例句 d 和例句 e 的反事实意义由命题前件实现,命题前件是关于说话人自己的情况,说话人有确定的认识。

在大量的非事实条件句中,"了$_2$"的使用环境如下:

(266) a. 要是<u>一松劲儿</u>,可就起不来了。
　　　b. 要是<u>水掺得太多了</u>,就不好喝了。
　　　c. 你要是<u>不认黑娃</u>,我就不认你了。
　　　d. 你要是<u>同意我的态度</u>,咱们就把这碗酒干了。

例句 a 和 b 中说话人表明对相关命题的认识,但没有明显的好恶倾向。例句 c 不同,后件带有说话人的威胁口气,威胁行为带有强情感以影响听话人,因此,命题后件有强情感性。例句 d 命题后件是说话人的劝说行为,也伴随着充沛的情感。说话人的意图是说服听话人认同自己。

以上例句 a-d 的这些交际语境中,命题前件表达的事件是未然的,评价、威胁、劝说行为都伴随着说话人的强情感,但强情感只是强化语力的手段。可知,强情感不必然产生反事实意义,只有后悔、遗憾、惋惜、责备这些与已然事件关联的情感,有明显的反事实能力。

在自建的封闭语料库中,"就算"与"了$_{2后件}$"共现的例句有 3 例,其中反事实条件句 0 例,反事实比例是 0%。例句如下:

(267) a. 就算<u>是仙梅打死的</u>,我们总是胜利了。
　　　b. 就算<u>他没疯</u>,河沟里的泥鳅也难以兴风作浪了。
　　　c. 就算<u>是你到了北京</u>,哪儿那么好就批发出去了?

连词"就算"引导让步条件句,让步条件句的基本语义是说话人承认或姑且承认命题的事实意义,转而表明结果不变,以强调命题后件具有事实性。在没有语境支持的情况下,说话人对命题前件的理解可以是事实、非事实或反事实三种情况。以例句 b 为例,"事实语义"表示说话人已认同"他没疯",这种情况下条件句是修辞性用法;"非事实语义"是说话人"不知道他是否疯了";"反事实语义"是说,说话人认为"他疯了"。任何一种情况都不会影响后件的意义表达。

在自建的封闭语料库中,"假若"与"了$_{2后件}$"共现的例句有5例,其中反事实条件句2例,反事实比例是40%。例句如下:

(268) a. 假若虎妞是个男子……,或者也就不这么孤苦伶仃的了。
b. 假若我不为老婆孩子着想,我也早跟着他们溜了。

例句 a 前件"虎妞是男子"违反客观事实,具有反事实意义。例句 b 后件"早……了"形式具有强情感性,表示无奈之情,并且前件是第一人称"我"的行为,可推知主观事实"我为老婆孩子着想,没有跟他们一起溜"。

在自建的封闭语料库中,"如果"与"了$_{2后件}$"共现的例句有228例,其中反事实条件句64例,反事实比例是28.1%。在例句中,"如果+不是,……了"共有17例,都是反事实条件句。例句如下:

(269) a. 如果不是后面隆隆的炮声,他们真的是再也不愿挪动一步了。
b. 如果不是麦克阿瑟越过三八线,我此刻也许已经坐在家里准备过圣诞节了。

以上例句的命题前件是后件的致因。有的是客观原因,如例句 a"因为后面隆隆的炮声他们才挪动";有的倾向主观认定的原因,如例句 b"因为麦克阿瑟越过三八线,我此刻没有坐在家里准备圣诞节"。句中"了$_2$"省去后可以完句。但是,后件的韵律要发生变化,表达说话人的无奈、抱怨等情绪。

在例句中,"如果+没有,……了"有14例,都是反事实条件句。例句如下:

(270) a. 如果没有这场病,爹肯定要和丈夫、公爹一样都到前线作战去了。
b. 如果没有她们的指手画脚、评头品足,新娘的精心打扮和新房的布置也将变得毫无意义了。

以上例句的反事实意义由"没有_{前件}"与后件"了₂"共同实现。例句 a 中,还有重要的指示代词"这",表明"这场病"具有现实指称性。前件"否定+已然存在的事物"独立获得反事实意义。句末"了₂"的有无不影响条件句的事实性,删除后也可以完句。

例句 b 则不同,假设将成分"了"省去,在没有语境辅助的情况下,"如果没有她们的指手画脚、评头品足,新娘的精心打扮和新房的布置也将变得毫无意义",这时条件句倾向非事实解读。

在例句中,"如果+第一人称代词,……了"的例句有 15 例,其中反事实条件句 6 例,反事实比例是 40%。例句如下:

(271) a. 如果<u>我怕你听到什么</u>,我就不在这儿打电话了。
   b. 如果<u>我不清楚</u>,也不敢劝大帅下毒手了。
   c. 如果<u>我在界首时不是做了点黑货生意</u>,今天就讨饭行乞了。
   d. <u>我如果同他搭在一起</u>,问题就更复杂了!
   e. <u>我如果还在这里住上三天</u>,可能就要跟梁必达将军私奔了。
   f. 如果<u>我们再往前走</u>,我们就有可能走到江苏宜兴去了。

例句中,命题前件都是关于主语"我"的情况,例句 a 是我的心理活动,例句 b 是关于我的认知,例句 c 是我的行为。这些情况本身就只有说话人知道其事实性。因此,对说话人来讲是确定的,进而在前件获得反事实意义。

例句 d 和 e 前件的主语是"我",但是"我同他搭在一起""我在这里住三天"并不是说话人可以自主决定的,有外部环境的要求。因此,说话人自己也不能确定其事实性。例句 f 表明,第一人称代词"我"与"我们"有很大的区别,因为"我们"参与的事件往往多人协商决定,说话人不能明确地知道其他人的想法。因此,条件句倾向非事实意义。

在例句中,"如果,早……了_{后件}"例句有 12 例,都是反事实条件句,例句如下:

(272) a. 如果你们<u>强硬</u>起来,也许日本早知难而退了!
   b. 秦思民如果会<u>赶跑官的潮流</u>,早能利用和陆家的关系离开陆川小县了。

例句 a 中，说话人对听话人"你们"有责备的语气，命题后件带有无奈、愤懑之情，表明"你们强硬起来""日本知难而退"是反事实的。例句 b 的反事实意义也是由命题后件"早……了"决定。

数据表明，"如果"与"了$_2$"共现的条件句中，非事实条件句占了很大的比例。例句如下：

(273) a. 如果顺利，明天这时候该到合肥了。
b. 如果是大敌人，就不好对付了。
c. 如果你不肯听我的话，那么你就不是我的女儿了。
d. 如果曝尸吴江作了冤鬼，就未免愧对祖先了！

例句 b 表达说话人的担忧之情；例句 c 是说话人的威胁行为；例句 d 是警告行为。从功能来看，条件句绝大多数表达说话人的认识，其中，有些句子并没有特别强烈的情感。比如例句 a，它是说话人的客观判断和推测。例句 a-d 的命题前件都是未然事件，具有非事实意义。

在自建的封闭语料库中，"若是"与"了$_{2后件}$"共现的例句有 9 例，其中反事实条件句有 2 例，反事实比例是 22.2%。例句如下：

(274) a. 我若是在赵家多住一两年，恐怕现在也见不到你了。
b. 你若是举别的例子，我李飞黄兴许就低头听你的了。

例句 a 的反事实意义主要由命题后件实现，成分"现在"指示当下的谈话语境，表明听说双方见面了，这与"见不到"语义相矛盾，条件句获得反事实意义。例句 b 是反事实条件句，后件表明说话人态度"我李飞黄并不会听你的"，原因是前件事实"你不是举别的例子"。

除此以外，其余例句是非事实意义，例句如下：

(275) a. 若是那边不太平，我就不准备往那里发了。
b. 若是我走在你三伯前头，就指望你们兄弟俩照顾看好你三伯了。

例句 a 中，说话人不知道"那边情况怎样"，如果"那边不太平"为真，则"不准备往那里发"为真，命题后件是说话人的应变行为。例句 b 中，说话人也不确定"自己是否会走在三伯前头"，命题后件是对他人的祈求行为。句末"了$_2$"有完句功能，但是不影响条件句的事实性。

在自建的封闭语料库中，"倘若"与"了$_{2后件}$"共现的例句有 50 例，其中反事实条件句 8 例，反事实比例是 16%。其中，含有"早……了"形式的例句 4 例，都是反事实条件句。

还有一些例句在条件句前件与否定特征成分共现。例句如下：

（276）a. 倘若大人没有玛瑙山之捷，此"平贼将军"印怕已经保不住了。
b. 倘若不是亲眼目击金娣的惨死和埋葬，此刻一定以为是金娣复活了。

例句 a 中"玛瑙山之捷"是客观存在的事件，"没有+已然存在事件"具有反事实意义；例句 b 前件有否定词"不是"，后件有词语"以为"，两者都有很强的反事实能力。条件句前件"亲眼目击金娣的惨死和埋葬"是后件"没有以为是金娣复活"的原因。

在非事实条件句中，条件句表示说话人的断言行为。例句如下：

（277）a. 倘若一个炮弹飞来，大家都完了。
b. 倘若如此，牛启东的官司山人就更不敢插手了。

该类条件句都表达说话人的主观认识，前件事件的未然性和不确定性表示非事实意义。

在自建的封闭语料库中，"假使"与"了$_{2后件}$"共现的例句有 3 例，其中反事实条件句 2 例，反事实比例是 66.7%。例句如下：

（278）a. 跟在后面的假使是刘汉英的队伍，那可真是老天有眼了。
b. 假使他们处在一场常规化的战争中，那么任何一个战士都会毫不犹豫地、主动地、痛快地出击了。

例句 a 是非事实条件句,命题前件"跟在后面的是刘汉英的队伍"是说话人的愿望,事件是未然的,其实现与否具有不确定性。例句 b 是反事实条件句,句末"了$_2$"对条件句的反事实意义有重要影响。后件表达说话人的遗憾之情,是感叹表达,推导出条件句前件是反事实的。

在自建的封闭语料库中,"就是"与"了$_{2后件}$"共现的例句有 9 例,其中反事实条件句为 0 例,反事实比例为 0%。例句如下:

(279) a. 你现在就是打死我,我也动不了了。
b. 就是敌人不来消灭我们,我们也完蛋了。
c. 你就是再喊我白匪,我也不会抗议了。

"就是"引导让步条件句,该类条件句的后件事实性不受前件的影响。命题前件"打死我""敌人不来消灭我们""再喊我白匪"都是未然的、不确定的,因此这些是非事实条件句。而命题后件是说话人的态度或认识,"我也动不了了""我们也完蛋了""我也不会抗议了"具有主观事实性。

在自建的封闭语料库中,"哪怕"与"了$_{2后件}$"共现的例句有 5 例,其中反事实条件句 0 例,反事实比例为 0%。例句如下:

(280) a. 哪怕他此刻回过头去寻找,他赤着脚去追赶也无济于事了。
b. 哪怕从日本强盗手里夺回我们中国人的一根针,也是重于泰山的了。
c. 哪怕是用茶水来冲洗,也无济于事了。
d. 贺子磊哪怕得知一点点,也决不会与自己继续恋情了。

以上例句都是断言行为,表达说话人的主观认识。条件句的命题表达一种极端的情况,以强化说话人的观点,带有说话人强烈的情感。

在自建的封闭语料库中,"即使"与"了$_{2后件}$"共现的例句有 12 例,其中反事实条件句 0 例,反事实比例为 0%。例句如下:

(281) a. 即使打一辈子光棍,也不肯再找那样一个女人了!
b. 即使这个孩子有幸还活着,也没法相认了。

c. 即使<u>再进不了这门</u>，也不遗憾了。

　　"即使"让步句的命题表达一种极端的情况，因此，条件句总是带有说话人强烈的情感。但是，从命题前件的事实性来看，说话人并不能确定命题的实现情况，因此，句子是非事实条件句。

　　在自建的封闭语料库中，"只要"与"了$_{2后件}$"共现的例句有114例，其中反事实条件句0例，反事实比例是0%。例句如下：

　　（282）a. 只要<u>夜晚一降临</u>，山那边的阿哥就出现了。
　　　　　b. 只要<u>保住一家性命</u>，我一切都不要了。

　　例句a的前件"夜晚一降临"是时间要求，"夜晚降临"是有规律的自然现象。前件时间条件满足，后件结果就会随之成为事实。例句b"保住一家性命"是说话人的唯一要求，在语境中可推知该事件对说话人的重要性。这一心愿与后件"一切都不要"的语义形成鲜明对比，表达了说话人强烈的情感。

　　在自建的封闭语料库中，"万一"与"了$_{2后件}$"共现的例句有14例，都是非事实条件句，反事实比例是0%。例句如下：

　　（283）a. 万一<u>有人抓住你的把柄</u>，朕就护不得你了。
　　　　　b. 万一<u>要来了</u>，不见我们又该着急了。

　　在例句中，条件前件都是非事实意义，"是否有人抓住你的把柄""是否要来"是未然的，能否实现并不确定。从"万一"的语义来看，命题前件发生的概率极小，倾向反事实意义。因为命题表达消极意义，说话人意在提醒、警告听话人注意可能产生的不利结果。

　　在自建的封闭语料库中，"一旦"与"了$_{2后件}$"共现的例句有18例，其中反事实条件句0例，反事实比例是0%。例句如下：

　　（284）a. 一旦<u>捕获归案</u>，再劫狱搭救就没有指望了。
　　　　　b. 一旦<u>被人砸碎</u>，就毫无价值了。
　　　　　c. 一旦<u>势态闹大</u>，凹凸山的局面恐怕又要兴风作浪了。

在说话人的认知里，以上条件句的前件是非事实的。事件"捕获归案""被人砸碎""势态闹大"可能发生，可能不会发生。从情感来看，前件大部分的语义是消极的，对应后件的消极后果，表达说话人的个人观点和消极性情感。

此外，还有几例表达积极情感和中性情感的例句：

（285）a. 一旦他<u>大干起来</u>，大局就马上重新热闹了。
　　　　b. 一旦他<u>走到外面</u>，他的眼界又变宽了。
　　　　c. 一旦人们<u>喝到了这种自然发酵的茶叶</u>，就渐渐地被这种香味吸引了。

以上"一旦"条件句都表达说话人的观点，是断言行为。其中，"了$_2$"不可省，表示新情况的出现。

为了更直观地表明"了$_{2后件}$"的反事实情况，我们制作了表53。

表53　各连接词与"了$_{2后件}$"共现时的反事实情况

连接词	反事实	总量	反事实比例	连接词的反事实比例
要不是	61	61	100%	100%
早知道	3	3	100%	100%
假如	4	5	80%	32.1%
假使	2	3	66.7%	30.8%
假若	2	5	40%	14.7%
如果	64	228	28.1%	19.2%
若是	2	9	22.2%	17.7%
哪怕	0	5	0%	11.3%
要是	30	142	21.1%	28.7%
倘若	8	50	16%	12.7%
就是	0	9	0%	6.7%
只要	0	114	0%	0%
万一	0	14	0%	0%

续表

连接词	反事实	总量	反事实比例	连接词的反事实比例
即使	0	12	0%	4.7%
一旦	0	18	0%	0%
就算	0	3	0%	21.2%
总量	176	681	25.8%	

由数据可知，以"了$_{2后件}$"为代表的一组特征成分，使原本的连接词反事实比例有所提高。我们将"了$_{2后件}$"归入反事实形式。

在语料中，"了$_{2后件}$"与反事实形式（要不是）、中性形式（如果）、非事实形式（只要）都可以共现。而且，与非事实形式"只要、万一、一旦"共现的数量很多，这些例句都是非事实条件句，所以"了$_{2后件}$"所在的反事实条件句比例并不高。"了$_{2后件}$"与反事实和中性形式的连接词共现时，对反事实比例提高也不明显，如表53中的"如果、若是、倘若"。

通过分析例句可知，"了$_{2后件}$"具有强化说话人情感的功能。但是，该要素在条件句中对反事实意义并不起决定作用。除了"要不是""早知道"两个反事实标记，其他反事实例句中，除了"了$_2$"，必然还共现另一个反事实特征成分。由语料得出：共现最多的是否定词"不是$_{前件}$""没有$_{前件}$"，前件第一人称代词"我"，"早……了$_{后件}$"。

从情感表达看，"要不是""早知道"与"了$_2$"共现的条件句表达说话人不同程度的遗憾、惋惜或侥幸、庆幸之感。"要是""如果"与"了$_2$"共现的条件句多表达说话人的观点和态度。在"哪怕、即使、就是"让步条件句中，与"了$_2$"共现的条件句是非事实条件句，但条件句依然表达强情感，这实际上与让步句的语义特点有关，"了$_2$"的叠加进一步强化了说话人的态度，表明观点。在"如果""若是"类条件句中，非事实条件句表达说话人的个人态度、威胁、请求、担忧等，说话人的情感往往也很强烈。"一旦、万一、只有、只要"与"了$_2$"共现时，条件句都是非事实意义的，后件是说话人的断言行为，表达个人的认识或态度。"一旦"和"万一"条件句多数情况下含有担忧之情；"只要""只有"条件句中，如果还出现"一切""毫无""恐怕"等句法成分，句子的情感会得到强化。

第三节　反问形式_(后件)_

在自建的封闭语料库中,"早知道""纵使""假使""只有""假若""倘使"没有出现与"反问形式_后件_"共现的例句。这并不是说它们不能共现,只是在自建的封闭语料库中例句数量有限。因为本节"反问形式_后件_"在封闭语料库中共现的连接词用例丰富,可以很好地论证"反问形式_后件_"的使用情况,此处不再借助 CCL 语料库。

在自建的封闭语料库中,"要不是"与"反问形式_后件_"共现的例句有 24 例,都是反事实条件句,反事实比例是 100%。例句如下:

(286) a. 要不是她<u>看管不严</u>,杨真能不见吗?
　　　 b. 您很忙,要不是<u>躺在病床上</u>,哪有时间闲聊天呢!

如果将例句后件变换为陈述表达,那么条件句变为"要不是她看管不严,杨真不会不见""要不是躺在病床上,没有时间闲聊天"。反问形式本身含有否定意义,并且伴随着说话人强烈的情感,例句 a 是责备语气,例句 b 是嗔怪语气。说话人认为,因为"她看管不严"才导致"杨真不见了";因为"您躺在病床上",才可以"有时间闲聊天"。因此,命题前后件之间有主观因果关系。

在自建的封闭语料库中,"假如"与"反问形式_后件_"共现的例句有 9 例,其中反事实条件句 4 例,反事实比例是 44.4%。例句如下:

(287) a. 假如<u>没有你</u>,世界的历史巾帼的一页不是也会失去风韵吗?
　　　 b. 假如<u>你早就像笑话孔明一样地指名笑话我,或劝告我</u>,难道我还会去和土匪打仗吗?

将例句 a 转换为陈述形式"假如没有你,世界的历史巾帼的一页会失去风韵"。该条件句中,命题前件是反事实的,推知后件也是反事实意义的。"因为有你,所以世界的历史巾帼的一页没有失去风韵",这是说话人主观观点的表达。例句 b 也是同样的解读。

在"假如"非事实条件句中,条件句同样是表达说话人的观点。例句如下:

（288）a. 假如你<u>路过你亲人的坟前</u>，能不站住脚看上一眼么？
b. 假如<u>共产党要抗日</u>，有什么不好呢？

例句 a 中，说话人认为"路过亲人的坟前，应该站住脚看上一眼"，例句 b 中，说话人认为"共产党要抗日是件好事"。从事实性来看，命题前件"是否路过亲人的坟前""共产党是否要抗日"具有不确定性，因此条件句是非事实条件句。反问形式比一般的陈述形式情感更强，表达说话人更明确，更坚定的立场。

在自建的封闭语料库中，"要是"与"反问形式_{后件}"共现的例句有 25 例，其中反事实条件句 5 例，反事实比例为 20%。在反事实例句中，也是多个特征成分共现。例句如下：

（289）a. 我要是<u>图</u>你的黑食，我还有脸见你吗？
b. 要是<u>自家人</u>，到了这个地方何必假充官军？
c. 要是<u>没有人惊动它</u>，它怎么会飞起来呢？

例句 a 中，条件句前件可独立实现反事实意义，"图"是个心理活动动词，只有主体"我"知道自己的想法，所以命题前件的事实性是确定的。因为条件句前件排斥事实语义，所以例句 a 是反事实条件句。例句 b 中，后件"何必"用反问的语气强化说话人的质疑行为，使得条件句的后件"假充官军"倾向反事实解读，由此推导出说话人的观点"不是自家人"。例句 c 中条件句前件有否定词"没有"，与后件"反问形式"结合，强化了反事实意义。

在"要是"引导的非事实条件句中，"反问形式_{后件}"表达说话人对有关命题的认识，是一种断言行为。例句如下：

（290）a. 要是他演，他再扮演您，有这个必要么？
b. 你要是<u>答应了日本人的要求</u>，给他们办事，那不就是汉奸了吗？

例句 a 中，说话人的观点是"他扮演您，是没有必要的"，那么表明说话人反对这种做法；例句 b 中，说话人表示"你给日本人办事，就是汉奸"，说话人提醒听话人不要给日本人办事。从事实性来看，命题前件是未然的，因此具有非事实意义。

在自建的封闭语料库中，"就算"与"反问形式$_{后件}$"共现的例句有 13 例，其中反事实的条件句 1 例，反事实比例是 7.7%。例句如下：

（291）就算<u>我在菜谱上写了巴豆</u>，你作为总采购，你真上药店买了巴豆了？

以上例句的命题前件是"我"的行为，所以具有了确定性。进而，在条件句前件获得反事实意义。该让步条件句中前件的事实性并不影响后件的结果"你没有上药店买巴豆"。

其他 12 例让步条件句从事实性来看，是非事实条件句。语境中说话人对命题前件的情况是不确定的。例句如下：

（292）a. 甭管谁领导，就算<u>他自己花的钱</u>，学了几句洋文有什么了不起的？
　　　b. 你急着辩护你自己干什么，就算<u>你没有亲自动手</u>，你们一伙人不是在动手？
　　　c. 就算<u>转成正式的</u>，你愿意呀？

以上例句中，"他是否花自己的钱""你是否亲自动手""是否转成正式的"说话人并不知晓，也不需要确定其事实性。后件反问形式强化了说话人认定的主观事实。即"学几句洋文没什么了不起""你们一伙人在动手""你并不愿意"是事实。

在自建的封闭语料库中，"如果"与"反问形式$_{后件}$"共现的例句有 100 例，其中反事实条件句 36 例，反事实比例是 36%。在反事实条件句中，有几种常见的反事实形式。

第一类："没有$_{前件}$+反问形式$_{后件}$"有 9 例，其中，反事实条件句 7 例，反事实比例是 77.8%。例句如下：

（293）a. 如果<u>没有他们几位苦心孤诣</u>，到处涂涂抹抹，天下哪能粉饰得如此光洁悦目？刘子羽故意放慢脚步，悄悄地拉住马扩的衣袖，指着一堵被灯光照得雪白的粉垣。

b."如果没有夏风的婚事，你就是出钱人家肯来？毕竟是给夏风白雪贺喜来的……"君亭说："那又咋啦？演戏还不是全村人看。"

例句 a 的反事实解读不需要语境的支持。"他们几位苦心孤诣，到处涂涂抹抹"因为后件中成分"如此"具有了现实性，命题前件"否定+已然事实"获得反事实意义。例句 b 不同，确认条件句的事实性需要语境的帮助。条件句表达的观点是"如果没有夏风的婚事，出钱人家也不肯来"。其中，"夏风的婚事"可以是已然的事件，也可以是计划中的未然的事件，两种情况下分别产生反事实条件句和非事实条件句。在语境中，结合下文内容可知"夏风的婚事"已然存在。

"没有$_{前件}$+反问形式$_{后件}$"也可以表示非事实意义。例句如下：

（294）a. 如果<u>没有</u>你，日子怎么过？
b. 如果<u>没有</u>一种统一的思想，不是一定要走向分裂吗？

例句 a 中，说话人表示"没有你，日子没法过"。"你"是当前语境中的听话人，但是，当下时间说话人对将来"是否有你"并不确定，因此句子是非事实条件句。

例句 b 中说话人表示"没有一种统一的思想，一定会走向分裂"。"一种统一的思想"是无定的、虚指的，并不是现实世界中已然存在的某种思想。因此，条件句具有非事实意义。如果将"一种思想"替换为"该思想"或"这种思想"，那么条件句的反事实意义将大大提高。

第二类："不是$_{前件}$+反问形式$_{后件}$"有 5 例，全部是反事实条件句，反事实比例是 100%。例句如下：

（295）a. 如果<u>不是亲眼见到</u>，怎么能够想象？
b. 如果<u>不是已经坐在了现在的位置上</u>，他会把高秋江这张牌打出来吗？

例句 a 表达观点"因为亲眼见到，否则根本无法想象"，例句 b 表达观点"因为已经坐在现在的位置上，他才把高秋江这张牌打出来"。例句 a 的说话人是第一人称"我"，"我亲眼见到"具有客观事实性；例句 b 中副词"已经"表明"坐在现在的位置"具有客观事实性。例句 a、b 中，"不是+客观事实"获得反事实意义。

第三类：条件句前件有表示全量或大量的成分，例如"都""整个""人人"等，全量或大量具有极端语义特征，句子倾向反事实意义。在自建的封闭语料库中例句有 4 例，都是反事实条件句。例句如下：

（296）a. 如果人竟都是与禽兽一般的东西，人又怎么配得上饮茶？
b. 如果人人都有钱、都富，生活水平都赶上、超过了解放前的地主、富农，饱食终日，谁还革命？
c. 如果整个社会都可恶的话，那你们算什么呢？
d. 如果祖先把下辈的问题都解决了，子孙们岂不会成为头脑简单、无所作为的白痴？

以上例句中，说话人表达的观点分别是"人并不都是与禽兽一般的东西""不是人人都有钱、富有""不是整个社会都可恶""祖先无法解决完下辈的所有问题"。后件反问形式是为了强化自己的观点和认识。

除了以上几类，在其他反事实条件句中，还有"早_{前件}""真的""现在"等特征成分共现。例句如下：

（297）a. 如果早几个月办了，岂不是现在早已离开上海到了香港甚至已经去重庆了吗？
b. 如果真的疼爱自己的女儿，为什么要让她作出牺牲呢？

以上例句都是反事实条件句，例句 a 中，说话人认为"因为没有提前办，并没有离开上海，更别说香港、重庆"，条件句前件有反事实成分"早×"。例句 b 中，说话人认为"因为并不是真的疼爱自己的女儿，才让她作出牺牲"，条件句前件有成分"真的"加强了说话人的情感。

在自建的封闭语料库中，"若是"与"反问形式_{后件}"共现的例句有 5 例，其中反事实条件句 2 例，反事实比例是 40%。例句如下：

（298）a. 若是他赤心耿耿保闯王，听了你的话一定会暴跳如雷，恨不得一剑戳死你，岂肯反过来替你遮掩？
b. 天醉若是活着，岂不活活笑煞？

例句 a 后件"反过来替你遮掩"是已然的事实，推知说话人认为"他不是赤心耿耿保闯王"。例句 b 中说话人与主语"天醉"是熟识的关系，对其生死问题有确定的认识。所以，条件句前件表达反事实意义。

此外，还有非事实条件句，例句如下：

（299）a. 皇上若是把他召进宫来，当面晓谕，他怎好一毛不拔？
b. 若是你来了，还要你抢？

例句 a 中，命题前件是第三人称"皇上"的决定，例句 b 中命题前件是第二人称"你"的行为。说话人不确定"皇上是否把他召进宫来""你是否来"。因此，命题是非事实意义的。命题后件的反问形式表明说话人观点"他不好一毛不拔"和说话人的承诺"不要你抢"。反问形式可以强化说话人的观点或态度。

在自建的封闭语料库中，"倘若"与"反问形式后件"共现的例句有 45 例，其中反事实条件句 9 例，反事实比例是 20%。例句如下：

（300）a. 倘若当时孙抚台一直向东追杀，则闯贼岂能逃脱？
b. 倘若把我同玉峰接回老营，岂不引起人们的胡乱猜疑？
c. 倘若他没有一片诚心待人，为什么几万将士肯生死相随？
d. 倘若你绑了我向朝廷献功，国英侄儿还能够活得成么？

例句 a 是反事实条件句，b 是非事实条件句。例句 a 中，说话人表示"由于孙抚台没有一直追杀，闯贼得以逃脱"，从而造成了不可挽回的后果。句子表达了说话人强烈的责备语气。例句 b "把我同玉峰接回老营"是说话人不能决定的事情，说话人表示，如果是事实，则产生的后果是"引起人们的胡乱猜疑",以此来提醒或劝告听话人不要实施该行为。

例句 c 是反事实条件句,条件句前件的事实是"他一片诚心待人",才会有既成事实的结果"几万将士肯生死相随"。例句 d 前件是非事实的,说话人并不确定"你是否会绑了我向朝廷献功"。该条件句表达了说话者观点,如果前件是事实,那么结果"国英侄儿也不会活成"是事实。因此,该条件句具有威胁的语力。

在自建的封闭语料库中,"就是"与"反问形式$_{后件}$"共现的例句有 7 例,都是非事实条件句,反事实比例是 0%。例句如下:

（301）a. 就是<u>天天守着的妻妾还难免偷人轧姘头</u>,何况那样一个水性杨花的船家姑娘?

b. 你是大学毕业,肚子里有货,只等分配工作了。我呢?谁给我分配工作?就是<u>给我分配</u>,我又做得了什么?

"就是"引导的让步条件句具有极端语义,极端语义是指前后件表示的命题发生的概率极小。以此推导出,其他情况下都获得同样的结果。因此,让步条件句的后件具有主观事实性。而反问形式通过强烈的情感强化了这种事实性。例句 a 表达了"一个水性杨花的船家姑娘难免偷人轧姘头"。例句 b 表达了"我什么也做不了"。

在自建的封闭语料库中,"哪怕"与"反问形式$_{后件}$"共现的例句有 1 例。是非事实条件句,反事实比例是 0%。例句如下:

（302）莫要说去白云庵,哪怕<u>去月亮</u>,有谁管得了?

说话人用极端命题"去月亮没有人能管"表达态度"去哪里是自己的事,谁都管不了"。让步句中,后件始终具有主观的事实性,并不受命题前件事实性的影响。

在自建的封闭语料库中,"纵然"与"反问形式$_{后件}$"共现的例句有 5 例,其中反事实条件句 1 例,反事实比例是 20%。例句如下:

（303）a. 纵然<u>公不惜死于沙场</u>,于国何益?

b. 纵然冲得过去，岂不又要损兵折将？
c. 纵然有十个郑总督、丁巡抚，在智谋上能比得上他？

例句 a 和 b 是非事实条件句，例句 c 是反事实条件句。例句 a 和 b 中，说话人倾向认为命题是不应该或不能实现的。这种情况下，通过姑且承认其事实性，进一步强调后件说话人的主观态度和观点。与之对比，例句 c 命题前件"十个郑总督、丁巡抚"是说话人虚构的，是反事实条件句。

在自建的封闭语料库中，"即使"与"反问形式$_{后件}$"共现的例句有 14 例，其中反事实例句 0 例，反事实比例是 0%。例句如下：

（304）a. 即使这样打赢了官司，要回了贷款，损伤了岳鹏程什么？
　　　 b. 即使硬拖出来了，像牧童牵着一条牛，有啥意思？
　　　 c. 即使马上再弄来一辆，焉知不再遇上那样的事呢？

例句 a 中，说话人倾向认为"打赢了官司，要回了贷款"难以实现；例句 b 中，说话人认为"硬拖出来"是不可取的；例句 c "马上再弄来一辆"也不容易实现。在这样的认知下，说话人姑且让步承认其现实性，转而提出命题后件，并强调其事实性。例句 a 的主观事实是"不能损伤岳鹏程"，例句 b "这种做法没有意义"，例句 c "还会再遇上那样的事"。后件的反问形式表达强情感，说话人用以强化命题的事实性。

在自建的封闭语料库中，"只要"与"反问形式$_{后件}$"共现的例句有 31 例，其中反事实条件句 0 例，反事实比例是 0%。例句如下：

（305）a. 只要他不泄漏，别人谁会泄漏？
　　　 b. 只要咱打了胜仗，还怕天底下没有俊俏女人？
　　　 c. 事在人为，只要有了决心和勇气，天下哪有不可为之事。

以上条件句都表达说话人的观点。例句 a "只要他不泄漏，别人不会泄漏"；例句 b "只要咱打了胜仗，不怕天底下没有俊俏女人"；例句 c "只要有了决心和勇气，天下没有不可为之事"。

例句 a、b "只要"句前件是具体的事件，该事件在说话人的认知里是不确定的，可能为真，可能为假。说话人不能确定"他是否会泄漏""是否能打胜仗"。例句 c 前件表达普遍的、抽象的道理。这些例句都是非事实条件句。

在自建的封闭语料库中，"万一"与"反问形式_{后件}"共现的例句有 22 例，其中反事实条件句 0 例，反事实比例是 0%。例句如下：

（306）a. 万一<u>我在酒店出点事</u>，你能负责么？
　　　 b. 万一<u>冲不出去</u>，岂不要全盘输光？
　　　 c. 万一<u>你程涛声又是这种角色</u>，我怎么受得了？

"万一"条件句表达说话人的观点。例句 a 表示"我在酒店出点事，你不能负责"；例句 b "冲不出去的话，一定会全盘输光"；例句 c "你程涛声又是这种角色的话，我受不了"。条件句前件都是未然的，在说话人的认知中具有不确定性，可能为真，可能为假。条件句后件是前件为真的情况下表达的个人观点。

在自建的封闭语料库中，"一旦"与"反问形式_{后件}"共现的例句有 8 例，其中反事实条件句 0 例，反事实比例是 0%。例句如下：

（307）a. 一旦<u>官军到来</u>，这洛阳如何守住？
　　　 b. 一旦<u>杀了他</u>，让很多起义的朋友听到岂不寒心？

"一旦"条件句表达说话人的观点。例句 a 表示"官军到来的话，这洛阳无法守住"，例句 b "杀了他会让很多起义的朋友听到寒心"。"一旦"表示将来的时间，事件"官军到来""杀了他"是未然的，也不是说话人可控的事情，因此，命题具有非事实意义。后件是前件为真的情况下表达的个人观点。

为了更直观地表明"反问形式_{后件}"的反事实情况，我们制作了表 54。

表 54　各连接词与"反问形式_{后件}"共现时的反事实情况

连接词	反事实句	总量	反事实比例	连接词的反事实比例
要不是	24	24	100%	100%
假如	4	9	44.4%	32.1%
若是	2	5	40%	17.7%

续表

连接词	反事实句	总量	反事实比例	连接词的反事实比例
如果	36	100	36%	19.2%
要是	5	25	20%	28.7%
倘若	9	45	20%	12.7%
纵然	1	5	20%	6.3%
就算	1	13	7.7%	21.2%
哪怕	0	1	0%	11.3%
就是	0	7	0%	6.7%
只要	0	31	0%	0%
万一	0	22	0%	0%
即使	0	14	0%	4.7%
一旦	0	8	0%	0%
总量	82	309	26.5%	

由数据可知，以"反问形式_{后件}"为代表的一组特征成分，使原本的连接词反事实比例有所提高。我们将"反问形式_{后件}"归入反事实形式。

反问句是无疑而问，其表达说话人明确的认识。相比一般的否定陈述句，反问形式普遍表达强烈的情感，因此，我们将其归入情感强化形式。由数据可知，与"不是_{前件}""早×"等特征成分相比，"反问形式_{后件}"对于反事实比例的提高并不显著。"只要""万一""一旦"这些典型的非事实形式与"反问形式_{后件}"有不少共现例句，也说明该形式可以自由地在非事实条件句中使用。在"只要""万一"等非事实条件句中，该形式通常单独使用，排斥与其他反事实特征成分共现。而在"如果""假如"等条件句中，该形式一定要与其他特征成分"不是_{前件}""没有_{前件}""第一人称代词_{前件}""早×"等共现才能实现反事实意义。

那么，"反问形式_{后件}"对条件句事实性的影响是什么？

反问形式实质是一种否定表达，后件位置的否定表达并不能影响前件的事实性，即不能决定条件句事实性的类型。但是，如果与其他反事实特征成分共现，反问形式的"否定"和"强情感"特征会实现命题的反事实意义。在非事实条件句中，反问形式通过强烈的情感，强化说话人的观点或态度。尽管非事实条件句前件的实现情况不确定，但说话人对相关命题的态度始终是明确的。

第四节　真/真的_{前件}

一　无共现例句的连接词

在自建的封闭语料库中，"真/真的_{前件}"与连接词"要不是""早知道""纵使""只要""纵然""若是""只有""倘使"无共现例句。在CCL语料库中扩大检索，"早知道""纵然""只有"与之共现的例句依然是0例。

在CCL语料库中，"真/真的_{前件}"与"要不是"共现的例句有1例，是反事实条件句：

（308）<u>要不是他真的看见了雷斯林</u>，他的心情是不会这么糟的！（魏斯、西克曼著，朱学恒译《龙枪编年史》）

说话人表示"因为他看见了雷斯林，他的心情才这么糟的"，命题前件是后件的致因。例句中，"真的"强调命题的客观事实性。

在CCL语料库中，"真/真的_{前件}"与"纵使"共现的例句有3例，都是反事实条件句。例句如下：

（309）a. <u>纵使道家和道教真的有显著的不同点</u>，但是这些不同并不足以使我们认为他们代表着两股截然不同的思潮。（卿希泰《中国道教》）
b. <u>纵使世间真有一个完全的男子与她理想的一样</u>，那男子对她未必就能起敬爱。（許地山《无法投递之邮件》）
c. <u>纵使"老娘"真有白骨精的妖术</u>，也难以逃遁了。（《作家文摘》1994年）

"纵使"连词引导让步条件句，在没有语境的帮助下，例句 a 有两种解读。前件可以是非事实意义，说话人不确定两者是否有显著不同。如果说话人坚信"两者没有显著的不同点"，命题是反事实意义的。这两种情况都不能影响后件观点"不能将它们看成截然不同的思潮"。结合例句 a 的语境"他们彼此来自同一种极古老的宗教的根源，两者关系极为密切"可知，说话人倾向前件是反事实意义。例句 b 也是同样的解读，根据下文语境"她自己都不完全，怎样得一个完全的男子"可知，说话人在认知上倾向认为前件是反事实的。例句 c 中，"老娘"有白骨精的妖术是纯粹虚构的，说话人用反事实的语义表达观点"难以逃遁"。

在 CCL 语料库中，"真/真的$_{前件}$"与"只要"共现的例句有 11 例，其中反事实条件句 0 例。例句如下：

（310）a. 只要你<u>真的</u>想要，<u>真的</u>努力了，10 年后你会比今天活得更精彩，更有魅力，赢得更多的赞誉。（张晓梅《修炼魅力女人》）

b. 只要你<u>真的</u>具备这几项能力，哪家公司会不喜欢？（网络语料）

c. 这件事只要他<u>真的</u>能碰上了，那就好了。（德莱塞著，潘庆龄译《美国悲剧》）

以上例句都是非事实条件句。例句 a 表达说话人的观点，也是对听话人的建议。说话人鼓励对方付诸努力。但对方是否"真的想要，真的努力"说话人是不确定的。例句 b 说话人认为"你具备了这几项能力，哪家公司都会喜欢"。同样，命题前件的实现情况说话人并不确定。例句 c 表示说话人的祈愿，命题是未然的，具有非事实意义。

在 CCL 语料库中，"真/真的$_{前件}$"与"若是"共现的例句有 34 例，其中反事实条件句 4 例。例句如下：

（311）a. 你若是<u>真的</u>明白这道理，为什么要做这种事？（古龙《陆小凤传奇》）

b. 他若是<u>真的</u>想死，早就可以死了，至少已死过八次！（古龙《陆小凤传奇》）

在反事实条件句中，有其他特征成分共现，例句 a 中，同时还有"反问形式$_{后件}$"和代词"这种"共现，反事实意义由后件得知，从而推导出前件的反事实意义。说话人表示"你并不明白这个道理"。例句 b 的后件有"早……了"形式，推导出"他不是真的想死"。以上两个例句中删除副词"真／真的"，则变为"你若是明白这道理，为什么要做这种事""他若是想死，早就可以死了，至少已死过八次"句子的反事实意义并不会发生改变。所以，"真／真的$_{前件}$"并不是决定句子反事实性的关键要素。

在 CCL 语料库中，"真／真的$_{前件}$"与"倘使"共现的例句有 24 例，其中反事实条件句 1 例。例句如下：

（312）a. 倘使她真的死了，朕也不愿为人，不愿为帝了！（徐哲身《汉代宫廷艳史》）
b. 倘使真有人为你自杀，你竟然这样忍心吗？（巴金《雨》）
c. 倘使总的情况真像杜鲁门所说那样好，为什么要有新的巨大军事预算呢？（《人民日报》1950 年）

以上例句 a 和 b 是非事实条件句，例句 c 是反事实条件句。例句 a 表达了说话人的态度，在上文语境中"她的死亡"是未然的事件，命题是非事实意义的。例句 b 是说话人的究问行为，命题前件是说话人假设的情形，在说话人的认知中不具有确定性。例句 c 的反事实意义由后件实现，已知"有新的巨大军事预算"是说话人已知的事实，说话人用反问形式强化质疑态度，由此推知事实是"总的情况不像杜鲁门所说那样好"。

二 有共现例句的连接词及反事实比例

在自建的封闭语料库中，"真／真的$_{前件}$"与"假如"共现的例句有 7 例，其中反事实条件句 1 例，反事实比例是 14.3%。例句如下：

（313）假如真有主宰大自然的力量之神，他应该受到感动了！不会辜负这个忠厚老实的民族啊！

例句的反事实意义由后件感叹推导而来。由语境可知，事实是"力量之神辜负了这个忠厚老实的民族",可推知命题前件也是反事实的。条件句表达了说话人的观点"主宰大自然的力量之神并不存在",句子带有强烈的感叹性。

其他"假如"条件句都是非事实条件句。例句如下：

（314）a. 假如真有异常变故，墨涵和全营弟兄绝不会坐视。
b. 假如这真是磨石口的话，兵们必是绕不出山去，而想到山下来找个活路。

以上例句中，命题前件"是否有异常变故""是不是磨石口"在说话人的认知中都是不确定的，因此，条件句是非事实意义的。成分"真/真的"有无并不影响条件句的类型。但是，结合具体的语境可知，尽管说话人不能确定命题前件的事实性，但在事实性倾向上存在差异。如例句 a 的上文"做恶梦乃心绪不宁所致，团副大可不必多虑"。显然，说话人认为"异常变故"发生的可能性不大，命题倾向反事实意义。为了消除对方的顾虑，说话人进一步提出后件"墨涵和全营弟兄绝不会坐视"，以应对命题前件为真的情况。该语境中，说话人内心认为命题前件发生的概率小。例句 b 是《骆驼祥子》中的一个例子，语境交代："在他的知识里，他晓得京西一带，像八里庄、黄村、北辛安、磨石口、五里屯、三家店，都有养骆驼的。难道绕来绕去，绕到磨石口来了吗？这是什么战略，他不晓得。"可知，说话人祥子并不确定"这里是不是磨石口"。副词"真"强调命题为真时，说话人的进一步思考。

可知，在非事实条件句中，说话人对命题前件的认识有不同的倾向，或者倾向反事实，或者倾向事实，还有的无倾向性。这些不同的情况是由语境决定的，与"真/真的$_{前件}$"无直接的关系。

在自建的封闭语料库中，"真/真的$_{前件}$"与"要是"共现的例句有 35 例，其中反事实条件句 7 例，反事实比例是 20%。例句如下：

（315）a. 要是真亏了你，你能这么乖？
b. 要是人世真有一条忘川，就好了！
c. 要是他真恼，就不会给你五钱银子。

从例句看出，反事实例句往往是多种特征共现的结果。例句 a 的后件有反问形式以及感叹成分"这么",两者结合使得后件获得反事实意义,由此推知说话人认为"亏了你"是假的。例句 b 有情感强化形式"……就好了",且命题前件"人世有一条忘川"是虚构的事件,在说话人认知中是反事实意义。例句 c 在脱离语境的情况下有两种解读。在反事实条件句中,"已经给你五钱银子"是已然事实,由此推出前件事实"他没有恼"。如果"不会给你五钱银子"是说话人猜测的结果,具有未然性,那么命题前件的事实性也是不确定的,句子是非事实条件句。结合前文语境"这是皮恼骨不恼,装样子叫你看哩",可知"他真恼"是假,因为"他没有恼,所以才会给你银子"。因此,前后件表达的都是反事实意义。

在以上反事实条件句中,删除前件"真/真的",条件句仍然完句,且句子的反事实意义不变。可知,"真/真的$_{前件}$"并不是影响条件句事实性的关键因素。

下面是"要是"引导的非事实条件句例句:

（316）a. 他要是真的随四姐而去,岂不是加倍的愚蠢了吗?
b. 要是<u>形势真的不行</u>,我就来!
c. 杨司令要是真的<u>离开凹凸山</u>,往后的仗就难打了。

例句 a 的后件是反问形式,表示说话人的评价"这是加倍的愚蠢"。该评价的前提是"他随四姐而去"为真。但是,命题前件在当下是未然事件,还不确定,条件前件是非事实意义的。例句 b 是说话人的应变行为,该行为实现的前提是"形势不行"为真。在说话人认知中,前件"形势行与不行"并不能确定。例句 c 表达说话人的认识:"杨司令离开凹凸山,往后的仗会很难打。"但是,因为说话人对命题前件的认识是不确定的,因此,条件句是非事实意义的。以上例句中,成分"真/真的"的有无不影响条件句的完句性和事实性类型。由语境可知:说话人对命题前件实现可能性大小无倾向性认识。这种情况下,成分"真/真的"的功能是强调"不确定命题为真的情况下",说话人的认识或态度。

在自建的封闭语料库中,"真/真的$_{前件}$"与"就算"共现的例句有 1 例,是反事实条件句,反事实比例是 100%。例句如下:

（317）组织科的袁干事说:哪敢茶凉啊,别说司令员政委是调到军区去负更大的责任,就算<u>真调到别的地方</u>,我们也不能忘记培养我们成长的老首长啊!

根据上文内容,说话人已知"司令员政委是调到军区",那么"调到别的地方"具有反事实意义。说话人用副词"真"强化已知为假的事件,作用是强化情感。

在自建的封闭语料库中,"真/真的_{前件}"与"假若"共现的例句有2例,都是非事实条件句,反事实比例是0%。例句如下:

(318) a. 假若乱兵<u>真的进来了</u>,我们怎么办?
　　　b. 假若<u>真派我当了镇上的头头</u>,担子也太重啊。

以上两个例句中,命题前件都是未然的,说话人不能确定"乱兵是否进来""是否派我当镇上的头头"。例句a的后件是说话人在前件成真的情况下发出的疑问;例句b的后件是感叹行为,是对前件为真时表达担忧之情。

在自建的封闭语料库中,"真/真的_{前件}"与"如果"共现的例句有64例,其中反事实条件句5例,反事实比例是7.8%。例句如下:

(319) a. 如果<u>真的疼爱自己的女儿</u>,为什么要让她作出牺牲呢?
　　　b. 如果欧阳素心<u>真在重庆</u>,该多好呀!
　　　c. 如果官家<u>真是聪明睿智,洞烛一切的</u>,为什么竟能接受童贯这样一个明显的荒谬绝伦的建议。

在反事实例句中,同时存在"反问形式_{后件}""该多好"等特征成分。例句a结合命题后件的究问和责备行为,可推知说话人认为"疼爱自己的女儿"是假的。例句b的后件"该多好呀"表达强烈的遗憾情感,推导出命题前件"欧阳素心不在重庆"。例句c的后件是究问行为,带有说话人强烈的不满和困惑,表明"官家接受这样一个明显的荒谬绝伦的建议"是已然的事实,以此推导出命题前件的反事实意义。

在反事实例句中,删除前件的"真/真的",条件句的反事实意义不变,所以,"真/真的"并不是决定条件句事实性的关键因素。

语料中更多的例句是非事实条件句。例句如下：

（320）a. 如果他真的投敌叛变了，我们做检讨。
　　　　b. 如果真有那么一回事，那肯定是一群大傻瓜。
　　　　c. 如果自己真的死了，儿子家霆倒可以脱出牢笼了！
　　　　d. 如果您真的离了婚，这对谁有好处？

在说话人的认知中，例句 a "他是否投敌叛变了"，例句 b "是否有那么一回事"，例句 c "自己是否会死"，例句 d "您是否离婚" 都是不确定的，命题前件是非事实意义的。条件句后件是说话人在前件为真的情况下，做出的认知判断或行为反应。例句 a 是承诺行为，例句 b 是评价行为，例句 c 和 d 是说话人的主观认识。将这些条件句还原到文本中，可知说话人对命题前件的事实性认识没有任何倾向性。

在自建的封闭语料库中，"真/真的$_{前件}$" 与 "假使" 共现的例句有 1 例，是非事实条件句，反事实比例是 0%。例句如下：

（321）假使有一天人家真把你选去了，又怎么办？

例句中 "有一天" 是将来的时间，表示命题具有未然性，所以命题前件具有非事实意义。

在自建的封闭语料库中，"真/真的$_{前件}$" 与 "倘若" 共现的例句有 6 例，都是非事实条件句，反事实比例是 0%。例句如下：

（322）a. 倘若真挑到我，我怎么样办？
　　　　b. 倘若真有官兵追来，我们决不轻饶。
　　　　c. 倘若真有机会不被软禁，拼着死，我也要冲出牢笼去！

例句中，"是否挑到我""官兵是否追来""是否有机会不被软禁"在说话人的认知中还是不确定的。说话人表达了在命题前件成为事实的情况下，自己的态度和选择。例句 a 后件表示担忧之情；例句 b 表明说话人的态度 "决不轻饶"；例句 c 表示说话人的行为选择 "冲出牢笼"。

在自建的封闭语料库中,"真/真的_{前件}"与"就是"共现的例句有1例,是非事实条件句,反事实比例是0%。例句如下:

(323)就是真打起来,他们二位也会帮助我!

命题前件"打起来"是未然事件,能否实现当下还不确定。说话人表达个人观点"打起来的话,他们二位会帮助我"。

在自建的封闭语料库中,"真/真的_{前件}"与"哪怕"共现的例句有2例,其中反事实条件句0例,反事实比例是0%。例句如下:

(324)a.哪怕您真能帮着买买菜、扫扫地、辅导一下圆圆的功课,也算您为我们分分忧,间接的也为四化出点儿力。
b.哪怕真的打进来,他们也不敢杀杭州人——杭州是佛保佑的地方。

例句的命题前件是非事实意义,因为说话人并不十分确定"您是否能帮忙""是否能打进来"。然而,结合文本语境,说话人实际上对事实性的认识有倾向性。说话人认为"您大概率不能帮忙""大概率打不进来"。

在自建的封闭语料库中,"真/真的_{前件}"与"即使"共现的例句有4例,都是非事实条件句,反事实比例是0%。例句如下:

(325)a.即使你真的卖身投靠了,日子也不会好过。
b.即使你真不想干,虚虚实实也可以嘛!
c.即使真在铁轨上,他也早就分身几段了,你把他找到又有什么用?
d.即使真的在大庭广众之下,给他一巴掌,也比这种无言的惩罚要轻松些。

以上例句都是非事实条件句,说话人对命题前件主语的行为"是否卖身投靠""是否不想干""是否在铁轨上"等事实性是不确定的,命题后件表达的是前件为真的情况下,说话人的主观认识。成分"真/真的"是说话人对前件为真的姑且承认。同样，结合具体的语境会发现，说话人对命题前件的事实性倾向不同。以例句 a 和例句 c 为例，例句 a 的语境交代：

> 李飞黄："从前我做晚明的学问，最做不通的，便是如钱谦益、吴梅村、侯方域一班的盖世文人，何以最后都剃了头，归了大清朝？现在眼看着北京城里那周作人先生都出来做事，才明白了。……都如史可法一般，忠臣死节，他自己倒是落得一个青史流芳永垂不朽的美名，扬州城里数十万百姓却是生灵涂炭，灰飞烟灭了。"陈挥怀生性要比嘉和易激动，此时恨不得挥手就给李飞黄一个耳光，左手就握着拳头直打那座椅的扶手。

根据李飞黄传达的信息可知：他动了卖身投靠的心思，却想为自己的不道德行为找说辞。这种前提下，"你卖身投靠"在说话人的认知中实现可能性极大，倾向事实意义。

例句 c 的语境交代：

> 走了这么远不见有任何踪迹，还走到哪里去呢？你能走到这条铁路的尽端吗？往南一直可以走到海边去，往北可以通过西伯利亚直到欧洲。你有什么根据确认他躺在铁轨上呢？

这一表述说明说话人更倾向他没有在铁轨上（没有卧轨自杀）。因此，命题前件更多地倾向反事实意义。

在自建的封闭语料库中，"真/真的前件"与"万一"共现的例句有 4 例，其中反事实条件句 0 例，反事实比例是 0%。例句如下：

(326) a. 万一<u>真的打几仗，给了西军立功的机会</u>，那时种师道就更跋扈难制了。
　　　b. 万一<u>老头子真翻脸不认人呢</u>，她自管会闹。

"万一"条件句表达说话人的主观认识。命题前件表示的事件是未然的，条件句是非事实意义的。后件内容是前件为真的情况下得出的结论。从事实性来看,"打几仗""老头子翻脸不认人"在说话人的认知中是不确定的,可能是事实,也可能是反事实。

在自建的封闭语料库中,"真/真的_{前件}"与"一旦"共现的例句有1例,是非事实条件句,反事实比例是0%。例句如下:

（327）一旦真的搂着那个一嘴胡子拉碴的黑雷公睡觉,没的恶心,不定一身都会起鸡皮疙瘩……

例句中,命题前件是未然事件,说话人对其实现与否是不确定的。例句表达说话人的主观认识。

为了更直观地表明"真/真的_{前件}"的反事实情况,我们制作了表55。

表55 各连接词与"真/真的_{前件}"共现时的反事实情况

连接词	反事实句	总量	反事实比例	连接词的反事实比例
就算	1	1	100%	21.2%
要是	7	35	20%	28.7%
假如	1	7	14.3%	32.1%
如果	5	64	7.8%	19.2%
假使	0	1	0%	30.8%
假若	0	2	0%	14.7%
哪怕	0	2	0%	11.3%
倘若	0	6	0%	12.7%
就是	0	1	0%	6.7%
万一	0	4	0%	0%
即使	0	4	0%	4.7%
一旦	0	1	0%	0%
总量	14	128	10.9%	

从语料和数据来看,首先,"真/真的_{前件}"与中性形式连词"如果""要是",以及非事实形式连词"万一""即使"等共现的例句数量较多,说明其

偏向中性或非事实形式。其次，除了"就算"的反事实比例由 21.2% 提升至 100%，这与数据稀疏有关，其他连接词与"真/真的_{前件}"共现时，反事实的比例都出现了明显的下降趋势。因此，"真/真的_{前件}"这一特征成分使原本连接词的反事实比例普遍降低。我们将其归入非事实形式。这一结论与以往的研究不同，已有的研究中，副词"真的"是反事实标记（CF markers），也有学者称之为反事实强化词（CF enhancer）。但是，从本书的语料数据来看，"真/真的"出现在条件前件时，推动条件句倾向非事实解读，它降低了句子的反事实意义。

那么，"真/真的_{前件}"对条件句事实性的影响是什么？可以肯定的是，"真/真的_{前件}"并不是条件句事实性的决定性因素。在句中删除后，并不会影响条件句的完句性和事实性类型。在特定的语境中，"真/真的_{前件}"可推导出说话人更为明确的态度，即命题前件发生的可能性在说话人认知中不是50%，而是更多地倾向事实，发生概率接近100%，或者倾向反事实，发生概率接近0%。在统计中，我们把接近事实或反事实的情况，都归入非事实条件句；把说话人已认定的反事实命题归入反事实条件句。

事实表明，在反事实的例句中，"真/真的_{前件}"必然共现了其他的特征成分。语料中常出现的特征成分有"反问形式_{后件}""就好了/该多好/多好啊/多么好_{后件}""否定_{后件}"。分析表明，实际上是共现特征成分对条件句的反事实意义起到决定性影响。相反，如果没有其他特征成分共现，条件句倾向非事实解读。在调查的自建的封闭语料库中，非事实条件句数量远高于反事实条件句。因此，其反事实比例低于连接词总量基准。

我们认为，在非事实条件句的前件，不管是"真"还是"真的"，都是表确认义的副词。"'确认'是对某个事实、情况的认定或认可。"（方清明，2012：97）原本非事实条件句表示说话人对命题的真假难辨，即命题有两种可能的情况，或者为真，或者为假。成分"真/真的_{前件}"强调命题为真的情况下，说话人的认识和态度。与之相比，在反事实条件句中，说话人对命题前件的事实性是已知的，命题前件是反事实意义，"真/真的+反事实语义"，实际是通过强调反事实意义强化个人的情感。因此，我们认为，反事实条件句中，"真/真的_{前件}"是表示强调义的语气副词。不管表示"确认义"还是"强调义"，"真/真的"在前件位置都获得了语流重音，加强了说话人的情感表达，因此我们将其归入"情感强化形式"。

第五节　的话_前件_

在自建的封闭语料库中，"早知道、纵使、若是、假使、假若、倘若、就算、就是、哪怕、纵然、即使、只有、只要、倘使""万一"与"的话_前件_"都没有共现的例句。扩大检索 CCL 语料库，连接词"纵使、哪怕、纵然、只有"与"的话_前件_"也不存在共现的例句。日常的口语交际中，也不会说出两者共现使用的句子。

在自建的封闭语料库中，"的话_前件_"与"要不是"共现的例句有 1 例，是反事实条件句，反事实比例是 100%。例句如下：

（328）要不是<u>咱俩过去交情还可以的话</u>，我非组织群众斗你保皇狗不可。

条件句表达的态度是"因为咱俩过去交情还可以，我才没组织群众斗你保皇狗"，命题前件是后件的原因。连接词"要不是"决定了条件句的反事实意义。

在自建的封闭语料库中，"的话_前件_"与"假如"共现的例句有 7 例，其中反事实条件句 3 例，反事实比例是 42.9%。例句如下：

（329）a. <u>假如他们真有灵魂并且真能显灵的话</u>，今天这个大操场要不黑了天才怪哩！
　　　　b. <u>假如你把我当作你的朋友的话</u>，你应当告诉我。

以上例句 a 是反事实条件句，说话人并不相信"他们真有灵魂并且真能显灵"。该例句的反事实意义由命题前后件共同实现，前件有成分"真的"，后件有感叹语气词"哩"。例句 b 表达说话人的建议。前件"你是否把我当作你的朋友"说话人并不确定，条件句是非事实条件句。

在自建的封闭语料库中，"的话_前件_"与"要是"共现的例句有 11 例，其中反事实条件句 5 例，反事实比例是 45.5%。例句如下：

（330）a. <u>要是我那时也参加的话</u>，怕跟我的兄弟一样，把骨头扔在樊城了。

b. 小伙子，我要是钱富裕的话，真想留下！
c. 要是还有点面的话，给她做一碗吧，孩子怪可怜的。
d. 要是想快快买上车的话，我给你个好主意。

以上例句 a 和 b 是反事实条件句。例句 a 中，命题前件有第一人称代词"我"、过去时间词"那时"，两者可独立实现反事实意义。事实是"我那时没有参加，所以没有跟我兄弟一样把骨头扔在樊城"。例句 b 的反事实意义由命题前件实现，关于"我钱是否富裕"的问题，说话人自己有确定的认识，在前件中获得反事实意义。

例句 c 和 d 是非事实条件句。例句 c 中，说话人并不能确定对方"是否还有面"，后件是说话人的请求行为。例句 d 中，说话人也不确定对方"是否想快快买上车"，在命题前件为真的情况下，后件是说话人的建议行为。

在自建的封闭语料库中，"的话$_{前件}$"与"如果"共现的例句有 44 例，其中反事实条件句 6 例，反事实比例是 13.6%。例句如下：

(331) a. 如果不是在课堂里的话，她真想去拥抱琴了。
b. 如果准许杀人的话，拿钝刀子一块一块地割死你。
c. 如果你能谅解我的话，我还想求你办一件事。
d. 如果你认为有些事不便告诉我的话，我已经说过，我绝对不问。

以上例句 a 和例句 b 是反事实条件句，例句 a 的反事实意义由命题前后件共同实现，形式上有"不是$_{前件}$ + 了$_{2后件}$"共现。例句 b 在句法层面没有明显的形式标记，其反事实意义由命题前件的语义实现。在法治社会中，已知"准许杀人"是反事实的。因此，后件也是反事实意义的。

例句 c 和 d 是非事实条件句。例句 c 中，说话人不知道"你是否谅解我"，后件的请求行为是在命题前件为真的情况下发出的。例句 d 中，后件的副词"已经"表示"我说过某话"的已然性，但后件的事实性并不影响前件未然事件的事实性，"你是否认为有些事不方便告诉我"在当下的谈话时间说话人并不确定对方的想法，因此，命题前件是非事实意义的。

在自建的封闭语料库中，"的话$_{前件}$"与"一旦"共现的例句有 1 例，是非事实条件句，反事实比例是0%。例句如下：

（332）一旦她明白了她和于莲之间毫无任何关联的话，那么，她会让步吗？

例句中，命题前件是未然的，是非事实意义的，后件是命题前件为真的情况下，说话人产生的疑问行为。

在自建的封闭语料库中，分析例句可知：删除成分"的话前件"不会影响条件句的完句性和事实性类型。在反事实例句中，"的话前件"一定共现了其他特征成分，比如过去时间词"那时"、否定词"不是"、语气词"了"、第一人称代词等。在没有其他特征成分时，句子倾向非事实解读。

为了更直观地表明"的话前件"的反事实情况，我们制作了表56。

表56　各连接词与"的话前件"共现时的反事实情况

连接词	反事实句	总量	反事实比例	连接词的反事实比例
要不是	1	1	100%	100%
假如	3	7	42.9%	32.1%
如果	6	44	13.6%	19.2%
要是	5	11	45.5%	28.7%
一旦	0	1	0%	0%
总量	15	64	23.4%	

由数据来看，"的话前件"对反事实意义的影响不大，不存在倾向性。表56中，"假如""要是"条件句的反事实比例有所提高，但是"如果"条件句的反事实比例有所下降。总体来看，"的话前件"出现时条件句反事实数据略高于总量基准，但是影响很小。因此，我们将"的话前件"归入中性形式。

第八章 特征成分"代词"

本章对特征成分"代词"的考察,分为"人称代词"和"指示代词"两类。

本章将"人称代词"作为条件句的一种特征成分进行研究,主要原因是,它们出现在条件句中时,不同人称对条件句事实性的影响表现出显著差异。有学者已关注到这一现象,但没有对其语用机制进行说明。本章考察条件句中的人称问题,具体是研究交际中说话人对命题"相关信息的确认度"问题。在条件句表达中,命题前件的事实性与人称的关系表现在"信息确信度/信息知晓度"方面。Kamio(1997)指出,信息传递者和信息接收者、信息知晓者和信息未知者不是对应关系。信息传递者表达出的话语并不意味着该传递者是信息的权威知晓者,只有当信息是关涉自己的或者是与自己有密切关系时,信息传递者才是真正的信息知晓者,也就是说对信息的事实性有确定的认识。同样,作为信息接收者的受话人也并不总是被动接收未知信息,当信息是关于信息接收者的,这时受话人就是权威的信息知晓者。那么,还会存在一种情况,如果信息是一些常识性的知识,信息传递者和信息接收者共同知晓该信息,该信息是两者的共享知识。在条件句中,信息的传递者是说话人,传递的信息是命题前件所表示的内容。命题前件中,主语可能是第一人称(说话人)或者第二人称(听话人)或者是第三人称,第三人称一般是听说双方共同知道的人。

在一个条件句中,说话人、听话人、以及第三人称有不同的知晓度或权威程度。条件句是说话人视角的认识、态度或行为表现。因此,如果说话人对有关命题具有高知晓度或权威性,那么命题的事实性即具有了确定性。通过与条件句的语义进行合取操作,条件句就获得了非事实或反事实倾向性。

下面将通过语料,分析命题主语为第一人称、第二人称以及第三人称时,条件句的事实性问题。鉴于后件的人称变化对条件句事实性无影响,本章仅考察它们位于条件句前件的情况。

本章对指示代词"这 ×"的研究，是从代词"这"的现实指称性功能出发。分析语料发现，作为一种影响条件句事实性的特征成分，指示代词"这"限定于特定的句法位置，而且必须与其他特征成分共现才能完成反事实意义的语用推导。所以，该部分主要探讨"这 ×"的使用语境、句法位置、语义要求等限制问题。

第一节　第一人称代词"我 / 我们_{前件}"

在自建的封闭语料库中，我们统计了不同连接词与第一人称代词"我 / 我们_{前件}"的共现情况。这里的"我 / 我们"是条件句命题的主语。

一　无共现例句的连接词

除了连接词"纵使""倘使""早知道"，其他连接词与第一人称代词都有共现的例句。扩大搜索 CCL 语料库，"纵使""倘使""早知道"与第一人称代词_{前件}共现的例句很多，仅选择几例说明。例句如下：

（333）a. 纵使<u>我</u>又写了很多比那时要好的故事，却再也寻不回那时的感觉、那一份梦境。（《读者》1994 年）
　　　　b. 纵使<u>我</u>写尽所有的文字，我能写尽妈对我那报答不尽、也无法报答的爱吗？（张洁《世界上最疼我的那个人去了》）
　　　　c. 我知你心中所念只有你表哥一人，倘使<u>我</u>失手将他杀了，你悲痛无已，从此再无笑容。（金庸《天龙八部》）
　　　　d. 早知道<u>我</u>带点给你，我们那儿吃倒不成问题。（张爱玲《小团圆》）

例句 a 命题前件是主观事实，我们将"事实条件句"作为一种语用修辞现象。该例句使用"纵使"连词是出于语用考虑。因为让步条件句往往具有强烈的情感。

例句 b 中，说话人表达观点"写尽所有的文字也不能写尽妈对我的爱"，"写尽所有文字"语义上具有极端性，表达说话人强烈的情感。从事实性来看，前件不具备实现的可能，因此该例句是反事实条件句。例句的反事实意义与第一人称代词无关，因为命题本身与真实性脱节，因此，句子获得反事实解读。

例句 c 的命题前件"我失手将他杀了"是未然的，"了"表示新情况的出现。未然的新情况具有不确定性，一般倾向非事实意义。但根据语境，说话人"我"有明确的选择"不会将他杀死"，因此条件句是反事实意义的。该例句的事实性与主语"第一人称代词"直接相关。如果替换为第三人称代词，则说话人不能确定命题前件的事实性。

例句 d 中，连接词"早知道"已经是语法化的反事实标记，因此，总是引导反事实条件句。人称代词的变化不会影响句子的反事实意义。

以上例句 b、c 和 d 都是反事实条件句，但它们反事实意义的成因不同：例句 b 前件"我写尽所有的文字"脱离了真实性；例句 c 主语第一人称代词"我"决定了反事实意义；例句 d 的连接词"早知道"是反事实标记。

二 有共现例句的连接词及反事实比例

下面对自建的封闭语料库中第一人称代词的使用情况进行考察。

在自建的封闭语料库中，第一人称代词与"要不是"共现的例句有 11 例，其中反事实条件句 11 例，反事实比例是 100%。例句如下：

（334）a. 要不是<u>我</u>病倒，早就与他一同去了日本了。
　　　　b. 要不是<u>我</u>顶着，你还能坐在这个位置上吗？

以上例句中"要不是"作为反事实标记，它引导的条件句都是反事实条件句，说话人认为条件句前后件之间是因果关系。例句 a "因为我病倒，没能同他一起去日本"；例句 b "因为我顶着，你才能坐在这个位置上"。该因果关系是说话人主观认定的事实。除了"要不是"，句中还共现了其他特征成分，分别是"早……了""反问形式_{后件}"。

在自建的封闭语料库中，第一人称代词与"假如"共现的例句有 4 例，其中反事实条件句 3 例，反事实比例是 75%。例句如下：

（335）a. 假如<u>我</u>当时硬顶，你爸爸还不知道要多吃多少苦头呢！

b. 假如我听到有关啸天兄你的事确实，那你也该留留退路。
c. 假如我们在中世纪，我就是被绑在十字架上烧死的女巫。

例句 a 是反事实条件句，条件句前件有过去时间词"当时"，后件是感叹行为。如果将主语"我"替换为第二或第三人称代词，句子的反事实意义不变。"过去时间词_前件_＋感叹_后件_"决定了句子的反事实意义。例句 b 虽然有第一人称代词"我"，但中心语是"你的事"。那么，"有关啸天兄你的事是否确实"说话人并不确定，条件句是非事实条件句。例句 c 是反事实条件句，前件"我们在中世纪"违反了客观事实，获得反事实意义。

在自建的封闭语料库中，第一人称代词与"要是"共现的例句有 120 例，其中反事实条件句 65 例，反事实比例是 54.2%。例句如下：

（336）a. 我要是飞行员，就不这么傻。
b. 当初我要是不想那么多，也就不会有现在这些苦恼了。

例句 a 中条件句前件"我是不是飞行员"对于说话人自己是确定的，在前件位置获得反事实语义。例句 b 是反事实条件句，句中有过去时间"当初"，后件有强情感表达"不会……了"。句中第一人称代词替换为第二或第三人称代词后，句子的反事实意义也不会改变。该例句中，过去时间词对反事实意义的影响最关键。

除此以外，例句中还有一类常见的反事实表达与第一人称直接相关。即命题前件内容是关于"我"的各种情况，说话人对这些情况有确定的认识。例句如下：

（337）a. 我要是腰缠万贯，我也不朝这伙人手里投！
b. 我要是日后敢忘爷的大恩，日头落，我也落！
c. 我要是记仇的人，就不会找上你来讲话了。
d. 我要是有你那么一个儿子，就死也瞑目了。

例句 a 是我的"经济状况"；例句 b、c 是"我的为人"；例句 d 是"我的家庭成员情况"。关于这些问题，说话人一定有确定的认识，因此条件句具有了反事实意义。例句 b 中"日后"是将来时间，则"忘记爷的大恩"是未然事件，未来的事件倾向非事实意义。但由于命题主语是第一人称代词，且事件是主语可控的、可自主决定的，因此命题前件具有确定性。

除了以上反事实条件句，"要是"引导的还有大量的非事实条件句。例句如下：

（338）a. 我<u>要是</u>落难了，你可不要忘了我。
　　　　b. 联谊会这个阵地我们<u>要是</u>不占领，封建主义就一定会去占领！
　　　　c. 我<u>要是</u>哪儿弄出差错惹下麻烦，你可得及时指教。
　　　　d. 我<u>要是</u>能抗过瘟疫，我给你重修墓立石碑唱大戏！

例句 a 是说话人的祈愿"我落难了你可不要忘了我"；例句 b 表达了说话人的观点"我们要占领联谊会这个阵地"，其交谈对象是同盟关系的"我们"。由于集体决定的事情说话人不能独自实现，因此，命题前件是不确定的。例句 c 前件是未然事件，后件是说话人的请求行为，"我在弄出差错惹下麻烦时，希望你及时指教我"。例句 d 的前件在说话人认知中是不确定、不可控的，后件是说话人的承诺行为"我给你重修墓立石碑唱大戏"。

以上条件句前件的主语是第一人称代词，但是，相关事件对说话人而言并不具有可控性和自主性，因此，这些未然事件都具有非事实意义。

在自建的封闭语料库中，第一人称代词与"就算"共现的例句有 12 例，其中反事实条件句 8 例，反事实比例是 66.7%。以反事实条件句为例：

（339）a. <u>就算</u>我在菜谱上写了巴豆，你作为总采购，你真上药店买了巴豆了？
　　　　b. <u>就算</u>我是龙头大哥，<u>就算</u>我是黑道上的人，我拿谁开刀，也不至于拿我女朋友家开刀啊。
　　　　c. <u>就算</u>我有那个心，也没有那个时间。

以上例句中，条件句前件的主语是"我"，"我"作为行为的实施者，对行为的事实性有明确的认识。例句 a 对于"是否在菜谱上写巴豆"我自己有确定的认识，因此条件句获得反事实解读。例句 b 的前件是"关于我的身份"，例句 c 的前件是"关于我的心思"，不管是说话人的身份还是心思，说话人一定有确定的认识。条件句中前件如果具有确定性，会获得反事实意义。

在自建的封闭语料库中，第一人称代词与"假若"共现的例句有 7 例，其中反事实条件句 1 例，反事实比例是 14.3%。例句如下：

（340）a. 假若我是个须眉丈夫，就不会有一点顾虑，早八百年造反啦！
b. 假若我还能回到家，我一定痛痛快快地过一个假日。
c. 假若我琼斯的话是对的，我希望你们能够有所表示！

例句 a 仅从命题前件便可获得反事实意义。因为对于说话人，我的性别是无须讨论的问题，具有确定性。因此条件句前件获得反事实意义。说话人表示"因为我不是须眉丈夫，所以有很多顾虑，并没有造反"。例句 b 和 c 都是非事实条件句。例句 b 中，说话人在形势不定的情况下，还不能确定自己能否顺利回家。例句 c 中，说话人一般会认为自己的话是正确的，但是听话人"你们"是否认为我的话正确，"我"并不能确定。所以，从"你们"的视角，条件句前件是非事实意义的。

在自建的封闭语料库中，第一人称代词与"如果"共现的例句有 114 例，其中反事实条件句 28 例，反事实比例是 24.6%。例句如下：

（341）a. 如果我两袖清风，只怕如今已死在日本皇军铁蹄下了。
b. 如果我当时细心一些，或者把事情稍微搁置一下，也不至如此呀！
c. 如果我要死一千次，也要死在祖国的怀抱里。

以上反事实条件句中，第一人称代词"我"并不是推导出反事实意义的关键要素，句中还存在其他特征成分。如果将以上例句的主语"我"替换为第二人称或者第三人称代词，并不会影响条件句的事实性，所以，这些例句中人称对命题的事实性无直接影响。具体分析，例句 a 的后件"如今已……了"具有反事实意义；例句 b 有表现形式"过去时间词$_{前件}$+感叹$_{后件}$"；例句

c 的前件"死一千次"是夸张的修辞性用法，违反了客观事实，从而获得反事实意义。

如果例句中没有其他特征成分，句子就倾向非事实解读。例句如下：

（342）a. 我如果同他搭在一起，问题就更复杂了。
b. 如果我因为送你而得病，后果也是很不幸的。

例句中，"我是否能同他搭在一起""我是否会因为送你而得病"并不是说话人能控制的事情，说话人不能确定这些命题的实现情况。

在"如果"条件句中，有的例句是第一人称代词"我"起到决定作用的条件句。例句如下：

（343）a. 我如果处在你的地位，我决不像你这样懦弱无用。
b. 如果我有丝毫害怕你落井下石，就不会来谷城。
c. 我说话如果不算数，你要多少我们就给你多少。

以上例句都是反事实条件句，反事实解读与说话人"我"密切相关。对说话人而言，"我"对自己的情况（身份、职业、心理活动、人格品质、计划等）一定有确定的认知。比如，"我自己处的地位""我是否害怕你落井下石"说话人心里有判断。"说话算数"是一种美德，说话人一般都要强调自己具备这种品质。所以，这些句子的前件事实性是确定的，进而在前件的位置可推出反事实意义。

在自建的封闭语料库中，第一人称代词与"若是"共现的例句有7例，其中反事实条件句5例，反事实比例是71.4%。反事实条件句如下：

（344）a. 我若是个男人，我也入了会，干出一番事业来。
b. 我若是茶清伯亲儿子，真能在杭州这个茶叶堆里翻出几个大跟头呢。
c. 我若是这样一个小人，天地共诛之！
d. 我若是透露你不让我透露的事情一个字，我就千刀万剐。
e. 我若是在赵家多住一两年，恐怕现在也见不到你了。

例句 a-e 的命题前件分别是关于说话人的性别、出身、品质、行为、选择等方面的问题，这些问题对说话人而言有确定的认知，因此在条件句前件获得反事实解读。

另有 2 例非事实条件句，前件主语是第一人称代词"我"，除了该特征成分，句中再无其他特征成分。因为前件内容是说话人无法控制的事情，命题是非事实意义的。例句如下：

（345）a. 若是我走在你三伯前头，就指望你们兄弟俩照顾看好你三伯了……

b. 若是哪一天我有机会来庇护寄客兄，便是造化了。

在自建的封闭语料库中，第一人称代词与"假使"共现的例句有 2 例，都是反事实条件句，反事实比例是 100%。例句如下：

（346）a. 假使我是你们庄子里种田人家的闺女，你想不想？

b. 假使我的命跟小姐们一样该多好！

以上例句中，命题前件是有关说话人身份的问题，这一问题没有人比说话人更确定。因此，在条件句前件获得反事实解读。"我是你们庄子里种田人家的闺女""我的命跟小姐们一样"与客观事实不符。

在自建的封闭语料库中，第一人称代词与"倘若"共现的例句有 26 例，其中反事实条件句 4 例，反事实比例是 15.4%。例句如下：

（347）a. 倘若我有一丝不信任公子，也不会……

b. 倘若我晚回一步，岂不铸成大错！

c. 倘若我丁国宝再做出对不起你的事，天诛地灭！

例句 a 中"信任"是一种心理活动。当主语是"我"时，命题"是否信任公子"说话人自己有确定的认识。所以，命题前件可独立实现反事实解读。

例句 b 的反事实意义与第一人称代词有密切关系。"晚回一步"是说话人"我"可控的行为，这样，该命题的实现情况具有确定性，在前件获得反事实意义。而且,结合后件的感叹表达,条件句的反事实意义得到强化。例句 b 的主语如果替换为第二或第三人称代词,则条件句表达说话人的劝阻、警告行为,可以是非事实解读。因此例句 b 中第一人称对反事实意义有关键作用。

需要注意的是,与说话人的性别、身份、心理活动相比,行为活动虽然由说话人执行,具有可控性和自主性,一般是确定的,但如果受到外部环境的约束,说话人也不能确定行为的实现情况。这种情况下,条件句倾向非事实意义。比如将例句 b 改写为"倘若我晚回一步,妈妈肯定要骂我",在特定的语境中,比如说聚会上,好朋友劝我多玩一会儿,晚点儿走,那"我"会对"晚回去"的可能后果进行考量。这时,在说话人的认知中"是否晚回一步"当下还未确定。因此,以上例句 b 中后件的感叹表达对于确定条件句的反事实意义具有重要的作用。

例句 c 是反事实条件句,前件是说话人的行为,且该行为由说话人意愿决定。因此,具有确定性。宣誓行为表示说话人承诺做或不做某事,也强化了命题的主观确定性。

在自建的封闭语料库中,第一人称代词与"倘若"共现的例句多是非事实条件句。例句如下:

(348) a. 倘若我要见你,你可不能老是故意逃避我了!
b. 倘若我说错了,请你不要怪罪,我就大胆直说了吧。
c. 我们倘若建立新朝,决不犯朱洪武这样的错误。

例句 a 前件的主语是第一人称代词,"要见你"也是说话人的需求。但语境中,命题的实现由听话人"你"决定,因此,句子是非事实意义的。例句 b "我是否说错了"由他人评价,说话人不确定他人对自己话语的态度,因此命题是非事实意义的。例句 c 后件表达说话人的决心和态度,前件"建立新朝"是未然的,其实现情况说话人不确定。

在自建的封闭语料库中,第一人称代词与"就是"共现的例句有 13 例,其中反事实条件句 0 例,反事实比例是 0%。例句如下:

(349) a. 我就是死了,让狗叼着死了,也不让他送终!

b. 我就是饿死，也不走他那条遭儿。

c. 我就是40岁才结婚，看起来也不过如此。

在"就是"引导的让步条件句中，"死了也不让他送终""饿死也不走他那条遭儿""40岁才结婚看起来也不过如此"都是发生概率极小的极端事件。说话人否定小概率事件，实际上一并否定了其他发生概率更大的情况，以此表明自己的认识和态度。以上例句中，说话人也不能完全排除事件发生的可能性，因此，我们将该类条件句归入非事实条件句。

在自建的封闭语料库中，第一人称代词与"哪怕"共现的例句有5例，其中反事实条件句2例，反事实比例是40%。例句如下：

（350）a. 我哪怕有你那一半，我早就混出来了，我还等今儿个！

b. 哪怕我再安个吴山圆洞门，叶子也不是沈绿爱。

c. 哪怕我去一口一口讨饭，我也能养活你……

d. 哪怕我们都死了，他也得活。

例句a和b是反事实条件句，例句c和d是非事实条件句。例句a中，后件"早……了"对条件句反事实意义起决定作用，替换了人称代词并不影响条件句的事实性解读。例句b的反事实意义由前文语境获得，前文说话人表示"人家是千里迢迢跟我回来的，我也不可能再给她安个吴山圆洞门"，可见说话人已经有明确的态度，条件句前件是反事实意义的。

例句c和d是非事实条件句，条件句的命题"一口一口讨饭也能养活你""我们都死了他也得活"具有极端的语义特征，表达的是说话人坚定的信念和态度。极端语义表明事件的发生概率极低，倾向反事实意义，但因为命题仍具有实现的可能性，我们将其归入非事实条件句。

在自建的封闭语料库中，第一人称代词与"纵然"共现的例句有4例，其中反事实条件句3例，反事实比例是75%。例句如下：

（351）a. 我纵然心如死灰，也难把往事轻易忘记。

b. 纵然我心乱如麻，也不会怠慢了她。

c. 我纵然想做虞公，无奈全寨父老不肯假道，也是枉然。

d. 纵然<u>我们今天为国战死</u>，也使敌人不敢再轻视我们，并使千万志士闻风兴起，弟兄们，随我前进！

例句 a 和 b 的前件"心如死灰""心乱如麻"是比喻的修辞用法，使事件与真实性脱节，获得反事实意义。例句 c"我想做虞公"表示说话人的志向和意愿，对说话人来说，只有自己了解内心的真实想法，所以命题前件具有确定性，或者事实或者反事实。结合该例句的上文语境：

客人说："既然足下如此不放心，那么官军不在寨中停留，只穿寨而过如何？"宋文富轻轻地摇摇头，说："弟虽是武科出身，读书不多，但也知道'假道于虞以伐虢'的故事……"

可以认为这是说话人不想得罪人的托词，实际上他根本"不想做虞公"，命题前件具有反事实意义。

例句 d 是非事实条件句，条件句前件"我们今天为国战死"是未然事件，也是说话人的态度，其实现情况说话人并不确定。

在自建的封闭语料库中，第一人称代词与"即使"共现的例句有 8 例，都是非事实条件句，反事实比例是 0%。例句如下：

（352）a. 即使我能<u>及时治疗，用药止血</u>，也往往因已经流血过多，仍然难救，或者因身体衰弱，复原艰难。

b. 我即使<u>打听到了她的地址</u>，你给她去信也不方便。

c. 即使<u>我不能天天时时跟随左右</u>，我总是为您所用的人。

d. 我们即使<u>回到老苏区</u>，也在他拉的大网兜内。

例句 a 的前件是说话人对自己专业能力的判断。通常来说，凭借经验积累，说话人对有关情况可以做出较为准确的判断。但是语境交代，当下病人的情况严峻，手术复杂，自己也很难判断自己能否胜任，因此，条件句倾向非事实意义。

例句 b 前件是由说话人去执行的事情，"能否打听到她的住址"说话人并不确定，是典型的非事实条件句。例句 c 是关于说话人的情况，前件成分

"天天时时"是主观大量，否定事件"不能天天时时跟随左右"反而倾向事实性解读。再结合前文语境"秘书长，如果可能，我以后仍住在这里，替您办办事，即使我不能……"可知，说话人在征求对方的同意，命题前件能否实现说话人不确定。

例句 d 表达说话人的观点"回到老苏区，我们也在他拉的大网兜内"，但"是否回到老苏区"并不是说话人能自主决定的事情。因此，例句 d 是非事实条件句。

在自建的封闭语料库中，第一人称代词与"只要"共现的例句有 81 例，其中反事实条件句 0 例，反事实比例是 0%。例句如下：

（353）a. 只要<u>咱们在射虎口不会走错棋</u>，我就不替老营和马兰峪担心了。
b. 只要<u>我们能够为民除害，救民水火</u>，还怕没有老百姓跟着造反？
c. 只要<u>我们打得巧，打得猛</u>，杀败秦良玉不难。

例句中，前件的主语是第一人称复数形式"咱们""我们"。有关内容都具有未然性，例句 a 表示"还未在射虎口走错棋"，例句 b "为民除害，救民水火"是还未实现的事情，例句 c "打得巧，打得猛"是还未实施的战略方针。因此，说话人并不确定命题的实现情况，命题前件获得非事实意义。

再如以下例句：

（354）a. 只要<u>我有一口气</u>，你就能活！
b. 我只要<u>一生一世都在你身边</u>，就满意了。
c. 我只要<u>不回去</u>，我就是一个自由者。
d. 我只要<u>像现在这样坚持下去</u>，一年以后，我的成绩肯定会超过他。

命题前件的主语是第一人称代词"我"，命题内容是关于说话人的各种情况。例句 a 是说话人的承诺，"我有一口气，你就能活"表达极为强烈的情感。例句 b 表达说话人的心愿，心愿是未然的事件，说话人不能确定其实现情况。

例句 c 和 d 中,命题前件"不回去""像现在这样坚持下去"是说话人的计划和打算,时间指向将来。从命题事实性看,计划和打算具有不确定性,会受到外部因素的影响,因此,说话人并不能保证命题前件始终为真。

在自建的封闭语料库中,第一人称代词与"万一"共现的例句有 6 例,与"只有"共现的例句有 4 例,与"一旦"共现的例句有 3 例,都是非事实条件句,反事实比例都为 0%。例句如下:

(355) a. 万一<u>我</u>一高兴,心一宽,我病好了。
b. 万一<u>我</u>在酒店出点事,你能负责么?
c. 万一<u>我</u>有个好歹,这封绝命之书就烦请老弟代为呈递了。
d. 只有<u>我</u>亲自前去,才能够相机处理,以正压邪。
e. 只有<u>我们</u>舍得死,才有可能得到胜利。
f. 一旦<u>我</u>离了,清风街就一下子空荡了,像是吃一碗饭,少盐没调和。
g. 一旦<u>我们</u>担起国家重任,我可知道你是在艰巨任务面前从不手软的角色呀!

"万一""只有""一旦"是典型的非事实形式,第一人称的使用不会影响到条件句的非事实意义。例句 a-c 中,"万一"表示万分之一的概率,明确表示说话人认为命题前件"我一高兴,心一宽""我在酒店出点事""我有个好歹"的发生可能性小。在命题没有脱离真实性的情况下,命题依然有实现的可能性,因此命题前件对说话人具有不确定性。例句 d 和 e 中,"只有"条件句是说话人的认识,也是建议行为。命题前件具有未然性,指向将来的时间。命题具有非事实意义。例句 f 和 g 中,"一旦"表示将来的时间,将来时间里发生的事件是未然的,因此条件句前件"我离了""我们担起国家重任"具有不确定性,条件句是非事实意义的。

为了更直观地表明第一人称代词"我 / 我们_{前件}"的反事实情况,我们制作了表 57。

表 57　各连接词与第一人称代词"我 / 我们$_{前件}$"共现时的反事实情况

连接词	反事实句	总量	反事实比例	连接词的反事实比例
要不是	11	11	100%	100%
假使	2	2	100%	30.8%
就算	8	12	66.7%	21.2%
假如	3	4	75%	32.1%
纵然	3	4	75%	6.3%
要是	65	120	54.2%	28.7%
若是	5	7	71.4%	17.7%
哪怕	2	5	40%	11.3%
如果	28	114	24.6%	19.2%
假若	1	7	14.3%	14.7%
倘若	4	26	15.4%	12.7%
就是	0	13	0%	6.7%
即使	0	8	0%	4.7%
只要	0	81	0%	0%
万一	0	6	0%	0%
一旦	0	3	0%	0%
只有	0	4	0%	0%
总量	132	427	30.9%	

根据反事实比例来看，第一人称"我 / 我们$_{前件}$"增加了条件句倾向反事实解读的概率。因此，我们将第一人称代词归入反事实形式。

通过分析语料，可总结出第一人称代词对条件句反事实意义的影响。

在条件句前件中，当命题的主语是说话人，即第一人称代词"我"，且命题内容是说话人自身的情况，比如性别、年龄、职业、身份、家庭关系等，说话人对它们有确定的认识，这时在条件句前件，命题获得反事实意义。当条件句前件内容是说话人的心理活动，说话人的志向、意愿等，这一类问题说话人也有确定的认识，在条件句前件，命题获得反事实意义。最后，当条件句前件内容是说话人可控的、自主的行为活动时，其实施与否说话人有决定权，同样，在条件句前件中具有反事实意义。所以，如果命题前件具有以上特征，第一人称代词对反事实意义的解读具有决定作用。

需要注意的是，第一人称单数形式"我"和复数形式"我们"的反事实能力有明显区别。"我们"倾向非事实解读，因为说话人所在的集体由多个人组成，说话人不能确知其他人的想法和决定，因此命题是非事实意义的。

句中如果共现了其他反事实特征成分，比如"感叹$_{后件}$""否定$_{前件}$"等，它们决定了条件句的反事实意义，这时，将第一人称代词替换为第二或第三人称代词并不会对条件句的事实性产生影响。

第二节 第二人称代词"你/你们/您$_{前件}$"

一 无共现例句的连接词

在自建的封闭语料库中，第二人称代词"你/你们/您$_{前件}$"与"早知道""倘使""假使"共现的例句为 0 例。

扩大搜索 CCL 语料库发现，第二人称代词与连接词"早知道""倘使""假使"共现的例句很多，仅选择几例说明。例句如下：

(356) a. 早知道<u>你</u>是这样热心，我一早托重了你，事情早就成功了。（张恨水《金粉世家》）

b. 早知道<u>你们</u>是老相好，我昨天就请我们小爷叔来了。（高阳《红顶商人胡雪岩》）

c. 倘使<u>你</u>欢喜的话，可以奉送给你。（卜伽丘著，方平、王科一译《十日谈》）

d. 倘使<u>你们</u>不戴眼镜，那翡翠城灿烂的亮光将会射瞎你们的眼睛。（莱·弗·鲍姆著，陈伯吹译《绿野仙踪》）

e. 假使<u>你</u>再敢阻挠我，破坏我，我决不再饶恕你！（钟毓龙《上古秘史》）

f. 假使<u>你们</u>能早听我两句话，何至于闹到现在这种田地？（张恨水《金粉世家》）

例句 a 和 b 由"早知道"引导的条件句都是反事实条件句。例句 a 的已然事实是，因为"我不知道你是这样热心"，所以没有"一早托重了你"。例句 b 因为"我不知道你们是老相好"，所以"昨天没有请小爷叔来"。该类例句中，命题的前后件都是反事实意义。

例句 c 是非事实条件句，命题前件"你是否欢喜"在说话人的认知中是不确定的，后件表明了说话人的态度"可以奉送给你"。例句 d 也是非事实条件句，命题前件"是否戴眼镜"由主语"你们"决定，说话人不能确定其实现情况。后件是说话人的警告行为，"翡翠城灿烂的亮光将会射瞎你们的眼睛"是消极的，说话人用消极后果说服对方戴眼镜。

例句 e 是非事实条件句，命题前件"你再敢阻挠我，破坏我"是未然事件，在说话人认知中不确定，后件是说话人的威胁行为，威胁话语有利于阻止听话人"你"的阻挠、破坏行为。

例句 f 是反事实条件句，该例句中共现了"早$_{前件}$""反问形式$_{后件}$""这"等特征成分，共同实现了条件句的反事实意义。说话人表示"因为你们没能早听我两句话，才闹到现在这种田地"，句子包含着说话人责备、抱怨、不满等消极情绪。

二 有共现例句的连接词及反事实比例

在自建的封闭语料库中，第二人称代词与"要不是"共现的例句有 30 例，都是反事实条件句，反事实比例 100%。例句如下：

（357）a. 要不是<u>你们</u>替我担着，我也怕是早进了监狱了。
b. 要不是<u>你</u>跟我说过你家的那个白孩子，就是罗力对面过来，我也不认识啊。

以上例句都是反事实条件句，且例句的命题前后件之间有因果关系。例句 a 的事实是"因为你们替我担着，我没有进了监狱"，表达了说话人对"你们"的感恩之情。例句 b 的事实是"因为你跟我说过你家的那个白孩子，所以我认识了"，说话人向对方说明原因。

在自建的封闭语料库中，第二人称代词与"纵使"共现的例句有 1 例，是反事实条件句，反事实比例是 100%。例句如下：

（358）你纵使有三头六臂，七十二变，也无能为力。

例句中，"三头六臂"是文学作品中虚构的人物形象，在现实世界中"三头六臂"的人是不存在的。因此，命题前件具有反事实意义。说话人通过否定极端情况，表示后件"无能为力"的这一观点。

在自建的封闭语料库中，第二人称代词与"假如"共现的例句有10例，其中反事实条件句2例，反事实比例是20%。例句如下：

（359）a. 假如你那时多卖点案子，就是后来下了台，谁能不巴结你？
　　　 b. 假如你有兴趣，你到北岗的谜园找我来吧！
　　　 c. 假如你们相信我，有一天我会重新看到你的。

例句 a 的反事实意义与人称代词"你"无关，而是由"过去时间$_{前件}$+反问形式$_{后件}$"实现的。例句 b 和 c 中说话人并不能确定对方"是否有兴趣""你们是否相信我"，除了人称代词，句中没有其他特征成分。因此，条件句是非事实意义的。

在自建的封闭语料库中，第二人称代词与"要是"共现的例句有210例，其中反事实条件句26例，反事实比例是12.4%。例句如下：

（360）a. 当年你要是长征北上，现在肯定会是我的老领导、老上级呢！
　　　 b. 要是你在家里点灯，就不会这样了！
　　　 c. 要是你不愿意，我就把她交给别的班里。
　　　 d. 你们以后要是有钱，还是直接存银行里吧。

以上例句中，a 和 b 是反事实条件句。例句 a 的反事实意义由命题前件的过去时间词"当年"决定。例句 b 中，后件成分"这样"表示糟糕的情况已然存在，"否定+已然事实"获得反事实意义，可推导出前件事实"你没有在家里点灯"。例句 c 和 d 是非事实条件句。例句 c 前件是听话人"你"的意愿，说话人并不能确知对方的意愿，所以命题是非事实意义的。命题后件的实现情况由前件说话人的意愿决定。例句 d 前件"以后是否有钱"是不确定的，后件是说话人对听话人的建议。

在自建的封闭语料库中，第二人称代词与"就算"共现的例句有 8 例，其中反事实条件句 0 例，反事实比例是 0%。例句如下：

（361）a. 就算<u>你</u>到了北京，哪儿那么好就批发出去了？
b. 就算<u>你</u>逮着了，您能把那么一大活老鼠给攥在手里给它塞上黄豆，再给它缝上么？

例句 a 和 b 中，说话人的观点是"到了北京也不好批发出去""逮到了老鼠也无法给它塞上黄豆"。例句 a 中语境表示，热带水果难以长途运输，运达北京还保持新鲜很难。例句 b 中语境表示，一家人已经用尽各种办法，也没有抓到老鼠。结合语境可知，说话人倾向认为命题是反事实的，但并不十分确定，我们将这类条件句归入非事实条件句。

在自建的封闭语料库中，第二人称代词与"假若"共现的例句有 3 例，其中反事实条件句 0 例，反事实比例是 0%。例句如下：

（362）a. 假若<u>你</u>遇到我们的主人公，你决不会想到这就是当年在敌人炮楼丛中神出鬼没的嘎子。
b. <u>你</u>假若问他们有什么困难，他们就会说，我们了解自己国家的情况。

例句 a 和 b 都是非事实条件句。前件"你遇到我们的主人公""你问他们有什么困难"都是说话人假想的情形，这些情形是未然的，说话人并不能确定命题的实现情况。

在自建的封闭语料库中，第二人称代词与"如果"共现的例句有 125 例，其中反事实条件句 8 例，反事实比例是 6.4%。例句如下：

（363）a. 如果当时<u>你</u>要让我看一眼那个年轻人，我又会怎样呢？
b. 如果<u>你</u>不是坚持反动路线立场，你的性格是很让我欣赏的。
c. <u>你们</u>如果想担任突击队，就要锻炼拼刺刀。
d. <u>你</u>如果再逼我，我随时可以死给你看！

以上例句中，a 和 b 是反事实条件句。例句 a 前件有过去时间词"当时"，而且"你让我看一眼那个年轻人"关涉者是听说双方，其实现情况具有确定性。因此，命题推导出反事实意义。例句 b 的前件有反事实形式"不是_{前件}"，说话人认定他"坚持反动路线立场"，命题后件表达惋惜之情。例句 c 表达说话人的观点，也是对听话人的建议行为。心理活动"想"的主体是"你们"，说话人并不能确定他人的想法。因此，条件句是非事实意义的。例句 d 前件"再逼我"是主语"你"实施的行为，说话人用威胁态度试图阻止该行为。但最终话语是否产生效力说话人不能确定，前件的实现情况由"你"决定。

在自建的封闭语料库中，第二人称代词与"若是"共现的例句有 9 例，其中反事实条件句 1 例，反事实比例是 11.1%。例句如下：

（364）a. 你若是举别的例子，我李飞黄信许就低头听你的了。
b. 你们若是不听从我的话，上前走一步，就是这么一刺刀。
c. 你若是觉得可办，我就得请你出马，这媒得由你来撮合。

例句 a 是反事实条件句，其反事实意义由命题后件获得，与句末"了₂"直接相关。"了₂"的强情感性使得条件句倾向反事实解读。如果删除成分"了₂"，命题前件是未然的，是非事实条件句。

例句 b 是说话人的威胁行为。目的是迫使对方"听从我的话"。但是，意图是否实现说话人并不能控制。例句 c 中，说话人用商量的口气征求对方的意见。前件"是否觉得可办"由对方"你"决定，说话人还不确定对方的态度。因此，例句 b 和 c 都是非事实条件句。

在自建的封闭语料库中，第二人称代词与"倘若"共现的例句有 30 例，其中反事实条件句 2 例，反事实比例是 6.7%。例句如下：

（365）a. 倘若你们也老老实实打仗，就袭不破我们玛瑙山老营了！
b. 倘若你是个叫化子或无名小百姓，他也同你往来么？断断不会！
c. 倘若你们留下，过去的事既往不咎。
d. 你倘若贪污一两银子，我下次回来，定要剥你的皮！

例句 a 和 b 都是反事实条件句。例句 a 的反事实意义由命题后件实现，说话人已知事实"我们玛瑙山老营被袭破"，句末"了₂"强化了说话人的主观情绪。例句 b 中，听说双方是熟知的朋友，说话人必然知晓听话人的身份。因此，条件句前件可独立实现反事实意义。

例句 c 和 d 是非事实条件句，例句 c 是说话人对听话人的协商行为，"你们留下"是命题后件"过去的事既往不咎"的条件，但是"对方是否选择留下"说话人并不能确定；例句 d 是说话人对听话人的警告行为，后件"定要剥你的皮"语义极端，目的是防止"你贪污一两银子"的发生，命题前件是未然的，说话人不能确定。

在自建的封闭语料库中，第二人称代词与"就是"共现的例句有 25 例，其中反事实条件句 1 例，反事实比例是 4%。例句如下：

（366）a. 你就是<u>毒龙</u>，我也得扳掉你的角！
　　　　b. 你就是<u>把他们的粮食搜光</u>，也饿不掉他们一颗大牙。
　　　　c. 你就是<u>把皮剥了</u>，我也认出是你！

例句 a 命题的反事实意义来自比喻的修辞表达，"你是毒龙"显然是假的，说话人借用"毒龙"的比喻义"邪恶力量"，强化后件的个人态度和决心。

例句 b 和 c 命题都含有量级意义，"把他们粮食搜光，也饿不掉他们一颗大牙""把皮剥了我也认出是你"是极端情况，发生的概率是极小的，因此命题前件极大地倾向反事实意义。又因为说话人不排除命题在现实世界中发生的可能性，我们将其归入非事实条件句。

在自建的封闭语料库中，第二人称代词与"哪怕"共现的例句有 6 例，其中反事实条件句 2 例，反事实比例是 33.3%。例句如下：

（367）a. 哪怕<u>你是我的亲妈</u>，我都不能把批文给你。
　　　　b. 九百多万个大银元宝你哪怕<u>给我留一个</u>，我今过日子我也不至于着这么大急啊我。
　　　　c. 哪怕<u>你替他说情</u>，也没用！
　　　　d. 你哪怕<u>做做样子</u>，也该回去住两天，掩一掩众人的口声……

例句 a 和 b 是反事实条件句。例句 a 的命题前件中，听说双方是熟悉的人，对于两人的关系，说话人具有确定的认识。所以，前件"你是我的亲妈"可独立实现反事实解读。例句 b 的反事实意义由后件实现。"我今过日子着这么大的急"是说话人认定的客观事实，"不至于"否定客观事实表达反事实意义。后件的感叹行为强化了说话人的不满情绪。

例句 c 和 d 是非事实条件句。例句 c 中说话人表态"你替他说情也没用"，以提醒和劝阻对方不要做无意义的举动。可是命题前件具有未然性，说话人还不确定对方是否仍旧为他求情，因此条件句是非事实意义的。例句 d 是说话人对听话人的建议。建议的具体内容具有未然性。对方"你"是否接受该意见，说话人并不确定。

在自建的封闭语料库中，第二人称代词与"纵然"共现的例句有 4 例，都是非事实条件句，反事实比例是 0%。例句如下：

（368）a. 你纵然流年大利，官星高照，也仍然好事难成。
　　　　b. 你纵然不能够像往日那样冲杀在前，将士们看见你立马阵后，也会勇气百倍！

例句 a 的命题含有量级特征，"流年大利，官星高照，也仍然好事难成"具有极端语义，由此推导出：一切不如命题前件的情况，更大概率会得到后件的结果。"纵然"让步条件句中，后件表达说话人的观点或态度。前件的实现情况不会对后件事实性产生影响。

例句 b 的前文表示："她多么希望在这样人心惶惶的时候，闯王能骑马出来一趟，鼓舞士气！但是她害怕闯王会劳复，所以近几天总是尽力阻止闯王骑马。"由上文可知，"你不能够像往日那样冲杀在前"倾向客观事实，但是毕竟闯王还未痊愈，上了战场是否依旧冲杀在前说话人也不确定。因此，我们将例句归入非事实条件句。

在自建的封闭语料库中，第二人称代词与"即使"共现的例句有 8 例，其中反事实条件句 0 例，反事实比例是 0%。例句如下：

（369）a. 即使你一个人打死他十个，你也不能最后战胜他。
　　　　b. 即使你插上翅膀，也逃不出我的手心。

以上条件句的命题具有量级特征,例句 a "你一个人打死他十个也不能最后战胜他",例句 b "你插上翅膀也逃不出我的手心"在语义上具有极端性,发生概率极小。由此推知其他隐含命题更无法实现,因此,句子前件倾向反事实意义。但是,在说话人的认知中,并没有完全排除前件发生的可能性,我们将该类让步句归入非事实条件句。

在自建的封闭语料库中,第二人称代词与"只要"共现的例句有 114 例,其中反事实条件句 0 例,反事实比例是 0%。例句如下:

(370) a. 只要<u>你得到了幸福</u>,我也就幸福了……
b. 只要<u>你们拿定主意长远跟闯王</u>,闯王就不会劝你们各自回家!
c. 只要<u>你觉得我办得了</u>,我马上就去!

例句 a "你得到幸福"是未然事件,在说话人的认知中,不能确定该事件的实现情况,因此例句是非事实条件句。例句 b "你们拿定主意跟闯王"是"你们"的主观意愿,且事件是未然的。例句 c "你觉得我办得了"是"你"的心理活动。关于"你们"的主观意愿、"你"的心理活动,说话人的认知里是不确定的,因此条件句也是非事实意义的。

在自建的封闭语料库中,第二人称代词与"万一"共现的例句有 6 例,都是非事实条件句,反事实比例是 0%。例句如下:

(371) a. 你万一<u>有个三长两短</u>,你哭你都没地儿哭去。
b. 万一<u>你程涛声又是这种角色</u>,我怎么受得了?

例句 a 是非事实条件句,前件"你有个三长两短"是未然事件,其实现情况尚未确定;后件是说话人的警告行为,说话人意在用消极结果"三长两短"劝阻对方。例句 b 是非事实条件句,关于"你程涛声的角色"说话人还不能确定,后件反问形式强化了说话人的态度"我受不了",句子表达了说话人的担忧之情。

在自建的封闭语料库中,第二人称代词与"一旦"共现的例句有 2 例,都是非事实条件句,反事实比例是 0%。例句如下:

(372) a. 你们一旦<u>呐喊进攻</u>,李友的人马必会里应外合,破寨不难。

b. 你一旦称王称帝，他们就得见面跪在地上说话，口称陛下，谁还能像现在这样同你亲如手足，无话不谈？

以上条件句的前件"你们呐喊进攻""你称王称帝"都是未然事件，在说话人的认知中具有不确定性，是非事实意义的。例句 a 后件"破寨不难"表达说话人的观点和态度。例句 b 的后件反问形式强化了说话人的观点"没有人能像现在这样同你亲如手足，无话不谈"。

在自建的封闭语料库中，第二人称代词与"只有"共现的例句有 2 例，都是非事实条件句，反事实比例是 0%。例句如下：

（373）a. 只有你准备充分了，才反而有可能打不起来，你没有准备，他吓唬就能把你吓唬住。
b. 只有你们查得公正，我才能执法公正，使该斩的人死而无怨，也能使众人心服。

以上条件句的前件"你准备充分了""你们查得公正"都是对方的行为活动，且是未然事件。在说话人的认知中，其实现情况具有不确定性，是非事实意义的。例句 a 和例句 b 都表达了说话人的观点，也是说话人对听话人的建议。

为了更直观地表明第二人称"你/你们/您$_{前件}$"的反事实情况，我们制作了表 58。

表 58　各连接词与第二人称代词"你/你们/您$_{前件}$"共现时的反事实情况

连接词	反事实句	总量	反事实比例	连接词的反事实比例
要不是	30	30	100%	100%
纵使	1	1	100%	22.2%
假如	2	10	20%	32.1%
若是	1	9	11.1%	17.7%
如果	8	125	6.4%	19.2%
要是	26	210	12.4%	28.7%
倘若	2	30	6.7%	12.7%
假若	0	3	0%	14.7%

续表

连接词	反事实句	总量	反事实比例	连接词的反事实比例
就算	0	8	0%	21.2%
哪怕	2	6	33.3%	11.3%
就是	1	25	4%	6.7%
纵然	0	4	0%	6.3%
即使	0	8	0%	4.7%
只要	0	114	0%	0%
万一	0	6	0%	0%
一旦	0	2	0%	0%
只有	0	2	0%	0%
总量	73	593	12.3%	

　　从共现情况来看，第二人称代词可以与非事实形式"只要、万一、一旦、只有"等连词共现。而且，对比总量基准，除了例句数量稀疏造成的数据差（比如表58中的连词"纵使、哪怕"条件句），其他连词"假如、若是、如果、要是、倘若、假若、就算、就是、纵然、即使"的反事实比例都有所下降，因此，第二人称代词"你/你们/您$_{前件}$"降低了条件句倾向反事实解读的概率。因此，我们将第二人称代词归入非事实形式。

　　为什么第二人称代词作为特征成分出现在条件句中时会产生以上倾向？语料事实表明，命题主语是第二人称且表达反事实意义时，句中必然存在其他特征成分。反事实意义与第二人称无关，而是由其他反事实特征成分实现。第二人称代词的非事实倾向不难理解，当命题主语是第二人称代词时，命题前件是关于对方（受话人）的行为、意愿、选择、态度等内容，从信息的知晓度来看，第二人称（受话人）是信息的知晓者和权威者。说话人并不能确定命题的实现情况。这时如果没有其他反事实特征成分，条件句自然倾向非事实解读。

第三节　第三人称_{前件}

本节主要考察第三人称这一要素对条件句事实性的影响。需要说明，第三人称包括了代词"他/她/他们"，以及少量人物名字，人物名字作为专有名词，在文中可以替换为第三人称代词。因此为了更好地反映第三人称的使用情况，本节将其纳入统计中。为了将不同人称的影响进行对比研究，此处也只研究位于条件句前件的第三人称。在自建的封闭语料库中，我们对第三人称_{前件}与各连接词的共现情况做出统计。

在自建的封闭语料库中，第三人称与"要不是"共现的例句有 45 例，都是反事实条件句，反事实比例是 100%。例句如下：

（374）a. 要不是<u>他贪生怕死</u>，我或许不会负伤哩！
　　　b. 要不是<u>大龙哀告地拖住</u>，肯定要随他而去了。

以上例句中，命题前后件之间是主观因果关系。例句 a 中，说话人表示"因为他贪生怕死，我才会负伤"；例句 b 中说话人表示"因为大龙哀告地拖住，才没有随他而去"。"要不是"条件句前后件都是反事实意义的。

在自建的封闭语料库中，第三人称与"纵使"共现的例句有 1 例，是反事实条件句，反事实比例是 100%。例句如下：

（375）马扩<u>纵使再有一百个"有利"，二百个"不利"</u>，也无处去说了。

该例句中，数量短语"一百个""二百个"表示主观大量意义，强化说话人的无奈之感。从前件的事实性来看，说话人有意用夸张的手法，凸显"无处去说"这一事实。因为命题前件本身与真实性是脱节的，因此我们认为该例句是反事实条件句。

在自建的封闭语料库中，第三人称与"假如"共现的例句有 16 例，其中反事实条件句 7 例，反事实比例是 43.8%。例句如下：

（376）a. 假如<u>他不是抱着殷切的期望回乡</u>，恐怕也不会像现在这样思绪万千，心潮起伏了。

  b. 她假如<u>不是四姐生的</u>，该多好！
  c. 假如他是<u>一个普通的工人或农民</u>，那么湘湘也就不会碰到骗子了。
  d. 假如<u>彭其的女儿厚着脸皮再来缠你</u>，你怎么办？
  e. 假如<u>他想下手搞掉王纬宇</u>，我可以提供一批重磅炸弹。

  例句 a-c 中，真正触发反事实意义的并不是第三人称代词"他"或"她"，而是其他反事实特征成分。譬如：例句 a 中的"不是_{前件}+不会……了_{后件}"；例句 b 中"不是_{前件}+该多好_{后件}"；例句 c 中后件有强情感形式"不会……了"。例句中，如果将第三人称代词替换为第二人称代词，反事实意义不变；如果替换为第一人称代词，反事实意义得到强化。如果没有其他的反事实形式，条件句多是非事实解读。例句 d 中，说话人对命题主体的行为"厚着脸皮再来缠你"是否实现并不确定，是非事实意义，后件的疑问行为是在前件为真的情况下发出的；例句 e 中，说话人对主体"他"的计划是否执行并不确定，即"他是否下手搞掉王纬宇"是非事实意义的，后件"我可以提供一批重磅炸弹"是前件为真时说话人的承诺行为。

  在自建的封闭语料库中，第三人称与"要是"共现的例句有 137 例，其中反事实条件句有 37 例，反事实比例 27%。这些反事实例句中，有几种常见的格式。

  第一类：前件表示"某人还活着"，说话人在已知事实的情况下，假设某人"现在还活着"，该表达在条件句前件位置是反事实解读，表达说话人的遗憾、悲痛之情。该类例句一共 15 例，例句如下：

（377）a. 要是<u>俺爹活着</u>，我还想叫他打两鞋底子哩！
   b. 要是<u>莲莲的妈活到今天</u>，她会支持你吗？

  第二类：否定_{前件}+反问形式_{后件}，该类例句一共 6 例，例句如下：

（378）a. 他们要是<u>不靠贪赃枉法</u>，能盖比我还大还讲究的花园洋房？
   b. 要是<u>中央没有人给他打招呼</u>，他能跟得那样紧？

以上例句表达了说话人的观点，例句 a 中说话人认为"他们靠着贪赃枉法，盖起比我们还大还讲究的花园洋房"；例句 b 中说话人认为"中央有人给他打招呼，他才能跟得那样紧"。条件句的前后件之间有说话人认定的因果关系，从语用功能来看，语义重心在表示原因的前件。

第三类：命题后件是强情感形式，说话人用严重自损的事件作为担保，以表明自己坚定的态度和观点。该类例句一共 3 例，例句如下：

（379）a. 他们这一对老甲鱼要是没问题，我头砍了给你们看！
　　　　b. 他要是不给你安个散布流言蜚语诬蔑大好形势的罪名，你打掉我的门牙！
　　　　c. 阎王要是说你在阳世拉汉卖身做得对，我上刀山我下油锅我连眼都不眨！

例句中，说话人意图让对方相信或认同自己的观点，因此在后件用严重自损的事件做担保，表示自己话语的真实性。条件句后件"头砍了""打掉我的门牙""上刀山下油锅"用来强化情感，可推知说话人认定"老甲鱼绝对有问题""他一定给你安个散布流言蜚语诬蔑大好形势的罪名""你拉汉卖身做得不对"。因此，命题前件是反事实意义。

第四类：命题后件是感叹表达，该类例句一共 5 例，例句如下：

（380）a. 要是他这时赶到，该有多好！
　　　　b. 要是忠华舅舅看到了，他该多么激动！
　　　　c. 要是城里那位千金有她的模样，或者她有城里那位千金的身价，该多好！

以上条件句都表达了说话人的遗憾、惋惜之情，可推知命题前件具有确定性，在条件句前件的位置获得反事实意义。

由以上反事实条件句可知，第三人称并不能影响条件句的事实性。当句中没有其他明显的反事实形式时，句子是非事实意义的。例句如下：

（381）a. 皇军要是答应他们来驻兵，我们就不能在庙里住了！

b. 他要是忘了本，飞走了，我们怎么办？
c. 嘉乔要是碰了林生，从此我就不是他二哥了。

以上例句功能多样，例句 a 是断言行为，表达个人的观点和认识。"皇军"是命题前件的施事，"是否来驻兵"是施事的行动，说话人并不能确定。例句 b 是疑问行为，"他是否会忘了本"说话人并不能确定，表达担忧之情。例句 c 是说话人的威胁行为，"他是否碰了林生"是命题主语的行为，说话人还不能确定。

在自建的封闭语料库中，第三人称与"就算"共现的例句有 16 例，其中反事实条件句有 3 例，反事实比例是 18.8%。例句如下：

（382）a. 别说她一个六指，没有真正的爱情，就算她是张曼玉林青霞，也坚决不答应。
b. 相蓝就算是只皮袋，也已膨胀到最大限度。
c. 就算他向我透露过，你是怎么知道的？

例句 a 结合语境可知，说话人对"她"的身份是已知的，"她是张曼玉林青霞"是有意虚构的反事实情况，借此明确自己的态度"我坚决不答应"。例句 b 的前件是比喻修辞，我们将修辞手法的命题归入反事实意义。例句 c 的反事实意义由命题前件获得，说话人是前件中的"我"，关于"他是否向我透露过"，说话人自己是清楚的。在条件句前件的句法位置，命题获得反事实意义，命题后件的究问形式带有反驳意味。

在非事实条件句中，说话人并不了解命题内容的真假。"姑且让步"是为了用后件语义的转折效果，强化自己的观点或态度。例句如下：

（383）a. 就算他知道，他也不会告诉你。
b. 就算他需要洗漱，也用不了这么长时间哪！

例句中，说话人认定的事实是命题后件"他不会告诉你""用不了这么长时间"。而命题前件的事实性说话人不能确定，属于非事实条件句。

在自建的封闭语料库中，第三人称与"假若"共现的例句有 4 例，都是非事实条件句，反事实比例是0%。例句如下：

（384）a. 假若他投降做了汉奸，他就不是我的父亲！
b. 假若乱兵真的进来了，我们怎么办？

例句a表达了说话人的立场和态度"父亲做了汉奸就断绝父子关系"，但命题前件还是未然的，说话人还不能确定父亲是否投降做汉奸。例句b是说话人的疑问行为，"乱兵是否进来"还不能确定，可能"会进来"。因此，说话人感到焦虑不安。

在自建的封闭语料库中，第三人称与"如果"共现的例句有210例，其中反事实条件句50例，反事实比例是23.8%。在反事实例句中，我们同样总结了几种常见的反事实格式。

第一类：条件句前件是"某人还活着""某人当下在现场"。该类例句有13例，例句如下：

（385）a. 如果尹二在这里，他也准是要被日本鬼子带走的！
b. 他如果在，是不会赞成你去上海的。
c. 如果五叔活着，他可不允许你们这样！
d. 如果楚卿还活着，会不会与她杭寄草继续舌剑唇枪呢。

以上例句中，命题主语的情况"尹二是否在这里""他是否在""五叔是否活着""楚卿是否还活着"说话人是清楚的，命题前件具有确定性，进而在前件独立实现反事实意义。

第二类：条件句是特征成分与"反问形式$_{后件}$"的共现。

（386）a. 金娣如果家里不穷，她不是就不会被卖出来做丫头受罪了吗？
b. 君亭他如果是土地神，他能不淤地？
c. 如果小艺心里对自己还有一缕爱情，她怎么能意识不到此时丈夫需要的只是掉在地板上的棉被？

以上例句的反事实意义与后件的反问形式密切相关。反问形式有强烈的情感，表达了说话人坚定的态度和观点。例句 a 的后件有客观事实"她被卖出来做丫头受罪"，可推知"金娣家里很穷"。例句 b 中说话人认为"他是土地神，那么他一定会淤地"。后件有说话人已知的事实"他没有淤地"，推知"他并不是土地神"。例句 c 的命题后件有事实"小艺没有意识到丈夫需要的只是掉在地板上的棉被"。由此推知，说话人已认定"小艺对自己没爱情了"。

第三类：条件句前件有过去时间词，例如"当初""那时"等。例句如下：

（387）a. 如果当初她也到市集去讴歌求侣，……那么她的命运就和现在大不相同了。
　　　b. 如果她那时听了几个亲兵的话稍有动摇，老营就要瓦解了。

以上例句中出现了过去时间"当初""那时"，说明事件发生在过去，发生在过去的事情是确定的，因此命题前件具有反事实意义。事实是"她没有到市集去讴歌求侣""她听了亲兵的话没有动摇"。以上条件句中，后件还共现句末"了₂"。句末"了₂"具有感叹功能，同样会强化句子的反事实意义。

同样，在"如果"反事实例句中，第三人称代词并没有起到反事实解读的关键功能。如果没有其他特征成分，前件主语是第三人称代词时，句子倾向非事实意义。

在自建的封闭语料库中，第三人称与"若是"共现的例句有 12 例，其中反事实条件句 2 例，反事实比例是 16.7%。反事实条件句如下：

（388）a. 他若是这么老实，就不会绰号曹操！
　　　b. 若是他赤心耿耿保闯王，心中没有丁点儿别的打算……，岂肯反过来替你遮掩？

例句 a 的反事实意义由后件"就不会绰号曹操"实现，"他被起绰号曹操"是客观事实，推导出前件的反事实性"他不老实"。

例句 b 的后件是反问形式，表达了说话人的观点"他不会替你遮掩"。可已然事实是"他反过来替你遮掩"，由此可推知"他并非赤心耿耿保闯王"。

相比较，如下例句后件也是反问形式，但是非事实意义的。例句如下：

（389）皇上若是把他召进宫来，当面晓谕，他怎好一毛不拔？

以上条件句表达说话人的观点"皇上把他召进宫来，他不好一毛不拔"。命题前件在说话的当下是未然的，主语第三人称"皇上是否会召他进宫"说话人不能确定。命题后件"他不好一毛不拔"的事实性由前件决定。在这样的语境中，"反问形式_{后件}"并不能实现条件句的反事实意义。因此，"反问形式_{后件}"并不是实现反事实意义的充分条件。对已然命题的反问表达具有反事实意义，对未然命题的反问表达具有非事实意义。

在自建的封闭语料库中，第三人称与"假使"共现的例句有 4 例，其中反事实条件句 2 例，反事实比例是 50%。例句如下：

（390）a. 假使他们处在一场常规化的战争中，那么……任何一个战士都会毫不犹豫地、主动地、痛快地出击了。
b. 假使宣托司没有下过这道荒谬的命令，假使士兵们的手足是自由的，可以随心所欲地渡河去杀敌，……他们仍然也会发生许多意外的伤亡事故。

以上反事实条件句中，第三人称主语对条件句的反事实意义没有影响。例句 a 的后件有感叹形式"了$_2$"，表明说话人已知事实"战士没有出击"，那么，前件作为原因也具有反事实性，事实是"他们处在一场非常规化的战争中"。

例句 b 的前件可以独立实现反事实意义。否定词"没有_{前件}"与已然事件"下过这道荒谬的命令"结合获得反事实意义。

在自建的封闭语料库中，第三人称与"倘若"共现的例句有 64 例，其中反事实条件句 11 例，反事实比例是 17.2%。在反事实例句中，前件有"不是""没有"等否定特征成分，或者后件有反事实形式"早……了"。例句如下：

（391）a. 倘若崇祯不是很怕大帅，决不肯放他出京督师。
b. 倘若刘汉英本人能够作主，他早就把他们枪毙一百次了。

例句 a 的条件句表达"因为崇祯怕大帅，所以放他出京督师"。在条件句中，将原因置于否定形式后，对"原因"具有强调功能。句子的反事实意义由"不是_前件_+不_后件_"共同实现。

例句 b 的反事实意义由后件"早……了"推导而来。由命题后件可知，说话人已知客观事实"刘汉英没有枪毙他们"，因此命题后件的意义与客观事实相反，是反事实的。进而，可推知前件事实"刘汉英本人不能作主"。

还有 3 个例句，命题前件表示"某人还活着"，具有反事实意义。例句如下：

（392）a. 倘若他母亲不死，也许不会有这种事情。
　　　　b. 倘若她活着，多么需要人来关心、爱抚她。

另有一些条件句的前件是虚构的情况，本身可以获得反事实解读。例句如下：

（393）a. 倘若她是个男的，刘宗敏一定会走近去拳打脚踢。
　　　　b. 倘若武将们如同棋子一样听话，依照他的方略"剿贼"，张献忠和李自成等早该扫荡净尽了。

在没有其他特征成分时，第三人称作主语的条件句是非事实解读。例句如下：

（394）a. 倘若闯王率领他的大军离开洛阳，下一步将往何处？
　　　　b. 倘若他三心二意或中途变卦，就把他收拾了！

例句 a 中，前件"闯王率领他的大军离开洛阳"是未然的，说话人并不确定该命题是否实现，后件是前件为真的情况下提出的疑问。例句 b 前件"他是否会三心二意或中途变卦"说话人并不确定，后件"就把他收拾了"是说话人的态度，其实现与否由前件的实现情况决定。

在自建的封闭语料库中，第三人称与"就是"共现的例句有 7 例，其中反事实条件句为 0 例，反事实比例是 0%。例句如下：

（395）a. 宏声就是睡了，也得把他叫起来。

b. 就是他们父女都愿意，他也不能要她。

以上例句中，说话人并不知道命题前件的事实性，"他是否睡了""他们父女是否都愿意"可能是事实，也可能是反事实。

有些让步语境中，说话人已有了自己的主观倾向性，例句如下：

（396）a. 一个麦穗他们会重视吗，就是重视，凭那些人的技术，能培育新麦种吗？

b. 他们表姐弟之间，倒没有听说有什么矛盾，就是有什么矛盾，跟你们也没有什么关系嘛。

例句 a 前文提到的"一个麦穗他们会重视吗"表明"他们不重视"，因此前件中"重视"倾向反事实意义；例句 b 的前文"倒没有听说有什么矛盾"表明说话人认为他们之间没有矛盾。那么前件"有什么矛盾"倾向反事实意义。但由于说话人不能十分确定命题的反事实意义，我们仍将例句归入非事实条件句。

在自建的封闭语料库中，第三人称与"哪怕"共现的例句有 8 例，其中反事实条件句有 0 例，反事实比例是 0%。例句如下：

（397）a. 哪怕他女儿马上绑赴法场，也决不肯请求王纬宇开恩赦免。

b. 哪怕他此刻回过头去寻找，他赤着脚去追赶也无济于事了。

例句中，时间副词"马上""此刻"触发了一组量级命题。例句 a 的命题"他女儿马上绑赴法场也决不肯请求开恩赦免"与其他隐含的命题对比发生概率最小，因此具有极端意义。例句 b 也一样，命题"他此刻回头去寻找也无济于事"相比于其他隐含命题发生概率是最小的，因此命题具有极端意义。但是，由于前件的事件具有发生的可能性，我们将该类条件句归入非事实条件句。

在没有语境的支持时，让步条件句的命题前件将有多种解读。例句如下：

（398）a. 哪怕他已经关在笼子里，他也不愿见到他。

b. 哪怕<u>他</u>已经感觉到那件事就是你做的，只要抓不住证据，他就不开火。

以上例句 a 中，条件句前件可以是事实的，即"他已经关在笼子里"；也可以理解为非事实的，说话人不确定"他是否在笼子里"；还可以是反事实的，说话人已知"他不在笼子里"，但虚构他在笼子里的情况。这三种情况都对应同一个结果"他也不愿见到他"，由此后件就获得很强的情感性。

在自建的封闭语料库中，第三人称与"纵然"共现的例句有 21 例，其中反事实条件句 0 例，反事实比例是 0%。例句如下：

（399）a. 纵然<u>他们</u>可以逃避异乡，可是难保永远不败露行迹。
　　　　b. 纵然<u>他</u>知道咱们行踪，他也不一定会来得这么快。
　　　　c. 纵然大帅一时生气，事后必定感激夫人。

从命题前件的事实性看，以上"纵然"让步句都是非事实意义的。但是，结合具体的语境可知，命题前件的事实性在说话人的认知中倾向性不同。三个例句的情况分别如下。

例句 a 的前文语境：红娘子说"大奶奶不愿大公子兄弟造朱家朝廷的反，这心情我明白。不过眼下大公子不造反只有死路一条"。后接例句 a 前件"他们可以逃避异乡"是说话人提出的另一种办法，但是该办法的实现情况不得而知，具有非事实意义。可以确定的是命题后件"难保永远不败露行迹"，具有事实意义。

例句 b 的前文语境：王长顺说"我担心咱们出武关这些天，贺疯子会知道咱们的行踪，在白河县迎接咱们"。闯王点点头："我刚才也想到这一层。可是听说贺疯子驻在平利西边。"通过该对话可知，例句 b 前件"他知道咱们的行踪"更倾向事实意义，因此引发了王长顺和闯王的担忧。但闯王考虑到"贺疯子驻在平利西边"，因此，条件后件"他也不一定会来得这么快"是主观事实。

例句 c 的前文语境：徐以显说"我送来一包毒药，夫人可叫心腹丫头给十八子送茶时下在壶里，岂不结果了吗"。丁氏："我们不得大帅同意，岂不要惹出大祸？"该行为极度荒唐，其后接条件句的前件"大帅一时生气",说话人也承认其倾向事实意义。后件"事后必定感激夫人"是说话人主观认定的事实。

比较以上例句,例句a前件的事实性无倾向性,但是例句b和c的前件倾向事实意义。由于命题具有未然性,说话人也不能完全确定事件一定会发生。因此,我们将它们归入非事实条件句。

在自建的封闭语料库中,第三人称与"即使"共现的例句有22例,其中反事实条件句1例,反事实比例是4.5%。例句如下:

(400)他即使<u>拿出孙悟空七十二变的本领</u>,也休想使她产生半秒钟的动摇。

例句中,"他"作为普通人"拿出孙悟空七十二变的本领"是虚构的,命题的发生概率为0,该命题获得反事实意义。命题通过否定极端语义,否定一切可能性。

除此以外,"即使"引导的还有大量表示非事实意义的条件句。例句如下:

(401)a. 即使<u>他没有枪</u>,用一把刺刀他也会那么干的!
　　　b. 即使<u>曹变蛟会疏忽大意</u>,周山也会提醒他。
　　　c. 他晓得祥子是把好手,即使<u>不拉他的车</u>,他也还愿意祥子在厂子里。

以上例句中,说话人对命题前件的实现情况不能确定,或者是事实,或者是反事实。

在自建的封闭语料库中,第三人称与"只要"共现的例句有118例,其中反事实条件句0例,反事实比例是0%。例句如下:

(402)a. 他小掘一郎只要<u>小手指动一动</u>,就能断了这条通道。
　　　b. 只要<u>他双手一叉</u>,在街当中一站,就吓得娃娃们四下里逃散。
　　　c. 他只要<u>一签这合同</u>,别说花三千,就是明天再花三千也没问题!
　　　d. 她只要<u>不坑我们</u>,赚不赚钱的,能把本儿收回来就行啊。

例句 a 和 b 中，前件"小手指动一动""双手一叉，在街当中一站"对主语来说是很容易、并不费力的事情。但是作为未然事件，说话人并不能确定其实现情况。例句 c 和 d 表达说话人仅有的愿望，分别是希望"他签这合同""他不坑我们"，祈愿行为是未然的，具有不确定性。

在自建的封闭语料库中，第三人称与"万一"共现的例句有 14 例，其中反事实条件句 0 例，反事实比例是 0%。例句如下：

（403）a. 万一她有异常想法，下道命令也未尝不可。
b. 万一他不拿话试探我，怎么办？
c. 他万一出点什么问题，游击队可是缺了根顶梁柱啊！

以上例句分别是说话人的观点、疑问以及感叹行为。命题前件是第三人称主语的心理、行为和境况，事件具有未然性。因此说话人并不能确定有关命题的实现情况。

在自建的封闭语料库中，第三人称与"一旦"共现的例句有 24 例，其中反事实条件句为 0 例，反事实比例为 0%。例句如下：

（404）a. 他一旦开了口，还能滔滔不绝。
b. 一旦他认准了什么，那是用二十匹马也拉不回头的骑兵团长啊！

例句中，命题前件"开了口""他认准什么"具有未然性，说话人不能确定其是否能实现，命题是非事实意义的。

在自建的封闭语料库中，第三人称与"只有"共现的例句有 2 例，反事实例句 0 例，反事实比例是 0%。例句如下：

（405）a. 只有汉儿承认，才能被放回来。
b. 只有她坐上"雪佛兰"汽车，带着她那把小巧的粉红色的杭州产绸阳伞去新街口逛商店，童霜才感到一点清闲。

例句 a 表达了说话人的态度，前件"汉儿承认"是未然事件，说话人不能确定其实现情况。例句 b 表达了说话人的认识，前件事件"她坐上汽车去新街口逛商店"是实现命题后件的唯一条件。从语境得知，前件事件是未然的，说话人不确定其实现情况。

为了更直观地表明"第三人称$_{前件}$"的反事实情况，我们制作了表 59。

表 59　各连接词与"第三人称$_{前件}$"共现时的反事实情况

连接词	反事实句	总量	反事实比例	连接词的反事实比例
要不是	45	45	100%	100%
纵使	1	1	100%	22.2%
假使	2	4	50%	30.8%
假如	7	16	43.8%	32.1%
如果	50	210	23.8%	19.2%
要是	37	137	27%	28.7%
就算	3	16	18.8%	21.2%
倘若	11	64	17.2%	12.7%
若是	2	12	16.7%	17.7%
即使	1	22	4.5%	4.7%
就是	0	7	0%	6.7%
假若	0	4	0%	14.7%
哪怕	0	8	0%	11.3%
只要	0	118	0%	0%
一旦	0	24	0%	0%
纵然	0	21	0%	6.3%
万一	0	14	0%	0%
只有	0	2	0%	0%
总量	159	725	21.9%	

由数据可知，以"第三人称$_{前件}$"为代表的一组特征成分，使原本的连接词反事实比例有所提高，但是提高的比例不大。因此，我们将"第三人称$_{前件}$"归入中性形式。

从比例上来看，尽管"第三人称_前件"对条件句的反事实比例有一定的增强功能，但是具体到例句中，"第三人称_前件"并不会影响到条件句的反事实意义。如果反事实条件句的前件主语是第三人称，那么，句中一定有其他反事实特征成分起到决定作用。如果没有其他反事实特征成分，第三人称作主语时，说话人并不能确定第三方的思想、观点、态度、行动等。因为这时第三方是信息的知晓者和权威者。因此，条件句是非事实意义的。

在对人称情况进行数据统计和分析后，我们得出小说文本中人称的反事实情况，见表60。

表60　小说文本中人称的反事实情况

人称	反事实句	总量	反事实比例
第一人称代词_前件	132	427	30.9%
第三人称_前件	159	725	21.9%
第二人称代词_前件	73	593	12.3%

由统计可知，在反事实能力上，第一人称代词_前件 > 第三人称_前件 > 总量基准 > 第二人称代词_前件。

我们的调查证实了第一人称代词具有增强条件句反事实意义的功能。当事件的说话人是"我、我们"时，条件句的反事实比例明显提高。而且，比较意外的是，第三人称比例也较高，只有第二人称代词与它们很不相同。在小说文本中，我/我们（30.9%）＞第三人称（21.9%）＞总量基准（17.9%）＞你/你们/您（12.3%），第二人称代词的反事实比例比总量基准低。由此看来，第三人称是比较中性的，在总量基准附近浮动。在反事实倾向性上，第一人称代词反事实能力最大，第三人称次之，第二人称代词反事实能力最小。

第四节　指示代词"这×"

指示代词和人称代词一样，与说话人的立场表达有密切的关系。但是在条件句语境中，两者对事实性的影响是完全不同的形成机制。前文已表明：人称代词与事实性的关系基于说话人对前件的权威性或知晓度，而指示代词与所指称对象的现实性密切相关。方梅、乐耀（2017）指出："指称现实事件中的对象倾向于用'这'，而对非现实世界中的对象指称倾向'那'。"我们在自建的封闭语料库中对"这"的现实指称性进行考察。语料表明：在条件句中，如果"这×"表示事件或事物具有客观的存在性，那么，在否定的语境中，"否定+客观存在"机制使得条件句倾向反事实意义。因此，当成分"这×"对条件句的反事实意义起决定作用时，就有两个基本要求。首先，在句法上，与命题事实性相关的指示代词"这×"位于谓词成分之后。如果是主语的修饰成分"这×"，与条件句的事实性并无关系。其次，成分"这×"通常与否定特征成分"不是"或者"没有"共现。在满足这两个条件的情况下，"这×"对条件句的反事实解读起关键作用。如果其他语境中存在成分"这×"的条件句是反事实的，那么反事实意义一定是其他特征成分的语用推导实现的。

本节中的"这×"，包括"这些／这个／这样／这次"等成分的使用情况。"这×"是指示代词，与表示感叹的程度副词"这么"相区别。例句如下：

（406）a. 假如不是对秘书长一片忠心，我也不会这么坦率的！
b. 要是我早来一天，你也不会死得这样可怜。
c. 要是个个有种，鬼子也不敢像现在这么欺侮我们！

以上例句中，"这么""这样"是感叹副词，而不是指示代词。感叹标记的"这么""这样"可以替换为"如此"。

在自建的封闭语料库中，"假使""就是""哪怕""纵使""纵然""只要""万一""一旦""只有""倘使"与"这×"无共现例句。

下面对自建的封闭语料库中"这×"成分在条件句中的使用情况进行说明。语料统计表明：

"这×"与"要不是"共现的例句有55例，都是反事实条件句，反事实比例是100%。例句如下：

（407）a. 要不是我早有准备，怕还过不了这一关呢！
b. 要不是有个老母亲拖住腿，他早就不是这样了。

连接词"要不是"引导反事实条件句，其他特征成分与之共现，不会对其反事实意义产生影响。例句a中，说话人表示"因为我早有准备，所以过了这一关"。成分"这一关"在句中作宾语,是现实中已然发生的状况。例句 b 中,说话人认为"因为老母亲拖住腿,他才是这样子"。"这样"指"他"现在的糟糕处境。这一处境是客观存在的,听说双方都知晓。

"这 ×"与"早知道"共现的例句有 5 例,都是反事实条件句,反事实比例 100%。例句如下:

(408) a. 早知道要受这份死罪,还不如跟乡亲们一起跑河东呢。
b. 早知道他有这一天,我就该早罚他点了。

句首连接词"早知道"引导反事实条件句,其他特征成分与之共现,不会对其事实性类型产生影响。例句中,前件"这份死罪""这一天"作宾语,是现实中说话人已经感受或经历过的事实。

"这 ×"与"假如"共现的例句有 15 例,其中反事实条件句 5 例,反事实比例为 33.3%。考察例句发现,不管条件前件还是后件,成分"这 ×"经常紧跟否定表达"不是""没有",这时命题具有反事实意义。例句如下:

(409) a. 假如他不是抱着殷切的期望回乡,恐怕也不会像现在这样思绪万千,心潮起伏了。
b. 假如没有和王纬宇这两次为了实验场,为了廖思源的交锋,那么今天在心底里会赞赏儿子这种敢作敢为的勇气。

例句 a 的反事实意义有多种实现途径,"不是$_{前件}$ + 不会……了$_{后件}$"可实现反事实解读。或者,单独分析条件句后件,"这样"指的是"思绪万千,心潮起伏",表明其具有客观的现实性。"不会"否定客观事实,实现反事实意义。例句 b 的前件与例句 a 的后件有相同的机制,"这两次为了实验场,为了廖思源的交锋"表明事件具有已然性。"没有 + 已然存在的事件"实现反事实意义。

再来看两个例句:

(410) a. 假如那些假如都能成立的话,我梁必达就不会到这个世界上来。

b. 假如他很顺利地答应学生的正当要求，不会采取这样的阵势吧？

以上例句 a 和 b 的反事实意义由后件推导而来，其中成分"这×"起到决定作用。例句 a 中"这个世界"指说话人存在的客观世界，例句 b 中其修饰的成分"阵势"在现实世界中已然存在，结合条件后件的否定语境，"否定＋客观存在"表达使句子获得反事实意义。

"这×"与"要是"共现的例句有194例，其中反事实条件句63例，反事实比例是32.5%。在63例反事实例句中，56例共现了否定形式"不会""没/没有"。具体情况如下：

第一类：条件句是说话人的感叹行为，表达遗憾、惋惜、抱怨、责备等情感。条件句后件"就不会这样了"是否定形式"不会"与"这样"的组合，"这样"指称现实中已然存在的结果。这一结果在上下文语境中已被提及。因此，否定客观的存在实现了反事实意义，从而推知命题前件具有反事实意义。例句如下：

（411）a. 要是你在家里点灯，就不会这样了！
　　　　b. 要是你预先知道，就不会是这样了。

例句 a 表示"因为你没有点灯，所以才这样"；例句 b 表示"因为你预先不知道，才会这样"。例句中，"这样"的具体所指在上下文语境中已然出现，多指向消极的结果或行为。

比如，例句 a 上文语境是："你这个小鬼！在兰州你就不注意关灯，我得跟你屁股后一个一个去关。"这是彭总和警卫员小张的对话，嗔怪小张在饭店住不知道节约用电，开玩笑说他在自己家就不会这样。"这样"指"小张不注意关灯"这一客观事实。

例句 b 的上文语境是："赵大明赶紧穿衣，手忙脚乱，怎么样也穿不好那条裤子，原来是一只裤腿翻过去了。他刚刚把裤子穿好，准备出门，邬中迎面走进来，电筒光直照在赵大明脸上。'你神色不对呀！'邬中注视了半天，阴险地说。'我……我不知道邬主任会深夜到这里来。'"由此可知，条件句中"这样"是指"赵大明匆忙穿衣，准备出门，神色不对"。

第二类：条件句前后件都存在否定词，双否定形式"否定$_{前件}$＋否定$_{后件}$"具有极强的反事实能力。例句如下：

（412）a. 他要是<u>不关系到我们自己的命运</u>，我也没有必要做这样的缺德事了。
　　　　b. 我爸爸要是<u>对他没用</u>，他是绝对不会冒着得罪我的危险来做这件事情的。

以上例句的反事实意义与成分"这×"有直接的关系。当"这×"具有现实指称性时，其所修饰的对象已然存在，比如例句 a 中，"缺德事"已然存在，由此，可以推导出事实"他关系到我们的命运"；例句 b 中"这件事情"的现实性可以推导出前件事实"我爸爸对他有用"。因此，条件句前件都是反事实意义的。

但是，在特殊情况下，例句 a 的后件"这样的缺德事"是听说双方计划好，但是还没有执行的事。"缺德事"只存在于听说双方的头脑中，在现实世界中不存在。这时，"做这样的缺德事"是未然的，"没有必要做这样的缺德事"是说话人的态度。由于命题前件"他是否关系到我们自己的命运"说话人是不确定的。因此，条件句获得非事实意义。例句 b 与例句 a 有相同的解读。

在非事实条件句中，"这×"是主语的修饰成分。例句如下：

（413）a. 这个人你要是<u>降得住</u>啊，那你可真就本事了。
　　　　b. 要是<u>这几十个日本鬼子跑了</u>，我要撤你的职！
　　　　c. 要是<u>我去住疗养院了</u>，家里这一摊你们准备怎么办？

例句中，"这个人""这几十个日本鬼子""这一摊"在现实世界中是有指称的，"这×"指称的事物只能表明事物在现实世界中存在。但是事件"你是否降得住""这几十个日本鬼子是否会跑了""我是否去住疗养院"说话人是不确定的，因此句子是非事实意义的。

与之相比，当"这×"处在宾语位置，被谓语管辖时，否定事物的存在必然表达反事实意义。例如"要是没（有）这次战争，……""如果不是这个人，……"。

"这 ×"与"就算"共现的例句有 2 例,都是非事实条件句,反事实比例是 0%。例句如下:

(414) a. 就算对别人可以这样,对她你也绝对不能这样。
b. 就算他思想反动,是的,非常反动,也用不着从精神和肉体上将他这样折磨吧?

例句 a 中"这样"指一种待人的态度,这一态度是听说双方都知道的,在具体的事件中得以实现。该条件句中,命题前件的事实性不确定,后件具有未然性,这一态度也具有非现实性。条件句表达说话人的劝阻和警告行为。例句 b 中"这样"指一种"折磨人的方法",具有现实性。由此表明"在精神和肉体上将他这样折磨"是客观事实。在让步句中,后件的事实性与前件无关,"他思想是否反动"说话人并不能确定。

"这 ×"与"假若"共现的例句有 1 例,是反事实条件句,反事实比例是 100%。例句如下:

(415) 假若没有这一切,我就会觉得寂寞和难受。

这一表达是典型的"否定+已然存在事物"格式,具有反事实意义。

语料中,"如果"与"这 ×"结构共现时,有 40 例反事实条件句。其中 30 例条件句出现在否定语境中,另外 10 例与其他反事实特征成分共现。具体情况如下。

第一类:"如果没有+这 ×"有 15 例,都是反事实条件句。例句如下:

(416) a. 如果没有这些储备,她就演不成这出悲剧。
b. 如果没有这些豪华的饮食起居,没有这些浮糜的笙歌弦乐,他们就更加显得一无所有了。
c. 如果没有这一股气凌山河的气概,她就没有勇气登上这个宝座了。

例句 a 的上文语境是"序幕结束,正戏上场,萧皇后在她将要进入一个悲旦角色以前，早已储备了满眶的眼泪，略微带点颤动的声音和悲切的表情"。可知，后接条件句中"这些储备"指"满眶的眼泪，略微带点颤动的声音和悲切的表情"。因为这些事物已然存在，对其否定获得了反事实意义。说话人的观点是"因为有这些储备，才可以演成这出悲剧"，重在强调"这些储备"的重要性。在没有语境的情况下，该例句可能解读为非事实意义，此时"这些储备"指的是"计划中的事物"，命题"演成这出悲剧"是未然的，未呈现在现实世界中。例句 b 和 c 中"这 ×"是现实中已然存在的事物。形式"否定+已然存在事物"表达反事实意义。

第二类："如果（主语）不是+这 ×"有 8 例，都是反事实条件句。例句如下：

（417）a. 如果不是在这个场合中，赵隆也许要像往常一样激赏他的这句豪言壮语了。
b. 如果他不是这样气势汹汹地大叫，他对他自己就失去控制力了。

例句 a 中"这个"指说话人所处的当下场合，具有现实性；例句 b 中"这样"具有现场性，可知说话人和"他"在同一场合，并亲眼看到了"他气势汹汹地大叫"这一表现。因此，通过否定客观的事实获得反事实意义。两个例句的前后件之间是因果关系，可以解释为"因为在这个场合中，赵隆没有像往常一样激赏他的这句豪言壮语"；"因为他气势汹汹地大叫，他没有对自己失去控制力"。

将否定词"不是"和"没有"进行比较，我们发现：在"没有"否定中，结构"这 ×"对条件句的反事实意义起决定作用。但是，"不是"否定中，"这 ×"的有无并不影响条件句的事实性。因此，"如果不是"已经有极强的反事实意义。也可说明，"不是$_{前件}$"比"没有$_{前件}$"的反事实能力强。

第三类："如果（主语）不+这 ×"有 8 例，其中，非事实条件句有 7 例。例句如下：

（418）a. 如果不这样做，我永远不会原谅自己的。
b. 如果我们不认识到这一点，战争就会离我们更近。

　　　　c. 如果不摧毁卡在公路上的这个小小的支点，单凭坦克、汽车猛开过去是办不到的。

　　例句 a 和 b 中，前件的"这样""这一点"在上文语境中已经提及，是说话人思维中已成形的计划或某种认识。比如，例句 a 的前文语境："爸爸答应我这一次吧！您给我托托熟人，我只是想见他们一次，看看他们怎么了？送点吃的和零用钱给他俩。"后接例句 a 中"这样做"指的是"送点吃的和零用钱给他俩"，该事件是未然的，具有非事实意义。

　　例句 b 的前文语境："我们的战争眼下是没有发生，然而国际间的战斗天天都有，我们不能熟视无睹，战争离我们并不遥远。"后接例句 b 中"这一点"即前文的内容。可知，"这一点"是听说双方共享的知识。作为动词"认识"的宾语成分，它与否定词"不"没有直接语义关系。说话人不能确定"我们是否认识到这一点"，命题获得非事实意义。

　　例句 c 中"这个小小支点"是客观存在的，同样，否定词"不"并不否定该事物的存在，而是否定行为"摧毁"。该行为可能发生，也可能不发生，具有非事实意义。

　　该形式中还有 1 例反事实条件句：

　　（419）如果高骈不用"闻河中王铎加都统"作这首诗名，那真是使后世读者难以猜测了。

　　该例句的前件与历史事实相违背，独立实现反事实意义。成分"这首诗"是客观存在的事物，但与否定词"不"没有直接的语义关系，并不对条件句的反事实意义产生影响。

　　第四类：与其他特征成分共现的反事实例句。例句如下：

　　（420）a. 如果我还是营长，她就不会提出这样的问题！
　　　　b. 如果五叔活着，他可不允许你们这样！
　　　　c. 如果梁大牙现在就是一个既具有顽强战斗作风，又具有高度政治觉悟的人，那么我们还要开这个会干什么呢？

以上例句 a 中，第一人称代词对前件反事实意义起决定作用；例句 b 命题前件"五叔活着"具有反事实意义，表达说话人的遗憾之情；例句 c 后件有反问形式以及时间词"现在"。这些形式与"这 ×"共现，共同实现条件句的反事实意义。

"这 ×"与"若是"共现的例句有 2 例，都是非事实条件句，反事实比例是 0%。例句如下：

（421）a. 你们若是<u>不听从我的话</u>，上前走一步，就是这么一刺刀。
　　　　b. 若是<u>和白夜在一起</u>，永远也不会有这样的担心。

例句 a 是说话人的威胁行为，条件句后件"就是这么一刺刀"用以恐吓对方，让他们不要向前走。前件的主语是"你们"，你们可能受其威胁"听了话"，也有可能"没有听话"，命题具有非事实意义。

例句 b 的前文语境："因为什么，就因为那天夜里发生的事情。只有一次，唯一的一次，以后永远也不会有了。吴坤厌烦透了，后悔，永远也不能原谅自己。"后接条件句中"这样的担心"，具体指上文"厌烦、后悔"的情绪，那么就存在两种情况："和白夜在一起"为真，那么"不会有这样的担心"为真；"和白夜在一起"为假，"不会有这样的担心"为假。说话人当下不能确定前件的真假，因此，条件句前件是非事实意义的。

"这 ×"与"倘若"共现的例句有 9 例，其中反事实条件句有 4 例，反事实比例是 44.4%。对不同的共现情况进行分析，可得出以下情况。

第一类："倘若不是 + 这 ×"有 1 例，是反事实条件句。

（422）倘若<u>不是这匹马</u>，我还过不来汉水哩。

例句中，说话人主观认定的事实是"因为这匹马，我才过来汉水"。命题前件是后件的凭借或原因，"不是"否定这一凭借或原因，具有反事实性。从形式上看，该例句有"不是$_{前件}$"与"感叹形式$_{后件}$"的共现，表达说话人的庆幸之感。

第二类："倘若 +（主语）不 + 这 ×"有 4 例，其中反事实条件句 2 例，反事实比例是 50%。例句如下：

（423）a. 倘若<u>不遭到石姓家族那几个家伙的暗算</u>，自己在部队说不定也不比这些人差多少。

b. 倘若<u>敬轩不派这个人来一趟</u>，我也很作难，想不出妥当办法。

以上例句的前件并不具有实现反事实解读的自足性，需要结合条件后件或语篇中上下文语境才能确定下来。比如，例句 b 的后文说道："既然他派人来说他知道咱们的人马少，粮草缺，要咱们不必勉强与他同时起事，咱们的话不是很好说么？"可知，前件事实是"敬轩已经派这个人来过了"。

两个例句中，"这些人""这个人"是听说双方已知且具有现实指称性的对象，但它们对条件句的反事实意义没有影响，因为否定词"不"管辖的是动词"遭到""派"，并没有否定这些对象的存在性。

另有 2 例是非事实条件句，例句如下：

（424）a. 倘若<u>不杀了这群杂种</u>，一则祸根还在，二则以后别人会跟着他们学，事情更加难办。

b. 倘若<u>你不喜欢这些姑娘们歌舞侑酒</u>，就叫她们走了吧。

例句 a 是说话人的观点，也是对听话人的建议和警告。成分"这群杂种"是现实世界中存在的客观事物。因为命题前件不具有自主性和可控性，"杀了这群杂种"可能成为事实，也可能是反事实，所以条件句是非事实意义的。

例句 b 也是同样的解读，"这些姑娘们"具有现实指称性，但是命题前件"你是否喜欢这些姑娘们歌舞侑酒"是不确定的。

第三类："倘若（主语）没有 + 这 ×"有 2 例，其中 1 例是反事实条件句。例句如下：

（425）a. 刘邦倘若<u>没有用张良、陈平、萧何这班人尽心辅佐</u>，也不容易建立西汉基业。

b. 咱们老八队因为抱定这个大宗旨，所以不管遇着多大困难，一不投降，二不扰害百姓。一支起义人马，倘若<u>没有这样大宗旨</u>，就是方向不明，没有奔头，胡混一场。

例句 a 表达说话人的认识和观点，"因为用了张良、陈平、萧何这班人尽心辅佐，才建立起西汉基业"。条件句的反事实意义可由前件实现，因为前件命题对于说话人是历史知识，历史事实是确定的。"否定＋历史事实"获得反事实意义。该例句中，否定词"没有"替换成"不是""不"都可以成立，且都是反事实意义的。

例句 b 在句法形式上是"没有＋NP"，"没有"是存在否定动词。结合条件句的前文内容可知，"这样的宗旨"老八队一直在贯彻执行，有明确的内容，如果否定其存在会获得反事实意义。但是，该例句中，对象"一支起义人马"是虚指的，说话人并不确定这样一个对象是否同样拥有这样的宗旨。因此，该条件句是非事实意义的。

"这 ×"与"即使"共现的例句有 2 例，其中反事实条件句 1 例，反事实比例是 50%。例句如下：

（426）a. 姑且不论他们的"表姑"和"表侄"的亲戚关系在彰德府平原上不容他们"有伤风化，有悖人伦"，即使<u>没有这层关系</u>，高家在彰德府北的首富实力和莫家的小农地位，也构成了一道不可逾越的悬殊。

b. 他怀疑方家是跟邮局这个买卖有关系，所以才这样热心给拉生意。即使<u>事实不是这样</u>，现钱在手里到底比在小折子上强，强得多！折子上的钱只是几个字！

以上例句的事实性确定需要借助上文语境，例句 a 前文交代这层关系具体指"表姑"和"表侄"的亲戚关系，可知这层关系客观存在，否定"这层关系"的命题前件为假，条件句是反事实意义的。与之不同，例句 b 的上文语境表明说话人只是怀疑，但并不确定"方家是否跟邮局这个买卖有关系，才热心给拉生意"。所以，条件句是非事实意义的。

第五节 代词的反事实能力差异及机制

当命题前件主语是第一人称代词时，多是关于说话人的认识、行为、意愿或个人客观情况等内容。说话者对发生在自己身上的这些事情有确定的认知,即说话人是命题前件的知晓者和权威者。所以第一人称代词使命题的确定性提高,或者是事实或者是反事实,再与条件句的性质(非事实或者反事实)合取,得到更大比例的反事实条件句。

在交际的语境中,命题主语是第二人称代词时,第二人称代词是有关命题的知晓者,而且几乎都是用于面称。在面称时,说话者对对方的情况最不了解,对方(受话人)才是命题信息的知晓者,也就是说,第二人称代词使命题的不确定性大大提高,于是就极大地倾向于非事实性。

命题主语是第三人称时,第三人称多用于背称。但说话人视角依然是第一人称的观点态度表达。说话人作为事件的陈述者多是全知全能的视角,这一视角使命题前件的确定性相对提高。这样,第三人称的反事实比例反而高于第二人称代词。

以上两条决定了基本的顺序,即就反事实能力而言,第一人称反事实能力最大,第三人称次之,第二人称最小。

指示代词"这 x"对条件句反事实意义的影响有固定的句法和语义环境。成分"这 x"紧跟否定表达"不会""没有",或者前后件都存在否定成分。"这 x"在命题中作宾语成分的修饰语,并且具有现实指称性。这样,"否定+客观现实"使句子获得反事实意义。

在条件句的后件位置,有常用表达"就不会这样了"。该表达是否定形式"不会"与"这样"的组合。"这样"指称现实中已然存在的结果,在上下文语境中已提及。因此,否定客观存在实现反事实意义,从而推知命题前件具有反事实意义。只有在上述情况中,指示代词"这 x"对条件句的反事实意义起到决定作用。

结　语

本书认为，条件句的事实性是一个"语义－语用"接口的问题，我们将语用概念的事实性作为研究对象。条件句命题在事实性上是一个连续统。本书从语用功能出发，落实到条件句的表现形式，考察条件句中的连接词和特征成分在事实性方面的表现。在事实性的统摄下，将非事实条件句和反事实条件句纳入一个理论系统中进行分析。

事实表明，句法上的一组特征形式作为语用层面的影响因素，比如常用的连词、时间词、否定成分、副词等，没有任何一个的作用具有普遍的解释力。如果存在特征成分共现的情况，它们在具体语境中所起到的作用并不相同。基于该事实，本书进一步总结了否定、时间、情感、频率、量性、人称对条件句事实性的影响，初步阐明了它们对反事实意义和非事实意义的促成原因，并对其进行规律性总结。

本书在以下几方面做了创新。

第一，深化系统性理念。已有研究中非事实条件句和反事实条件句的研究是独立的、割裂的，两者的研究也各有侧重。目前来看，反事实条件句的研究偏多，反事实特征成分和语用解释也较为充分。然而，语用研究强调"语言作为一种言语行为"的性质，它的一个重要特点是语义的"模糊性"，以及听说双方的主观性，因此，"语义－语用"分析对语境的依赖很高。这种情况下，我们无法给出"刚性"的定义与规则，本书从实际语料库入手，通过有序而科学的分析，试图给出汉语条件句事实性的倾向性和概率问题。

第二，提出了新的计量研究方法，即通过条件概率更为真实地反映汉语的实际情况，建立语料库，然后将总量统计作为"总量基准"。总量基准好比没有测量物的情况下平衡的天平，一边是百分之百事实意义，一边是百分之百反事实意义。然后，"连接词"或"特征成分"就好比砝码，它们影响条件句意义倒向某一方向。在条件句中，不同的要素与总量基准作比较，证明各要素在条件句事实性上的各自表现。我们根据总量基准将连接词和特征成分分为"反事实形式""中性形式""非事实形式"。

第三，进行文本对照研究。通过对语料的调查发现，小说文本和科技公文类文本在条件句的类型上差异巨大，主要表现是科技公文类文本缺乏反事实条件句。已有研究证实，反事实条件句表达说话人强烈的感情。所以，科技公文类文本缺乏反事实条件句至少说明了条件句在两种文本中的情感性方面存在差别。因此，在建立封闭语料库时，区分了小说文本和科技公文类文本。以小说文本为主要语料，科技公文类文本作为旁证。

第四，强调量性规则对条件句的影响。从语言比较看，英语等语言有语法化的反事实标记，汉语没有；但是汉语有相当明确的非事实连词。汉语中有典型的"非事实条件句"，比如"只有、只要、万一、一旦"引导的条件句只有非事实意义，完全排斥反事实解读。

由于目前的研究设计不够精细，语料数量有限，因此，对汉语中条件句的事实性研究仍处在初步探索阶段。受笔者的专业积累、时间精力所限，最终得出的观点和结论仍有不足之处。书中尚有很多语言事实需要进一步的细化和深化，主要表现为以下几点。

第一，对研究要素"连接词"和"特征成分"的考察范围有待进一步扩大。

本书对现代汉语中条件句连接词的使用情况进行了考察，但是调查数量有限。首先，实际的小说文本或口语表达中还有相当多的常用连接词，比如单音节"要""若""倘"等，这些在书中没有得到充分研究；其次，本研究限于汉语的形合条件句，意合条件句的使用及其特征成分的使用情况有待进一步考察。更重要的是，特征成分中有一些副词，比如"就、也、再、又、还、可、仍"，一些情态词，比如"也许、恐怕、准、一定、何至、决、肯定、简直、怕是、竟"等，一些量词成分"（一）些（儿）、点儿"以及后件部分否定性连词"否则、要不然"等，在特定的语境中对条件句的完句性和事实性产生重要的影响。这些要素的反事实规律和原因有待进一步研究。

第二，语料库的类型有待进一步多样化。

本书的研究语料来自小说文本，得出的是小说文本中条件句的使用情况，比如不同连词的使用频率高低，近义连词的反事实能力差别等。但是，的确存在一个问题，小说文本中的条件句依然是偏书面语的，那么，该语料库呈现出的语言事实能否同样适用于纯粹的对话语体？我们初步考察了部分对话语体语料，事实表明，很多对话中条件句表达采用意合的形式，即使有语境的存在也难以确定其连词的使用情况。因此，对话语体中很多例句无法使用。另外，鉴于客观原因，短时间无法建立一个大规模的对话语体语料库。但该研究具有极大的价值，至少可以与小说文本形成对比性，进一步解释汉语条件句在不同生态环境中的使用情况，值得进一步研究。

第三，研究设计有待进一步精准和细化。

本书仅是根据连接词和特征成分的统计数据，证实了条件句的事实性是一个连续统，这实际上无法准确解读每一个要素的功能。研究已知，不管是连接词还是特征成分，它们都表现出"强强联合"的特征，即，越是强的反事实形式，与它共现的特征成分反事实能力越强，且共现数量越多，句子的反事实意义愈发独立。相反，如果是非事实形式的特征成分，倾向独立出现，且排斥其他特征成分。而且，通过众多例句的分析发现：共现的特征成分不是随机的、任意的，而是有选择、有规律、有倾向地在句中共现，以实现条件句的事实性意义。基于这样的事实，本书的研究设计不足以解决"连接词"与"特征成分"或者"特征成分"之间的共现频率和反事实能力问题。

第四，应用价值有待进一步开发和探索。

汉语条件句的创新意义不应仅局限于理论层面，还应该积极地与语法教学、对外汉语教学、信息处理等领域相结合，落实到具体的应用方面。但是，由于语料类型不充分，以及研究尚处在初步阶段，有诸多不成熟的地方，因此该研究的应用价值需要进一步探索和深化。

参考文献

[1] 曹黎明，2009，《时间指示词和汉语违实条件句》，《南阳师范学院学报》第10期。

[2] 陈国华，1988，《英汉假设条件句比较》，《外语教学与研究》第1期。

[3] 陈振宁，2014，《现代汉语条件标记语法化和条件关系研究》，中国上海"语言的描写与解释"国际学术研讨会。

[4] 陈振宇、姜毅宁，2018，《事实性与叙事性——通向直陈世界的晦暗与透明》，《语言研究集刊（第二十辑）》，上海辞书出版社。

[5] 戴耀晶，2017，《戴耀晶语言学论文集》，复旦大学出版社。

[6] 邓景，2015，《英语反事实虚拟语气语用功能的实证研究》，《南京理工大学学报（社会科学版）》第2期。

[7] 丁丽，2013，《关联词语"如果"、"一旦"、"万一"的用法考察分析》，硕士学位论文，上海师范大学。

[8] 方梅、乐耀，2017，《规约化与立场表达》，北京大学出版社。

[9] 方清明，2012，《再论"真"与"真的"的语法意义和语用功能》，《汉语学习》第5期。

[10] 龚波，2010，《假设句的语义特征》，《重庆三峡学院学报》第1期。

[11] 郭光、陈振宇，2019，《"知道"的非叙实与反叙实——兼论"早知道"的语法化》，《语言教学与研究》第2期。

[12] 韩启振，2012，《现代汉语让步条件句认知研究》，博士学位论文，华中科技大学。

[13] 蒋严，2000，《汉语条件句的违实解释》，载《语法研究和探索（十）》，商务印书馆。

[14] 〔德〕莱布尼茨，2007，《神义论》，朱雁冰译，生活·读书·新知三联书店。

[15] 黎锦熙，[1924]1992，《新著国语文法》，商务印书馆。

[16] 李晋霞，2018，《要不是违实句探析》，《励耘语言学刊》第 2 期。

[17] 刘昌华，2009，《让步复句与主观量范畴》，《扬州教育学院学报》第 1 期。

[18] 陆俭明，2010，《汉语语法研究中理论方法的更新与发展》，《汉语学习》第 1 期。

[19] 吕叔湘，[1942]1982，《中国文法要略》，商务印书馆。

[20] 吕叔湘主编，[1980]1999，《现代汉语八百词（增订本）》，商务印书馆。

[21] 彭振川，2009，《现代汉语假设句的认知语用研究》，博士学位论文，浙江大学。

[22] 沈家煊，2019，《谈谈功能语言学各流派的融合》，《外语教学与研究（外国语文双月刊）》第 4 期。

[23] 石毓智，2005a，《论判断、焦点、强调与对比之关系——"是"的语法功能和使用条件》，《语言研究》第 4 期。

[24] 石毓智，2005b，《判断词"是"构成连词的概念基础》，《汉语学习》第 5 期。

[25] 王春辉，2010，《"假设性等级"与汉语条件句》，《汉语学报》第 4 期。

[26] 王春辉，2016，《汉语条件句违实义的可及因素———套复合系统》，《汉语学习》第 1 期。

[27] 王力，[1943]1985，《中国现代语法》，商务印书馆。

[28] 王宇婴，2013，《汉语违实成分研究》，中国社会科学出版社。

[29] 王宇婴、蒋严，2011，《汉语违实语义的构成因素》，载《走近形式语用学》，上海教育出版社。

[30] 邢福义，2001，《汉语复句研究》，商务印书馆。

[31] 杨艳，2005，《表让步的"就是"与主观量》，《东南大学学报（哲学社会科学版）》第 6 期。

[32] 雍茜，2015，《违实句的形态类型及汉语违实句》，《外国语（上海外国语大学学报）》第 1 期。

[33] 雍茜，2017，《违实标记与违实义的生成——基于大规模语种库的类型学研究》，《外语教学与研究》第 2 期。

[34] 于善志、王思颖，2018，《英汉违实结构及违实义生成比较研究》，《宁波大学学报（人文科学版）》第 1 期。

[35] 袁毓林，2015，《汉语反事实表达及其思维特点》，《中国社会科学》第 8 期。

[36] 曾庆福，2008，《论反事实条件句》，《昆明学院学报》第 3 期。

[37] 张斌主编，2008，《新编现代汉语（第二版）》，复旦大学出版社。

[38] 张雪平，2008，《"非现实"研究现状及问题思考》，《解放军外国语学院学报》第 5 期。

[39] 张莹、陈振宇，2020，《汉语的反事实条件句与非事实条件句》，《汉语学报》第 3 期。

[40] 章敏，2016，《"要不是"反事实条件句的情态问题研究》，《中南大学学报（社会科学版）》第 2 期。

[41] 赵元任，[1968]2002，《中国话的文法（增订版）》，丁邦新译，香港中文大学出版社。

[42] 朱丽师、杨永龙，2018，《否定性违实条件句"不是 C1，C2"的产生过程》，《广西师范大学学报（哲学社会科学版）》第 5 期。

[43] Athanasiadou, Angeliki, and René Dirven.1996. "Typology of *if*-clauses." *Cognitive Linguistics in the Redwoods: The Expansion of a New Paradigm in Linguistics*, edited by Eugene H. Casad. Berlin/New York: Mouton de Gruyter.

[44] Athanasiadou, Angeliki, and René Dirven. 1997b. "Conditionality, Hypotheticality, Counterfactuality." *On Conditionals Again,* Amsterdam/Philadelphia: John Benjamins Publishing Company.

[45] Athanasiadou, Angeliki, and René Dirven. 2000. "Pragmatic Conditionals." *Constructions in Cognitive Linguistics*, edited by AD Foolen, Frederike van der Leek. Amsterdam/Philadelphia: John Benjamins Publishing Company.

[46] Au, Terry Kit-fong. 1983. "Chinese and English Counterfactuals: The Sapir-Whorf Hypothesis Revisited." *Cognition* 15.

[47] Au, Terry Kit-fong. 1984. "Counterfactuals: In Reply to Alfred Bloom." *Cognition* 17.

[48] Bloom, Alfred H.. 1981. *The Linguistic Shaping of Thought: A Study in the Impact of Language on Thinking in China and the West*. Mahwah, NJ: Lawrence Erlbaum Associates, Inc.

[49] Comrie, Bernard. 1986. "Conditionals: A Typology." *On Conditionals,* edited by Traugott, Elizabeth Closs, Alice ter Meulen, Judy Snizer Reilly, Charles A. Ferguson. Cambridge: Cambridge University Press .

[50] Chao, Yuan R.. 1968. *A Grammer of Spoken Chinese*. Berkeley and Los Angeles:

University of California Press.

[51] Dancygier, Barbara. 1999. *Conditional and Prediction*. Cambridge: Cambridge University Press.

[52] Davis, Wayne A.. 1979. "Indicative and Subjunctive Conditionals." *The Philosophical Review*, Volume 88.

[53] Dik, Simon C.. 1990. "On the Semantics of Conditionals." *Layers and Levels of Representation in Language Theory: A Functional View*, edited by Jan Nuyts, A. Machtelt Bolkestein and Covet. Amsterdam/Philadelphia: John Benjamins Publishing Company.

[54] Eells, Ellery, and Brian Skyrms. 1994. *Probability and Conditionals Belief Revision and Rational Decision*. Cambridge: Cambridge University Press.

[55] Eifring, Halvor. 1988. "The Chinese Counterfactual." *Journal of Chinese Linguistics*. The Chinese University of Hong Kong Press.

[56] Feng, Gary, and Li Yi. 2006. "What if Chinese Had Linguistic Markers for Counterfactual Conditionals?" *Language and Thought Revisited*. Proceedings of the Annual Meeting of the Cognitive Science Society 28(28).

[57] Givón, Talmy.1990. *Syntax: A Functional-Typological Introduction*. Vol. I . Amsterdam/Philadelphia: John Benjamins Publishing Company.

[58] Givón, Talmy. 2001. *Syntax: An Introduction*. Vol. II . Amsterdam/Philadelphia: John Benjamins Publishing Company.

[59] Haspelmath, Martin, and Ekkehard, König. 1998. "Concessive Conditionals in the Languages of Europe." *Adverbial Constructions in the Languages of Europe*, edited by J. van der Auwera and Dónall P. Ó Baoill. Berlin: Mouton de Gruyter.

[60] Iatridou, Sabine. 2000. "The Grammatical Ingredients of Counterfactuality." *Linguistic Inquiry*, Volume 31.

[61] Kamio, Akio. 1997. "Evidentiality and Some Discourse Characteristics in Japanese." *Directions in Founctional Linguistics,* edited by Akio Kamio. Amsterdam/Philadelphia: John Benjamins Publishing Company .

[62] Li, Charles N., and Sandra A. Thompson. 1981. *Mandarin Chinese:A Functional Reference Grammar*. Berkeley:University of California.

[63] Liu, Lisa Garbern. 1985. "Reasoning Counterfactually in Chinese: Are There Any

Obstacles?" *Cognition* 21.

[64] Ljungqvist, Marita. 2007. "Le, Guo and Zhe in Mandarin Chinese: A Relevance-Theoretic Account." *Journal of East Asian Linguistics* 16.

[65] Lucy, John A.. 1992. *Language Diversity and Thought: A Reformulation of the Linguistic Relativity Hypothesis.* New York: Cambridge University Press.

[66] Moser, D.. 1987. "If This Paper Were in Chinese, Would Chinese People Understand the Title?." *Technical Report.* No. 27. Center for Research on Concepts and Cognition, Indiana University.

[67] Quirk, Randolph, Greenbaum, Sidney, Leech, Greenbaum, and Jan Svartvik. 1985. *A Comprehensive Grammar of the English Language.* New York: Longman.

[68] Schachter, Jacquelyn C.. 1971. "Presupposition and Counterfactual Conditional Sentences." PhD Dissertation, University of California.

[69] Stalnaker, Robert C.. 1968. "A Theory of Conditionals." *Studies in Logical Theory,* edited by N. Rescher. Oxford: Black Well.

[70] Sweetser, Eve. 1990. *From Etymology to Pragmatics: Metaphorical and Cultural Aspects of Semantic Structure.* Cambridge: Cambridge University Press.

[71] Wang, Yuying. 2012. "The Ingredients of Counterfactuality in Mandarin Chinese." PhD Dissertation, The Hong Kong Polytechnic University.

[72] Wierzbicka, Anna. 1997. "Conditionals: Conceptual Primitives and Linguistic Universals." *On Conditional Again,* edited by Athanasiadou and Dirven. Amsterdam/Philadelphia: John Benjamins Publishing Company.

[73] Wu, Cynthia Hsin-feng. 1993. "'If Triangles Were Circles…'- A Study of Counterfactuals in Chinese and in English." PhD Dissertation, Harvard University.

[74] Wu, Kuangming. 1987. "Counterfactuals, Universals, and Chinese Thinking." *Philosophy East and West* 37.

[75] Yeh, David, and Dedre Gentner. 2005. "Reasoning Counterfactually in Chinese: Picking up the Pieces." *Proceedings of the Twenty-Seventh Annual Meeting of the Cognitive Science Society* 27(27).

[76] Ziegeler, Debra. 2000. *Hypothetical Modality: Grammaticalisation in an L2 Dialect.* Amsterdam/Philadelphia: John Benjamins Publishing Company.

图书在版编目（CIP）数据

汉语条件句的事实性：基于自建的封闭语料库的研究 / 张莹著 . -- 北京：社会科学文献出版社，2024.9. -- ISBN 978-7-5228-4081-9

Ⅰ. H146.3

中国国家版本馆 CIP 数据核字第 2024H655B5 号

汉语条件句的事实性
——基于自建的封闭语料库的研究

著　　者 / 张　莹

出 版 人 / 冀祥德
责任编辑 / 杜文婕
责任印制 / 王京美

出　　版 / 社会科学文献出版社
　　　　　　地址：北京市北三环中路甲29号院华龙大厦　邮编：100029
　　　　　　网址：www.ssap.com.cn
发　　行 / 社会科学文献出版社（010）59367028
印　　装 / 三河市尚艺印装有限公司

规　　格 / 开　本：787mm×1092mm　1/16
　　　　　　印　张：20　字　数：337千字
版　　次 / 2024年9月第1版　2024年9月第1次印刷
书　　号 / ISBN 978-7-5228-4081-9
定　　价 / 128.00元

读者服务电话：4008918866

版权所有 翻印必究